高坂正堯と戦後日本

五百旗頭 真／
中西 寛 編

中央公論新社

高坂正堯と戦後日本

装幀　中央公論新社デザイン室

高坂正堯と戦後日本　目次

はしがき

中西　寛

高坂正堯先生が亡くなって二〇年が過ぎようとしている。二〇年前、京都大学法学研究科の助教授だった私は、研究科長の村松岐夫《むらまつみちお》先生から、高坂先生が重い病気で入院されると伝えられ、九六年のたしか二月、先生のお宅にうかがってお話しをした。きちんとした格好をされた先生はいつもお目にかかる応接間で肝臓に癌が発見され京大病院で治療を受けること、そのためしばらく大学を休むが来年度は講義に復帰するつもりであることなどを静かに話され、最後に、「君がいるから後は安心や」と励まして下さった。私はほとんど何も言えず、ただ先生の言葉を聞き、ありきたりの言葉を申し上げて辞去することしかできなかったと記憶している。病に伏せるご自身の姿をお見せになりたくなかったのであろう、お見舞いなどは断られていた高坂先生と私がきちんとお話をしたのはその訪問が最後であった。

それから二〇年を経たとは信じられない。月並みな言葉だがあっという間であった。高坂先生と交わした会話の細部について記憶は薄れても、先生と過ごした時間は今も私の脳裏に焼きついている。その濃密さに比べれば、その後の二〇年間は知的な意味では一瞬であったようにすら感じられる。先生を喪ってはじめて、高坂先生が大学において、また社会において、いかに大きな存在であったかを痛感することになった。その後を埋めることは誰にも不可能であったと思うが、もちろん私には到底かなわないことであった。自分なりに苦闘しながら日々を過ごすことで精一杯で、ほとんど何もできなかった自らを顧みて慄然とするばかりである。

そうした中で多少とも私を成長させたものがあるとするなら、過去二〇年間の間に高坂先生の著作と向き合ったことであろう。先生の生前には私は先生の著作のごく一部に眼を通しただけで、熱心な読者とはとても言えなかった。亡くなられた後、著作集の編集作業や解題の仕事などを通じて先生の著作を繰り返し読み、読むたびに教えられてきた。

若い研究者の間で高坂先生について研究会をしたいという話をサントリー文化財団の方から聞き、お手伝いをする気になったのはそうした背景からである。高坂先生のような飛び抜けた知性をもった人と出会い、言葉を交わす機会をもった世代は幸せであった。若い人びとがそうした経験をもてなかったのは残念なことである。直接に触れあう経験は何ものにも代えがたいが、少しでもその経験を伝えられればと思った次第である。サントリー文化財団から助成金を頂いて、細谷雄一慶應義塾大学教授に研究代表となって頂き、五百旗頭真熊本県立大学理事長を顧問とした「高坂正堯研究会」は二〇一一年から二〇一三年まで三年間会合をもった。

本書はその研究会の研究成果である。五百旗頭先生、細谷先生のほかに、研究会メンバーの苅部直東京大学大学院教授、待鳥聡史京都大学大学院教授、簑原俊洋神戸大学大学院教授、武田徹恵泉女学園大学教授にご寄稿を頂き、また、高坂先生について研究を進めており、研究会にも中途からご参加頂いた森田吉彦大阪観光大学教授にもご寄稿を頂いた。また、研究会では、高坂先生の弟の高坂節三《せつぞう》氏、粕谷《かすや》一希《かずき》氏、猪木武徳先生、入江昭先生、岡崎久彦《おかざきひさひこ》先生、田原総一朗氏からも聴き取りを行い、その一部を本書に収録させて頂いた。

本書の出版までに時間がかかったのはひとえに編集を担当した私の怠慢のためである。ご寄稿を頂いた皆様には幾重にもお詫びを申し上げたい。特に鬼籍に入られた粕谷氏、岡崎先生のご生前に刊行に至らなかったことは痛恨の極みである。また、待ち続けて頂いたサントリー文化財団、厳しい出版事情の中で高坂先生のためなら、と快く出版をお引き受け頂いた中央公論新社、特に編集を担当して頂いた宇和川準一氏、麻生昭彦氏には改めて深く感謝したい。

過去二〇年間、高坂先生について幾度か書いてきたが、今回の研究会の議論や執筆の過程で新たに発見した事の多さに改めて驚いている。海はいつも変わらず、また一瞬たりとも同じではない。高坂先生の仕事を大海にたとえるなら、自分は長くこの海に浸りながら、まだ浅瀬からこぎ出してもいないと感じている。それは日本社会にとっても同じかもしれない。没後二〇年を経てなお高坂先生の著作は広く読まれ、その言葉は多くの人々の心に深く刻まれている。しかし同時に高坂先生の洞察の奥深さははるかに汲みつくされていない。本書の出版が、戦後日本を代表する知識人の一人であった高坂正堯という人物への関心をさらに広め、未来に向けて日本の知的遺産として継承される一助となることを願ってやまない。

二〇一六年三月

（なかにし・ひろし　京都大学大学院教授）

第一部

第一部は高坂正堯研究会の成果であり、各研究者の専攻分野に応じて、高坂の多様な足跡を検証した。

一　引用は、原則として『高坂正堯著作集』所収のものはその記述に従い、新字体にあらためた。

一　一部表記についての統一ははからなかった（例　ハーバード大学、ハーヴァード大学）。

序章　高坂正堯の戦後日本

五百旗頭　真

はじめに

「大へんくやしい事です。しかし一度大詔が下りましたから、せいぜい勉強して真に何も彼も強く偉い日本を作りあげようと思います。ついに我等は科学戦に破れた。きっと仇を討とうと思います。」

十一歳の高坂正堯が京都府の北端、丹後半島の疎開先で敗戦を聞いた後、京都の父正顕《まさあき》に送った手紙である（一九四五年八月二十六日付、原文旧カナ、高坂節三『昭和の宿命を見つめた眼』）。小学生の高坂が子供らしい直截な感情の言葉と子供らしからぬ言い草を織り交ぜて、まるで日本を代表しているような口ぶりなのに驚かされる。「強く偉い日本を」という少年の素朴な抱負は、思いの外、生涯変わることがなかったのではなかろうか。

本書に収められた中西寛論文をはじめ、多くの論文が政策論と史論、そして国際政治学の展開とその構造を多角的に解明している。新しい実証と力ある分析の双方を含む本書の諸論を見ながら、私はそこであまり書かれていない高坂正堯という人を書きたいと思った。その全体を書くいとまはないので、戦後日本とのかかわり、どちらかといえば戦後日本政治とのかかわりに即して、この人を振り返りたいと思う。

六〇年代――上昇期の戦後日本と高坂

ハーバード大学から帰国した面白そうな若手の学者がいると、『中央公論』の粕谷一希編集次長に告げたのは蠟山道雄《ろうやまみちお》であったという。粕谷が東京・六本木の国際文化会館に高坂を訪ねたことから、一九六三年一月号掲載の「現実主義者の平和論」が生まれた。それはよく知られるように戦後日本の知的世界を風靡していた丸山眞男《まるやままさお》や坂本義和《さかもとよしかず》らのリベラル進歩主義に立つ平和論を批判しつつ、国際環境の中で日本に実施可能な平和外交を提案する論文であった。帰国早々、粕谷の力ある説得に乗って書いたところ、「パラシュートで降りたら地上は敵ばかり」という状況であったと、高坂は苦笑することになる。

高坂は論争よりも、それを包摂する全体的意味づけに情熱を注いだ。戦後日本が実際にたどった通商国家としての生き方の意味を、吉田茂の選択に即して論じたのが『宰相吉田茂』（一九六六年）であった。またその有意性を歴史的・理論的に説いたのが『海洋国家日本の構想』（一九六五年）であった。マルクス主義が知的権威を持ち、進歩的平和主義が知的世界の圧倒的な主流をなしていた戦後期に、吉田茂の政治は保守反動と決めつけられ、メディアにおいても積極的な評価を与えられることはまずなかった。そこに登場した高坂の吉田と戦後政治の再評価は、鮮烈な知的革命であった。高坂は一九六六年頃までに、つまり帰国後三年ほどでこれらの諸論文を二冊の著書として出版した。

追われるように首相を辞して約一〇年を経た晩年の吉田にとっては、この若者の登場はもとより歓迎すべきものであったろう。エンサイクロペディア・ブリタニカに「日本を決定した百年」を執筆することになった吉田が、高坂にその起草を委ねたことは、評価と信頼の表れであろう。その関係は六〇年代半ばから長期政権を担うことになる吉田の弟子・佐藤栄作が高坂に篤く敬意を表することにつながったであろう。六〇年代のどの時点か詳らかにしないが、政府・自民党のある集まりが高坂を講師に招いた。偉い先生の登場を待ち受けたところ、若いお兄ちゃんのような童顔が、やぁ、こんにちは、と軽みをもって現れたので、一座にさざなみが起こったという。

佐藤首相に学者たちを引き合わせるのは、楠《くす》田《だ》實《みのる》首席秘書官の仕事であった。当時は、政府に協力する者を〝御用学者〟と非難する雰囲気が学界に強かったので、気配りが必要であったという。後年の楠田に、学者たちの政権への関与の仕方について訊ねたことがある。高坂、梅棹《うめさお》忠《ただ》夫《お》、京極純一《きょうごくじゅんいち》、衛藤瀋吉《えとうしんきち》、山崎正和《やまざきまさかず》、中嶋嶺雄《なかじまみねお》、若泉敬《わかいずみけい》らが楠田を介して佐藤政権のブレーンとなっていた（『楠田實日記』二〇〇一年、参照）。たとえば、首相の意向を確かめながら重要演説を楠田が起草して、その修正プロセスがはじまると、首相から先生方にも見ていただくようにと指示されることがあった。梅棹は、草稿にほんの少しだけ手を入れ、見違えるように引き立った文章に生まれ変わらせる才能の持ち主だったという。若泉は自らが政府になり代わったかのような情熱をもって、新たなメモを作ってくれたりする。それに対して高坂の場合、テキストに手を入れることなどまずなかったという。一九七〇年一月二十三日、施政方針演説の草稿を楠田は高坂に見せて意見を求めた。「原案の大筋については高坂氏も大賛成。『内面の充実』と言う考え方を出したので、これを取り入れることにした」（『楠田實日記』）。高坂は草稿にほとんど介入せず、賛意を表しつつ新しいコンセプトを一つ提案した。高坂に相談したことは「演説内容的にそうプラスにならないにしても」（同）、意味があるのだと楠田は続けてコメントしている。首相と直接会う機会があっても、高坂は具体的な政策助言をするというより、歴史家として味わいのあるいい話をすればよい、意見を求められれば言うが、政策を決めるのは首相であるといった姿勢であったという。近しくなった立場を利用してはいけない、という自尊自制を高坂は持したようである。

それでいて日本の政治外交の大きな方向性について、高坂は深い関心を持っていた。沖縄返還について、一九六九年一月の日米の官民要人を集めた京都会議に高坂は出席していた。エドウィン・O・ライシャワーが共同議長を務めた。「核抜き、本土並み」返還が正式合意されるには、ワシントンDCにおける同年十一月の佐藤・ニクソン首脳会談を待たねばならないが、京都会議が核抜きの方針を打ち出した。この会議に出席した米国政府の関係者は会議中頻繁にワシントンに国際電話を掛けて相談していた（事務局長の末次一郎《すえつぐいちろう》は、ホテルからの高い国際電話料金請求書を後から見て喜びを隠せなかったという。末次談話）。日本側の強い要望である「核抜き」返還を拒否しない流れが官民共同（トラック2）の京都会議でつくられた。高坂はこれを含むいくつかの会合に加わって、佐藤政権を後押ししたのである。

一九七〇年代を迎えた頃であろうか。ヨーロッパ旅行から帰国した高坂が突然アポもなく官邸に現れた。あいにく首相は不在であったが、高坂は楠田に対して、ヨーロッパで環境問題がいかに重視されているか説明し、それが今後の世界的な中心問題の一つとなるとの見通しを語った。帰邸した首相に楠田がこれを報告すると、「そうか、先生はそうおっしゃったか」とかみしめるように受けとめていた。公害国会から環境庁設立に向かう首相の対応を後押しする意味を持ったのではないかと、楠田は感じた（楠田談話）。

高坂は政治に対して概して控えめな姿勢を持したが、そのことは官邸の信頼をかえって強め、高坂の語ることを聞く雰囲気を醸成したように見える。一九七二年七月に首相の任を終えた佐藤は、夫妻で京都を訪れ、都ホテルに高坂夫妻を和装で迎えて感謝の宴を催したという（高坂談話）。

以上の六〇年代を中心とする時代は、戦後日本が高度経済成長を遂げて大きく再生・躍進した局面であった。戦後日本の生き方を肯定的に評価する高坂の議論は、この現実のプロセスによって支持された。戦後日本も、学者・論者としての高坂も、これ以上あり得ないほどの明るい上昇局面を経験したと言えよう。

ところがである。高坂は六〇年代までの戦後日本の成功を手放しで謳歌しなかった。そもそも吉田の打ち出した路線は高く評価するにせよ、吉田に方向づけられた戦後日本の民主主義の脆弱性を高坂は繰り返し指摘した。あの左翼的集団主義の圧倒的風潮の下でどの首相にとっても容易なことではないが、貴族主義的なワンマン吉田は広く国民的議論によって合意をリードすることができなかった。「民主主義に健全な表現を与えることに吉田は失敗した」と高坂はいう（『宰相吉田茂』）。

かくいう高坂自身、令弟・高坂節三や若き高坂の青春期を探る森田吉彦によれば、洛北高校の生徒会会長に二年の時に立候補して左派に勝利し、かつてないほど多くの生徒が集まる活発な生徒会とすることに成功した。一年後には授業料値上げ問題で、断固反対する左派に敗れるが、高坂はオープンな激しい議論を厭わず、むしろ積極的に説得力を発揮するのを楽しみとしたという。高校時代だけでなく、後に触れるように京大教授時代にも左派学生との公開討論に応じた。そのような多少手荒い民主主義のプロセスをこなすことを好む高坂から見れば、吉田はもとより、戦後の保守政治全般が密室的であり、権威主義的に過ぎるということになろう。

経済的成功によって戦後日本は国力を高めた。その中で、池田勇人首相は「所得倍増論」を掲げて、左右が激突した六〇年安保の傷を癒やすとともに、経済の面から国民的コンセンサスを形成することに成功した。それは格差の小さい国民所得の上昇をもたらす点で、経済的民主主義の前進と言えたし、日本が米欧とともに先進経済諸国の三本の柱をなすと説き、やがてＧＮＰの国際比較の中での地位上昇を誇ることになるように、経済的ナショナリズムへの点火でもあった。また、佐藤首相は左派の沖縄奪還闘争を制して、日米関係を強化しつつ官民の努力により平和的に沖縄返還をとりつけた。吉田は一九四六年五月の最初の首相就任に際して、「戦争で負けて外交で勝った歴史はある」と自らの使命を口にしたが、沖縄返還は師弟二代によるその実現であったといえよう。それは健全なナショナリズムに表現を与えた例と言ってもよかった。

にもかかわらず、高坂は厳しい。六〇年代に日本は経済的巨人になったかもしれないが、「臆病な巨人」でしかない（『一億の日本人』一九六九年）。自ら考え、決断し、つくり出していくことのできない文明では、国際政治の荒海の航海を全うできないのではないか。一九七二年に出版した『政治的思考の復権』に高坂は言う。「一九六〇年代は退屈な時代であった」。それは闘争と欠乏のない「平和の退屈」と「豊かさの退屈」にくるまれた時代であった。そこには「生命以上の価値」のために生命を犠牲にすることを迫られる「真実のとき」は存在しない。この社会には、「自主性を口にする集団主義」「決意なき革命論議」「道義なき平和国家」がはびこっている。非のうちどころがない六〇年代の成功のさなかにあって、高坂はその内にひそむ脆弱性と精神的歪みを見落とさなかった。自己決定する者にのみただよう風格が、経済主義の日本から失われようとしているのではないか。

高坂がこうした恐ろしい議論をするのは、一部の著作においてのみであろう。人と接する高坂は、快活で社交的であり、相手の事情に温かい理解を示す。お前は精神的に腐敗している、などといった発言は生涯なかったことと思う。政策論においても、その妥当性と限界を示すバランスのとれたものが多い。その領域で完結していてもよいはずだが、高坂にはもう一つ、きわめて高い道義性を人間と文明に求める眼がある。先に引いた「生命以上の価値」のために殉ずる「真実のとき」を、人や社会に求めるべきであろうか。それは宗教的極致において、あるいは戦場の兵士が生死の際に問われる非日常的「真実」ではないだろうか。であるにせよ、それを見失った人も文明も、欺瞞に満ちた逃避や自己正当化の理屈に身を委ね、とめどない堕落と腐敗に誘われることを高坂は洞察し、それとの闘いをも自らの社会的責務の一つに加えたのである。普通の合理的レベルで論ずる主旋律の低音部に、こうした第二旋律がひそんでおり、この二項対立は寄せては返しつつも、晩年に向かって低音部の第二旋律がしだいに大きく奏でられるに至ることを私は、『高坂正堯著作集』第八巻の解説「文明としての戦後日本の歴史」において指摘した。本書第七章の中西寛論文は、三島由紀夫との対峙を契機として、高坂がこのテーマを浮上させるに至ったことを論じている。

七〇年代――危機における高坂

一九六九年十一月の日米首脳会談において「核抜き、本土並み、七二年返還」が決まったとき、戦後日本外交が胸突き八丁を登りきったような達成感が関係者にはあった。頂上はなだらかでゆっくり休めるだろうか。しかし誰の想定をも超えて、七〇年代の劈頭、二つのニクソンが襲いかかった。ベトナム戦争に傷ついた超大国アメリカの荒々しい咆哮であった。七三年の石油危機が続き、六〇年代を中心に一七年間続いた日本の高度成長は死命を制された。さらに七四年には、東南アジアのバンコクとジャカルタで反日暴動が突発し、戦後日本の成功物語は次々に吹き飛んだ。

そらみたことか、と高坂は論じなかった。危機の七〇年代に深く沈み、苦闘する日本に高坂はやさしかった。「私は世界の工業文明と日本が、このままだめになって行くとは思わない」。日本が国際社会の運営に参画し、文化活動を強め、省資源型の産業構造に転換すべく技術開発を行うなら、「日本浮上」は可能であると、一九七五年の『地球的視野で生きる』において励ました。

一九七二年に佐藤後継をめぐって福田赳夫に勝利した田中角栄が首相に決まった頃、テレビを見ていたら田中新首相に高坂がインタビューしていた。「田中さんは、ご自分に適した時代環境に総理になったと感じておられますか」という質問が印象的であった。田中首相は天の時を得て、日中国交回復に成功した。しかし高度成長が過熱し、ブレーキをかけねばならなかったタイミングで、持論の「列島改造論」を掲げて成長加速のアクセルを大きく踏み込み、狂乱物価を招き、石油危機にも見舞われて、大破綻となった。あのタイミングで田中が強引に政権を手にしたことは運命的であった。

佐藤長期政権を支えた楠田が、田中首相に対して学者の協力を望むかと訊いたことがあるという。「なに、学者なんてのは、金さえやればいつでも使えるんだろ」との返答に思わず引いたとのことであった（楠田談話）。

危機の相次いだ七〇年代前半であったが、危機に際しての日本人らしい結束と、低公害で燃費効率のよい自動車エンジンの開発に象徴される技術革新によって、日本は再生バネを利かせ、八〇年代には欧米をしのぐ工業競争力を築く。その意味で、「このままだめになって行くとは思わない」との高坂の展望はきわめて的確だったのである。

　おそらく高坂が親密な感情を持って支えようと関与した政府は佐藤内閣だけであったろう。七〇年代以降の高坂は頼まれた仕事に応ずる形で、政治への一定の関与を折々に行うことになる。とはいえ、その頻度は小さくない。というのは、安全保障政策を扱える専門家は戦後日本に多くなかった。猪木正道《いのきまさみち》や佐伯喜一《さえききいち》がその長老格であったが、彼らにしてもディテールについては高坂に頼ることが多かった。もっと若い世代の北岡伸一《きたおかしんいち》や田中明彦《たなかあきひこ》が登場するまで、政策的センスのある民間の安全保障専門家は高坂が代表する状況が続くことになる。

　三木武夫内閣の時代に、高坂は坂田道太《さかたみちた》防衛庁長官、久保卓也《くぼたくや》次官らに協力して「防衛計画の大綱」の作成プロセスにかかわった。それは、日本が六〇年代の高度成長を経て経済力を高めたにもかかわらず、限られた基盤的防衛力しか持たないことをよしとするものであった。その背景としては、国際環境の面では、米中接近と日中国交回復によって極東の緊張緩和が進んだことがある。他方、日本の経済財政は石油危機の衝撃下で痛んでいた。高坂は冷戦終結までの時代を通じて、日本人が防衛に真剣でないことに批判的であったが、結論として日本の軍備が自制的であることを賢慮の産物として支持した。

　この時期、高坂は日本の防衛についてＧＮＰ一パーセント程度で当分やっていけると論じていた。それが三木内閣の閣議決定につながり、そして「一パーセント以内」が絶対的数値であるかのように一人歩きしたことに、高坂は困惑を覚えずにいられなかった。国際環境への対応に必要な手段として防衛力を決めるべきであって、国内発の数値をあらかじめ定めることによって安全が賄えるものではない。日本の健全な政策形成のため政府への協力を厭わない高坂であったが、政治に使われることの難しさも嚙みしめねばならなかった。

大平正芳内閣は、来るべき八〇年代の保守政治の在り方を根本的に考えるため、九つのブレーン研究会を発足させた。佐藤政権以来、久しぶりに学者・有識者の英知を集めようとする政権となった。その一つが「総合安全保障」研究会であり、猪木座長、高坂幹事が招請された。「総合」という言葉によって、コアの防衛力整備を手抜きしようとするのであれば賛同できないと考え、猪木はその点を首相に確かめようとした。やはりこの名称でやってもらいたい、が首相の返答であった。高坂が報告書を起草した。安全保障とは、さまざまな脅威から国と国民を守ることであるが、日本にとっての脅威には、外敵からの軍事的脅威、石油危機のような経済資源面での脅威、大地震のような国内的脅威があるとし、これらへの対応のため、軍事的手段だけではなく非軍事的手段をも尽くしての対応を説く、日本らしい立派な安全保障論であった。Comprehensive Security（総合安全保障）の語は、その後国際的にも広く流布するに至る。

大平首相の急死により、ブレーン研究会の諸報告書は霊前に捧げられるのみとなった。が、幸運なことに一九八二年に首相となった中曽根康弘はこれらの報告書を読み、佐藤誠三郎《さとうせいざぶろう》、香山健《こうやまけん》一《いち》、公文俊平《くもんしゅんぺい》らを自らのブレーンとした。中曽根首相はＧＮＰ一パーセントの防衛費枠の突破を望み、そのための研究会を新たに設けて高坂を座長とした。対立的議論も少なくなかった中、高坂座長自身が報告書をまとめたが、受け取った首相は「高坂君、ボケたのか」と思ったという。「総合安全保障」報告書の水準から大きく落ちていたからである（中曽根談話）。

私自身はその報告書を読んでいないので判断しかねるが、中曽根政権との関与について高坂に訊ねたことがある。「強い政治主義に辟易した」とのことであった。首相がGNP一パーセント突破という目標をあらかじめ設定して、それを理屈づけることを求められても、高坂にはその道具になることにさして興が乗らない。一パーセント枠撤廃にかねて賛成の高坂ではあるが、問題を深く考えて味のある考察を加えることを好む学者なのである。もちろんそんなことにかまっていないのが政治の忙しさであり強権性であろう。三木首相と中曽根首相は「一パーセント」をめぐって正反対の立場であるが、両人とも自らの政治的必要のコマとして学者を使おうとする政治的意志の強さを持ち合わせていた。

思えば、これが政治の普通であり、吉田、佐藤、楠田らから高坂が格別な敬愛の念をもって扱われたのが例外的というべきなのかも知れない。千利休やトマス・モアのように権力者から命を奪われることがなくなったのは幸いである。しかし、学者や有識者が権力とどのようにかかわるかは永遠の問題であろう。

危機の七〇年代に話を戻そう。それは高坂個人にとっても試練の時期であった。

七五年の沖縄海洋博覧会のテーマ委員であった高坂教授に対し、学生運動グループが非難し、団交を求めた。高坂は逃げず、熱い公開討論を京大正門前で何度も行った。学生や多くの人々がこれを取り囲んで聴く。これについて後に高坂に訊ねると、「理屈では負けんけど、集団暴力すれすれの威迫を繰り返されると、物理的に体に来るし、神経が高ぶって夜中に目が醒める。紛争中の学部長が胃ガンで倒れるんは、よう分かった」とのことだった。討論に自信のある高坂が、議論内容では圧倒しても、学生たちは集団威迫をやめない。二ヶ月も経つと膠着状態となる。あるときは法学部の同僚十数名が割って入り、腕を組んで「物理的に高坂さんを守った」という（当時の同僚村松岐夫教授の記事。『高坂正堯著作集』第六巻月報掲載）。高坂は同僚たちの敬愛を集めていた。

約二〇年後に大腸から肝臓にまで広がったガンが高坂の命を奪うが、この件との関連はおそらくないであろう。四十一歳の高坂は元気であり、公開討論を受けて立ち、言うべきことを言うのが、民主主義社会におけるパブリック・インテレクチュアルの責務と感じたのであろうか、自信と勇気のなせる武勇伝であった。

それよりもつらい個人的不幸が離婚問題であった。私は一九七七年から二年間ハーバード大学に在外研修中であり、知るよしもなかったが、子供たちを殊の外かわいがっていた高坂だけに、家族の分断には胸を痛めた。加えて、この件をめぐり高坂を社会的に貶めようと、実在しない高坂の不品行が原因であるとのデマを流してメディアに書かせようとする者もいたという（N教授談話）。七〇年代後半は高坂にとって苦難の時であった。

ちょうどその時期の一九七八年秋、助手論文をもとにウィーン会議の研究をまとめて出版した『古典外交の成熟と崩壊』（一九七八年）に対して、吉野作造賞が授与された。翌年私は帰国してお会いした際にお祝いを申し上げた。他人事のようにクールに論評することも想像したが、きわめて素直に「大変うれしかった」と喜びであったことを語られた。身辺が苦しい時期であっただけに、殊の外大きな支えとなったのであろう。災厄ばかり束になっては来なかったのである。

八〇年代――絶頂期の日本と高坂

試練の時を超えて、高坂が新しい境地を見出したのではないかと私が感じたのは、一九八一年に『文明が衰亡するとき』が出版された際であった。高坂にあって歴史は、理論書であれ政策論であれ、何を論ずるときにも影のように寄り添っている（本書第一章、細谷雄一論文参照）。だが、この作品ほど、のびのびと、そして生き生きと歴史そのものを語った作品はない。そのあとがきに、子供の頃から書きたいと思っていたたぐいの本を書けた「私は幸せだと思う」と記されていた。受難に遭って荒れることなく、沈黙を持って耐え、やり場のない思いは好きな歴史の著述への没頭により昇華したのではあるまいか。クールな高坂の「私は幸せだと思う」という言葉は、闇夜の時期からの復活のドラマがあったからこそ発せられたものと私は解する。

この時期以降、高坂の自己表現のスタイルは一皮むけて自由になった。従来の多面的な活躍に加えて、無邪気に阪神タイガース狂いに興ずる姿をテレビと社会にさらけ出した。高所恐怖症の高坂であるが、万が一タイガースが優勝したら揺れ動く十津川峡《とつがわきょう》の吊り橋を渡ってみせるとゼミ生に宣言し、それを実行する結果となった（離婚後、それまでにもまして高坂のゼミ活動重視はレベルを高めたようだった）。関西弁のくだけた調子で思いのままにテレビ番組でコメントする姿が映し出された。

一九八九年から「サンデープロジェクト」に毎週日曜朝、レギュラーとして出演するようになった（第六章、武田徹論文参照）。超多忙の上に、休むべき日曜日に毎週東京に出かけるのは健康に障ると諌言《かんげん》する者もいたが、高坂は、「いまは大事な時期やから、もうしばらくな」などと言って続けた。番組キャスターの田原総一朗は政治家の発言を遮ってやり合ったりするやんちゃな司会ぶりながら、決めるべきところでは振り返って高坂に判断を求める風があった。われわれ視聴者も、世界が冷戦後の動乱に向かい、日本もまた自民党長期政権が終わりを迎える緊迫感に満ちた状況で、高坂の言葉を聞きたく日曜の朝はチャンネルを回したものである。

八〇年代半ばであったか、私はサントリー文化財団の助成を得て「日本外交研究会」を開始した。二年を経た後はテレビ局からの支援を得て長く続く研究会となった。その立ち上げに際して、私は高坂に手紙を書いた。〝多忙で学会にもほとんど現れない先生であるが、将来を担う若手研究者に薫陶を与えるのは先生の責務である。だからこの研究会には出なければならない〟。「高坂先生」には吉田首相から中曽根首相までの各政権の外交についての連続講義をお願いした。「五百旗頭君のやる研究会は内容はええんやけど、時間の長いのがかなわん」と言いながら、毎回一泊の合宿に参加された。一度、遠方の出張先から駆けつけられたときには、さすがに申し訳なく思い、「時間単価の高い先生を、無報酬で拘束してすまない」とわびた。「世の中、面白いもんで、なんでこんなくれるんやと思う所もあれば、タダの所もある。全部合わせて、あんじょう行くようになってるから心配せんでええ」とのことであった。

ある朝、食卓を囲んでバターとマーガリンの健康への影響を雑談していた所へ、遅れて加わった高坂曰く、「どうでもええけどな、わしゃマーガリン食って長生きしようというような奴とはつき合わん」。楽しい合宿であった。

経済国家としての戦後日本がもっとも充実した時期を迎えたのが八〇年代であった。年平均一〇パーセントの高度成長を遂げた六〇年代の約半分の安定成長であったが、七〇年代の石油危機を技術革新によって克服しただけに、底力がついていた。家電、鉄鋼、自動車、半導体など、世界の売れ筋である工業製品において日本は断然たる国際競争力を持つに至った。公害をまき散らした高度成長期とは逆に、低公害技術によって環境改善もあわせ進め、途上国に対するODA予算を拡充して「人にやさしい戦後日本」を国際的にも展開し得た八〇年代であった。

八〇年代には、個人的に伸びやかに振る舞う境地を開いた高坂であったが、世界の中での日本の生きざまについても安心していられたのであろうか。残念ながらそうではない。強すぎる日本経済が各国との間に貿易不均衡を生んだ。とりわけ戦後日本の安全保障を引き受け、パトロン的な立場にあった米国は、日本の産業が米国のそれを打ち破って進軍することに穏やかではいられなかった。日米経済摩擦は、七〇年代に深刻化し、八〇年代を通じて噴出し、九〇年代半ばまで続くことになる。高坂が、「国際摩擦にいかにして対処するかは、われわれにとっての中心的課題となっている」(『国際摩擦』一九八七年)と書く事態となった。

この問題についても、高坂は歴史に照らして考えた。十九世紀のドイツ台頭、十九世紀末から第一次世界大戦にかけての米国の台頭は、いずれも激烈なものであり、産業面での既成大国との間の逆転を生もうとした。それに対し追い上げられる既成大国側では、台頭国は模倣のみであるとか、保護政策をとっているとか、不公正な競争であるとか、ついには異質論であるとか、我々が八〇年代に米国からさんざん聞かされた論点は全部すでに存在したことを、高坂は記す。つまり、追いつき追い越す関係における普遍的現象として日米経済摩擦を置き直せば、可燃性の厄介な問題を相対化し、日米双方の逸脱を冷静に指摘することが容易になる。米国が競争に負けつつある者の苛立ちから保護主義的要求に走る非合理を語りつつも、高坂は日本が政府の規制の下で近代化を成功させてきた従来の立場から、「日本自身を好ましい方向に変革」すべきこと、そして安全保障を他国に委ねる「町人国家」として平和主義を守りたいのなら、その自覚と覚悟を要するると論じた（上記書のⅢ「ジレンマに直面して―経済摩擦への対応」一九八七年、および「国際関係における異質論」一九九〇年、『高坂正堯外交評論集』所収）。

先に記した低音部の第二旋律の浮上という問題に関係するであろうか、日頃クールで洒脱な高坂が怒りを爆発させるのを見て驚いたことがある。昭和が平成に変わった一九八九年四月、「日米の昭和」プロジェクトがあり、ハーバード大学でのワークショップに出るため渡米する際であった。飛行機の席が隣り合わせになった。日米関係を話すうちに、高坂はＦＳＸ（次期支援戦闘機）問題につきアメリカに対して怒った。日米で一度合意したものをアメリカ側が問題をむし返し、御破算にして条件を加重したのである。こういう国際マナー違反は許せないと高坂は気色ばんだ。マナー以上に同盟国アメリカが軍事技術面から日本の自立を妨げようとしていることに、高坂はさらに怒った。戦争をしてでもアメリカに改めさせる必要があるとまで激語した。私は、アメリカはときおり粗暴な誤りを犯すが、落ち着くと自分で気付き、改めるところがあるから、そう思いつめなくてもよい。アメリカとの戦争はやめた方がいい、負けるから。アメリカ外交は雑なようで第二次世界大戦が近づくと、文明の大義を掲げて戦略的に多数派工作に成功した上で日本と戦った。アメリカのカリブ海・中南米政策は身勝手の見本のようなひどいものだったが、二つの大戦に突入する前にはしっかり改善している。なかなかのものだ。他方、日本は戦争が近づくとますます情緒的に思いつめて、清水の舞台から飛びおりる心境などと言って、自爆する。これでは勝てるわけがない等と反論した。いまのアメリカに大戦期の賢者たち（wisemen）のようなリーダーがいるかと高坂は反問し、機上の長い討論となった。

ニューヨークに着いた翌日、高坂はジャパン・ソサエティで日米関係につき講演した。それは見事なものであり、アメリカ人聴衆の心をとらえた。機上での激語はもしかしたら私を刺激して、ディベートを楽しんだだけだったのかもしれないと思ったほど、よくできた議論の展開であった。

湾岸戦争——大丈夫か日本

ベルリンの壁が崩れ、ソ連東欧の共産体制の連鎖崩壊によって冷戦終結がもたらされた。その直後の一九九〇年八月、サダム・フセイン大統領のイラク軍が、突如クウェートを攻撃し制圧した。明白な侵略であった。国連決議に基づき、米英中心の多国籍軍が組織され、クウェート解放の軍事行動が迫った。

日本は身もだえした。明白な侵略という不正義に対しても、軍事行動はいけないという絶対平和主義の気分が戦後日本に根強かった。国連憲章にあるように、侵略を「制止し処罰する」側に日本がつくにせよ、日本自身の軍事行動への参加は、憲法第九条の下で許されない。そう多くの日本人と海部俊樹内閣は考えていた。

高坂は、正義と国際秩序よりも、平和と自らの不関与を欲する日本の議論に対し、かなり厳しい発言をメディアで繰り広げたといわれる。

私自身は九〇年三月から湾岸戦争の始まる九一年一月まで、ロンドン大学で海外研修中であったので、それを知らない。ただ、帰国後テレビをつけると、国際安全保障にも、結局は日本の国益にももとる日本国内の不関与平和論を難ずる高坂の姿があった。

九一年二月、高坂が河合栄治郎《かわいえいじろう》生誕百年記念の講演を経団連会館で行った筆記録が残されている（「日本の危険——国家モラルの崩壊について」『高坂正堯著作集』第八巻所収）。それはユーモラスな語り口であり、それでいて湾岸戦争開戦後まもなくであり、臨場感を持っての発言が見られる。

河合栄治郎は戦闘的自由主義であり、その弟子であり自分の師であった猪木正道もそうであったが、自分はもう一人の京大での師・田岡良一《たおかりょういち》とともに戦闘的ではなく思弁的観察派であると高坂はいう。ただ、「人間は時として戦闘的にならなくてはならないようです。昨年八月二日以降の湾岸危機は私にそのように感じさせました」。高坂が憤慨したのは、たとえば、イラクに開戦した多国籍軍は正規の国連軍でないから協力する必要はないといった日本人の議論であった。これは良心を欠いた形式論であり、「まやかしの議論」だと断ずる。また、①即時停戦、②イラクはクウェートから撤退せよ、③日本は戦闘を支持するな、といったそれぞれもっともらしい主張は、三つ合わせると「美しい理想どころか、極度に醜い非道徳あるいは不道徳になる」とする。たしかに不法行為にすぐ力を行使しない方がいいかもしれない。だが、いくら説得しても応じないときはどうするのか。ほうっておくのか。ほうっておくのは嫌だから口だけしゃべっている。「これは偽善であり、無力感にもとづく無責任であります」。安全保障と秩序を守るには、時には犠牲を強いられるが、誰かが担わなくてはならない厳粛な任務である。そのコストを逃れたく、無責任な理屈をこねる日本人に対する高坂の口調には激しいものがあった。

自らの愚かな戦争に深手を負った戦後日本は、「自分の安全を自分で守るという自治」を放棄した。それを高坂は「典型的な小国の外交」もしくは「準禁治産者になった」とすらいう。「しかし、それからわれわれは卒業しなければならぬのであります」。自分で責任ある決断をし、行動をしなければ、道徳的な構造が朽ち果てる、と高坂は警告する。

以上を見れば、湾岸危機と戦争をめぐって、日本人の国際安全保障に対する逃げとごまかしと無責任を、高坂が咎めたことは明白である。認識の過誤や精神の腐敗を鋭く指摘した。では高坂は日本の具体的な戦争への関与、たとえばイラクに対する多国籍軍への参加を主張していたのだろうか。憲法を改正し、日本が経済力に見合う再軍備を行って、国際安全保障の中心的担い手に加わることを説いていたのだろうか。

もし事態が許すなら、それを常態（ノーマル）として受けとめる高坂であったと思われるが、日本がそうすることは必ずしも賢明ではないと、高坂は長く論じてきた。六〇年代以来、憲法改正に突き進むことを戒めてきた（「奇妙な革命の遺産」一九六四年）。「国力にふさわしい軍事力を持つのではなく、最小限の軍事力をその他の手段で補完しつつ、軍事力の意義が減少する国際政治の体系への移行に向けて現実主義的に努力することである」（「ヤルタ体制四十年」）。そう一九八五年に説いた（『中央公論』一月号所収）が、冷戦終結後の湾岸危機と世界動乱の予感も、この認識を清算させはしなかったようである。「国際政治は軍事問題と無関係ではありえない。秩序を維持するには力も必要だからである。もっとも、力も必要なのであって、力が必要というわけではない。だから、日本の重点は軍事力以外の部分に置かれるべきであろう」（『日本存亡のとき』）と、湾岸戦争翌年の一九九二年にも論じている。それは、現代における軍事手段の極大化が軍事力の行使を制約したとの基本認識に立つものである。

日本が安全保障上とるべき措置として高坂が説いたのは、自衛隊のPKOへの参加（同前、九二年）と、集団的自衛権行使の解禁であったと思われる。「日米同盟の運営のために、言い抜け、詭弁の類が積み重なって、ストレイト・トークがおよそ不可能に近い状況だと言ってよい。常識的に言えば日米は共同防衛を行なっているのだが、日本には集団的自衛権はあっても行使はできないという類の議論はその最たるものである……それは行動する世界の人々の言葉とほとんどなんの関係もない」（「21世紀の国際政治と安全保障の基本問題」九六年、絶筆）。

「中国、中東、中欧のドイツ、私は『中』がつくもんが全部嫌いや」は高坂のジョークであるが、重大化する中国問題を変わることなく意識していた。それが日本にとって難しい、もしくは深刻な問題となることを予感しつつ、「中国問題は君らの世代に任せる」と教え子たちに語るのを常とした（第四章の森田吉彦論文参照）。中国が起こした台湾ミサイル危機を、米国が空母の派遣によって抑えた九六年に高坂は亡くなるので、中国が大国化する姿はきわどく見ずに去った。

亡くなる前の高坂が格別に憂慮したのが、歴史問題であった。戦後五〇年の一九九五年は、過去への謝罪が焦点となった瞬間であった。八月に行われた琵琶湖畔の会議において、高坂がこの問題を論ずる厳しさと苦々しさに、私は衝撃を受けた。絶筆となった前述の論文の最後部にこう論じている。「昨年は多くの国が日本の謝罪を求め、日本政府は対応に追われた。たしかに、いくつかの具体的な問題について、日本は責任をとるべきだろう。しかし、戦後五〇年を経過し、一応戦後処理が済んで――両当事者がそれを認めた後、なお過去の重い荷物を背負う必要が説かれるのは、基本的におかしい。それは戦争と平和に対する人類の英知を破るものである……なにか過去の戦争や抗争が現在のそれの代替物になっているところさえある。私は、そこに危険を見るし、それが第二次世界大戦後の秩序の最大の弱点かもしれない、とさえ思う。戦争責任について、ごまかすのではなく、毅然とした態度をとること、それは日本の安全保障政策の基本かもしれない。言い訳とごまかしを続けて精神が腐食するとき、力も、知恵も、カネも結局役に立たないからである」（「21世紀の国際政治と安全保障の基本問題」）。

おわりに

一九九六年三月三十日、私は京大病院から仮退院する高坂を、下鴨のお宅で待ち受けた。患部を切除する手術は成功した、といった報を聞けるだろうか。何となくそうはいかない気もしていた。友人二人を誘ったが、二人とも都合がつかず、私一人であった。帰りを待つ家族が孫に着飾らせているのが気になった。「孫ができたらな、長生きしたいいう妄執が出てな」と先生が苦笑したという話を想い出した。おしゃれな服装で先生は帰宅し、庭でお孫さんを抱き取った。婆やから私が来ていることを告げられて、孫を返し、応接間に入ってこられた。京大病院で手術をしたが、開けてみれば大腸から転移したガンが肝臓を侵しており、そのまま閉じるほかなかった。可能な期間、ガンと共存して生きていくほかない。そう死にゆくべき自らを淡々と語られる。本人から告知された私の方が動揺した。「まだ十年、二十年がんばっていただかないと」と願いを口にしたのに対し、「そら無理や、ようて二、三年やな」、そうさらりと言い渡された。

そんなこととは、つゆ知らず、年初の神戸での「戦後日本形成」会議にご無理をお願いした。また『外交フォーラム』の安全保障特集号の企画会で、巻頭論文は高坂先生にお願いすることを決めた。その原稿は早々に届けられたと粕谷一希氏から聞いていた（それが前記の絶筆論文である）。それらで、たいへんな負担をかけてしまったことを謝した。それに対し先生は、悪くなってからも「朝方はやれたんや」と言われた。その時の表情は、この日もっとも明るく、いささかの満足すらたたえたものであった。死に至るまで、先生にとって書くことはかくも大事であったのか。

高坂は令弟の節三氏に対して、戦後日本の歴史を書きたかったと語ったという。歴史上の類例を聞かれて、第二次ポエニ戦争に敗れた後のカルタゴを口にした（高坂節三談話。同『昭和の宿命を見つめた眼』をも参照)。小学生のときに戦争を経験し、疎開先で敗戦を迎え、「きっと仇を討とうと思います」と父に書き送った愛国者の高坂である。かつて高坂は、ローマ史を一緒に書くことを塩野七生《しおのななみ》に約束しながら、その後、現在の問題から手を離せないからと断ったことがあった。高坂は戦後日本の緊密な同行者であった。「真に何も彼も強く偉い日本」となるように、通り一遍でない認識をもって、現在進行形の日本を分析し、評価し、それを書くことによって行方を支えようとした。現実主義者の名を冠された高坂であるが、現実を踏まえて立派な日本をつくろうとする理想主義者であった。精神の腐敗を指弾し「内面の充実」を求めるモラリストであった。生存それ自体が至高の目的ではなく、自らの生命を失っても求めるべきものがあることを、高坂は最後に書いた論文においても改めて強調した。学生との団交に神経が高ぶって、夜目が醒めたとき以上に、病巣が身体を蝕んだ晩年には、夢は枯野をかけめぐり、うなされて夜明け前に目が醒めたことであろう。そんなとき、高坂はベッドから起きあがり、傍らの机に向かい、執筆を続けることができた。七〇年代の危機にあって苦悩を執筆の中で昇華した高坂であった。同行者であった知友に書き、同行者であった戦後日本について書き続け、「朝方はやれたんや」と誇りと満足をたたえて口にすることのできた高坂。戦士であり、理想主義者であり、愛国者であった高坂に、われわれもまた誇りを覚えるのである。

(いおきべ・まこと　熊本県立大学理事長)

第一章　外交史家としての高坂正堯――「歴史散歩」をする政治学者

細谷雄一

はじめに

「別の比喩を用いるなら、この書物は歴史散歩といえよう。決して用務があって出かけたわけではない。行きたいなと思うところに出かけ、あるいは魅力的な風景に出会って、その印象をかき集めたようなものである。私はその行為を地理的な意味ではなく、歴史の中でおこなったということになるだろう」[1]

高坂正堯は、一九八一年に刊行した『文明が衰亡するとき』の「あとがき」で、歴史に向き合う自らの姿勢を、このように「歴史散歩」と表現した。この著書では、ローマ帝国、通商国家ヴェネツィア、そして戦後のアメリカという繁栄を謳歌した文明が衰退するようすを、魅力的な文章で描写する。高坂は、それを歴史研究としてではなく、「歴史散歩」として行ったと自らの行為を位置づけている。そこには、職業歴史家として膨大な史料を用いているわけではないことへの、謙遜の意味も含まれているのだろう。とどうじに、「散歩」と表現することで、歴史が実に身近で、快適で、愉快な存在であることを示唆している。これほどまでに、歴史を自由自在に操って、歴史の魅力を伝えることができた政治学者は、それほど多くはない。

それでは、高坂のいうところの「歴史散歩」とは何か。それについて高坂は、一九七八年に自らの著書『古典外交の成熟と崩壊』が吉野作造賞を受賞した際の「受賞の言葉」で、次のように語っている。歴史に向き合う自らの姿勢を、実に率直に語っている。少し長いがそのまま引用しよう。

「私は本格的な歴史書を読むのが好きだ。しかし、私は到底歴史の研究者にはなれない。生きて、動いており、今後どうなって行くか判らないことの方が私には面白い。その反面、現在のことだけを専攻することも私を満足させない。そうすると、事実をよく知ることはできるが、イマジネーションが湧いて来ず、自分なりの読みもできなくなってしまう。だから私は、現実の国際政治をフォローしながら、その合間に歴史のやや本格的な研究をするという方法をとって来た。しかも、その際、私は現代の問題に光を当てようという目的意識を持って、歴史を研究したわけではない。それが好きだからやったので、いわば趣味として合間に歴史研究をやって来たのである。奇妙な仕事のスタイルと思われるかも知れないが、私にとっては、それが歴史研究からもっとも多くのものを得ることができるものであった[2]」

このように高坂は、歴史を学ぶ上で「現代の問題に光を当てようという目的意識」があったわけではなく、「趣味として合間に歴史研究をやって来た」という。とはいいながらも、いくつかの高坂の著した歴史書は、自ら「やや本格的な研究」と位置づけているように、「歴史の研究者」と呼んでもおかしくないほど充実した内容となっている。とりわけ、近代ヨーロッパ外交史を鮮やかに描いた『古典外交の成熟と崩壊』は、イギリス政府の外交史料が収められた刊行史料集に加えてフランス語やドイツ語の刊行史料も用いられている。必ずしもロンドンなどの国立公文書館所蔵の史料をくまなく利用しているわけではないが、かつてのE・H・カーやアーノルド・トインビーを歴史家と呼ぶのであれば、高坂もまたそのように位置づけられるべきであろう。しかしながら、あえてここでは高坂を「歴史散歩」をする政治学者と位置づけて、外交史家としての高坂の足跡を辿ることにしたい。

高坂正堯における歴史

「良識」を得るための歴史

戦後日本を代表する国際政治学者であった高坂正堯は、時空を越えて歴史上のさまざまな事例を自由自在に参照することで、目の前にある困難な国際政治上の問題を相対化する力を身につけていた。それは、「良識」を得るために不可欠な酸素のようなものであった。もしも現在の日本において、歴史から教訓を学ぶ姿勢が失われて現在の問題のみに目を奪われるとすれば、それは実に危険なことである。そのような危惧を高坂は、冷戦終結後の一九九五年に次のように語っていた。

「歴史とともに考察するとき、理論はわれわれに正しい教訓を与えてくれる。政治及び経済の秩序の問題について、いくつかの理論を私は検討するが、その際常に歴史の光にあててみたいと思う。理論抜きには広い世界は理解できないが、歴史抜きの理論は危険で、大体のところ害をなす。[3]」

高坂自らは、理論がもつ意義を深く理解し、多様な政治思想や政治理論を活用して複雑な事象を論じることもあった。とはいえ政治学の潮流として、歴史を学ぶ意義を軽視して理論のみに執着する傾向に違和感を抱いたのであろう。それゆえ、「歴史抜きの理論」が危険で、往々にして現実を誤った方向へと導くことを深刻に懸念した。

高坂はどのようにして歴史の良識を身につけていたのか。あるいは、高坂の「歴史散歩」の習慣は、どのように始まったのか。高坂の歴史との出会いを、父であり京都学派の哲学者であった高坂正顕との散歩の時間に見いだすことができる。

それは、高坂正堯が高校生の、戦後間もない時期であった。高坂正顕は、朝と夕方に京都下鴨泉川町の自宅近くの糺《ただす》の森《もり》を散策する習慣があった。それは、正顕の三男で正堯の弟であった高坂節三の記憶によれば「自らの思想を纏めるための良き訓練場」になっていて、「午後の散歩には兄はよく付いて行き、色々な知識を吸収した」という。[4] 高坂正堯自ら、父との散歩の美しい思い出を次のように回想している。「高校になると糺の森の思い出は散歩になる。私は父とよく散歩した。というのは、父は戦後追放になっていて、家で著述活動をおこなって、家計を支えてくれていた。はや起きだったので、私が学校から帰る夕方には仕事が終っている。それに父はカントの研究者で、カントが規則正しく散歩していたのを真似したのかも知れない。散歩のとき、学問、とくに歴史の話をしてくれたのが、私の歴史好きの源なのであろう」[5]。このようにして父正顕は正堯にとっての「またとない家庭教師」となったのだ[6]。

高坂は、父との散歩の中で歴史への愛着を育んだ。その意味で、「歴史」と「散歩」は、若き日の高坂の中で一体になった。自らの歴史への姿勢を「歴史散歩」と呼ぶのは、それゆえであろう。それは、思索の源泉であった。歩くという行為。そして歴史的思考という行為。「歴史散歩」によって、高坂は同時代の国際問題を洞察する上での限りないインスピレーションを得たのであろう。

それでは、現代の国際政治を理解する上で、歴史はわれわれにどのような教訓を与えてくれるのか。いったい歴史から何を学べば良いのか。高坂は、現代と歴史を結びつけて考える思考方法を、おそらくはイギリスの歴史書から学んでいたのではないだろうか。

高坂正堯とチャールズ・ウェブスター

多くの優れた歴史的著作をもちながらも、むしろ高坂は現実の政治へと関与して、現状分析をしたり政策提言をしたりすることによりその名が広く知られていた。その意味で、高坂を歴史家としてではなく、政治学者として位置づけることの方が的確であろう。

そのように、歴史的な思考を基礎に現実の政治へと関与する歴史家としては、第一次世界大戦から第二次世界大戦の時期にかけてイギリスで活躍した外交史家チャールズ・ウェブスターが先駆者といえる。そして、このウェブスターの研究から高坂は、多くを学んでいた。[7] それではウェブスターはどのような研究者であったのか。

イギリスの外交史家チャールズ・K・ウェブスターは一八八六年に生まれ、マーチャント・テイラー校とケンブリッジ大学キングス・コレッジで学んだ。一九一四年から一九二二年までリヴァプール大学歴史学教授で、この間にパリ講和会議の条約起草作業を準備するため、外務省からの依頼でウィーン会議の概要を記した著書を執筆する。一九三二年には、ロンドン・スクール・オブ・エコノミクス（LSE）の初代のスティーブンソン講座教授に就任した。二十世紀前半のイギリスで外交史研究の伝統を確立する上で、ウェブスターの役割は極めて大きかった。しかしながらどうじに、ウェブスターは現実の政治にも深く関与していた。第二次世界大戦時には、王立国際問題研究所海外調査報道部、さらには外務省調査局で勤務。[8] 一九四四年のダンバートン・オークス会議、さらには一九四五年のサンフランシスコ会議でイギリス政府代表団に加わり、国際連合設立の準備作業、及び国連憲章起草作業に参画している。

ウェブスターは、自らが生きる二十世紀前半の世界において戦後秩序を構築する上で参照すべき先例として、一八一四年から一五年にかけて開かれたウィーン会議について研究し、それを参考とした。高坂は、『古典外交の成熟と崩壊』に所収されている「ウィーン会議と『ヨーロッパ』」および「イギリスとウィーン体制」と題する二つの論文を執筆する際に、このウェブスターの研究を基礎としている。おそらく、本格的な外交史研究であるウェブスターの著書を参考に読んでいる際には、高坂はこのウェブスターが現実政治に深く関与していたことをあまりよく知らなかっただろう。ウェブスターのウィーン会議に関する研究は、そもそもの契機として外務省の依頼により執筆されたものである。高坂がそうであったように、ウェブスターもまた現実政治と外交史との双方に深い関心を示していた。

第一次世界大戦後の一九一九年のパリ講和会議では、外務省に新設された政治情報局（Political Intelligence Department）において、多くの歴史家が加わって政府に助言を行った。そこには、アーノルド・トインビー、ルイス・ネイミア、アルフレッド・ジンマーン、ジェイムズ・ヘッドラム＝モーリーなどの外部の歴史家や、ハロルド・ニコルソン、E・H・カーのような外務官僚が加わっている。歴史家と現実政治が出会う、重要な連接点がつくりだされたのだ。[9]

ケンブリッジ大学で長年外交史を教えてきたザラ・スタイナーは、外交政策立案における歴史家の役割を、次のように述べている。「官僚制についての専門家であれば誰もが知るように、省庁（とりわけ外務省）では、それぞれが独自の『集団的思考（group think）』を持っている。それは、自らの判断を色づけるような継承されてきた伝統や、共有されている想定である。外部者や、一時的な政治任用者は、そのような確立された階層的秩序から遠く離れているという利点を有しているのだ[10]」。

高坂もまた、ウェブスター同様に、「外部者」として、また政府における「確立された階層的秩序から遠く離れているという利点」を活かして、戦後政治に巨大な影響力を及ぼしてきた。現代の複雑な問題を相対化して、歴史的教訓の中から活かすべき叡智を導き出す。そのような手法を、高坂は自らのヨーロッパ外交史研究の中に見いだしたのであろう。

外交史家の誕生

ヨーロッパ外交史への志向

高坂正堯の政治学者としての活躍の場は、ハーバード大学留学からの帰国後の一九六二年以降、中央公論社の編集者で、後に評論家となる粕谷一希の仲介によって、論壇の世界へと広がっていった。[11] この経緯についてはよく知られている。他方でそれ以前の、一九五七年に京都大学法学部を卒業してから助手としてヨーロッパ外交史研究に専念する時期についてはあまりよく知られていない。

弟の高坂節三の記憶に拠れば「大学を出た後、学校に残って学問の道に進もうと決心した兄は四年生の時代、猛勉強することになる」。[12] というのも、「健康にあまり自信がなく、自由に学問をしたい兄は、新設予定の国際関係学科を専攻すること」になった。それは、「二年間の助手生活の後、直ぐに助教授になるという、今では考えられない抜擢でしたが、東京大学に出来る国際関係学科の向こうを張って京都もと言う事情と、この分野を勉強しており、学者になりたいという人が居なかったためだと思います」。[13]

　このように高坂は幸運にも助けられて、新設する国際政治講座の助手として京都大学法学部に奉職することになった。指導を担当したのが、京都大学法学部教授の田岡良一であった。[14] 田岡は若い頃にフランスに留学し、ヨーロッパ外交史への造詣も深かった。[15] その田岡が、若き高坂がウィーン会議の研究をすることを快く思ったことは、想像に難くない。その頃の高坂の様子を、京都大学法学部で高坂を指導した、もう一人の指導教授ともいうべき猪木正道は次のように回想する。

「いよいよ助教授への昇進に必要な助手論文を執筆することになって、高坂さんは『ヴィーン会議』というテーマを選んだ。それから一年半にわたる高坂さんの猛勉強ぶりは、今でも私の脳裏に焼き付いている。田岡先生は、『高坂君の熱心さには驚かされる。会えば必ずヴィーン会議について質問され、閉口しているよ』と喜んでおられた。／ヴィーン会議を助手論文のテーマに選んだことは、大成功だったと私は思う。まず第一に一八一五年のヴィーン会議は、長期にわたってヨーロッパの平和を保障した意味で、国際政治の研究には最上の出発点であった。第二番目にヴィーン会議を中心に考察を進めれば、ヨーロッパの外交史を包括的に理解できる」[16]

　この研究成果は、まず一九五九年に「ウィーン会議と『ヨーロッパ』」として京都大学の紀要『法学論叢』に掲載された。続いて一九六〇年には、「イギリスとウィーン体制――パックス・ブリタニカの外交的側面」が国際法学会の学会誌『国際法外交雑誌』に掲載された。[17] この二つの論文は、およそ二〇年後の一九七八年に刊行されることになる、京都大学の博士号の学位論文ともなった『古典外交の成熟と崩壊』の一部を構成するに至る。

このように一九六〇年にハーバード大学留学に出発するまでの三年間に、高坂はヨーロッパ外交史研究を「猛勉強」したのであり、その様子はその論文が参照する広範な史料や欧語文献からもうかがえる。ここに、外交史家高坂正堯が誕生した。

ハーバードでの経験

これらのヨーロッパ外交史研究の成果を公刊した後、高坂正堯は日本を離れてアメリカのハーバード大学に留学する。それは、一九六〇年から六二年のことであった。ここで高坂は、二つの得がたい経験をした。第一には、外交史家としての素養を身につけたことである。その契機として、当時ハーバード大学の歴史学部に大学院生として在籍していた入江昭の存在があった。ジョン・フェアバンク教授のもとで両者は学び、フェアバンクの仲介によって二人は知り合うことになる。「お互いに一〇メートルほどしか離れていないケンブリッジのDNAストリートに住んでいたので旅行やブリッジをして親しく行き来していた」ことによって、高坂は入江からアメリカの外交史研究の状況など、多くを学んだことであろう。[18] 同じ年で、希有な才能を有する二人の若手研究者は、それぞれ異なる経路を辿りながらも、共鳴し合ってその後長い期間にわたって友情を維持することになった。翌年の一九六一年に入江は博士論文を提出し、その後は講師として一九六四年までハーバード大学に残っていた。

さらには、「コロンビア大学のジェイムズ・モーレーさんという人がやっておられた日米外交史セミナーが一カ月に一回あり、二人揃って毎月聞きに行ったこと、兄がワシントンにある国立公文書館によく通っていたこと」が、大きな意味を持っていた。[19] このようなハーバード大学や国立公文書館での史料収集は、後に『宰相吉田茂』の研究に帰結する。高坂自らの回想によれば、「ぼくが吉田さんに興味を持ったのは、一九六〇年から六二年にかけて、ハーバード大学でいろいろ好き勝手な研究をしていたころ」であり、この時期に高坂はハーバード大学や国立公文書館に所蔵されていた「日本の外交文書を手当たり次第に読んでいた」という。「その中に吉田茂さんが駐英時代に、日本に送った電文があって、それが非常におもしろかった」ことが、『宰相吉田茂』を書き上げる契機となる。

このようにして、入江やモーレーを通じて高坂はアメリカにおける外交史学の伝統に接することができた。さらに加えて、この時期のハーバード大学では、新進気鋭の国際政治学者としてその名が知られていたヘンリー・キッシンジャーが教壇に立っていた。キッシンジャーは、ウィーン会議について記したヨーロッパ外交史の著作『回復された世界平和（*A World Restored*）』を、高坂がアメリカに渡る三年前の一九五七年に刊行していた。ハーバードで入江と高坂の二人の若き日本人は、キッシンジャーの新著について議論した。[20] 助手論文として自らもウィーン会議について研究をした高坂は、キッシンジャーの華麗な著作に魅了され、知的に大きな影響を受けたのだろう。

第二の高坂の得がたい経験として、現実政治が動いている空気を吸ったことを指摘できる。高坂がハーバードに行って間もない一九六一年一月二十日には、若きジョン・F・ケネディが大統領に就任して、多くの研究者が高坂の住むハーバードからワシントンDCへと移って、政権入りした。これは日本ではあまり見られない光景であった。一線の政治学者が、現実の政治に参画して、自らのアイデアを提供していく。その様子をつぶさに目にしたことで、高坂は政治学のより大きな可能性を意識し始めたのだろう。

どうじに、この時期のハーバード大学には、東京大学法学部教授として論壇でも活躍していた政治学者の丸山眞男が滞在しており、また短期間だが一橋大学法学部助教授の細谷千博《ほそやちひろ》や、慶應義塾大学法学部助教授の池井優《いけいまさる》も居合わせていた。これらの若手政治学者たちが集まって、夜遅くまで賑やかな会話を楽しんだ。そこで高坂は、丁々発止の議論を楽しむ知的行為を経験した。それは、京都大学法学部の研究室や国立公文書館の閲覧室の空気とは異なる、新しい知的興奮であった。

このようにハーバード大学での二年間の留学経験は、高坂にとって、歴史研究を深める意味でも、また現実政治や論壇へ関与していく意味でも、自らの視野を著しく広げる効果をもたらした。留学前には京都でヨーロッパ外交史の研究を「猛勉強」していた高坂は、アメリカからの帰国後には政治学の新たな可能性を実践していく。

『古典外交の成熟と崩壊』の誕生

ハーバード大学から帰国してしばらくの期間、高坂の活動の舞台は論壇の世界と現実政治の世界へと移っていった。一九六二年十二月に「現実主義者の平和論」で月刊誌『中央公論』での鮮烈な論壇デビューを果たし、また六四年には同じく『中央公論』に「宰相吉田茂論」を発表した。

それぞれ後に、『海洋国家日本の構想』と『宰相吉田茂』という高坂の代表的著作へと発展していく。さらには、一九六四年十二月十七日、高坂は首相就任間もない佐藤栄作と朝食会で同席している。[21] 一九六七年には佐藤栄作政権の下で「沖縄返還と基地問題研究会」委員となり、また佐藤首相秘書官の楠田實の下では「Sオペ（佐藤オペレーション）」に参画することで、現実政治に深く関わっていった。

京都と東京を往復するこのような多忙な毎日が続く中でも、高坂は歴史を愛する姿勢を忘れなかった。忙しい毎日の中でも欠かさず散歩の習慣を続けるかのように、高坂は「歴史散歩」をしながら自らのイマジネーションとインスピレーションを養っていった。高坂が『古典外交の成熟と崩壊』を出版するのは、このような激務のさなかの一九七八年のことであった。

粕谷一希は、高坂の『古典外交の成熟と崩壊』について、「この書物のなかに、彼の学問の性格、外交論、国際関係論の原型ともいうべき世界がはっきりと明示されている」と記している。[22] 粕谷は、どのような理由から、この著書に高坂の学問の「原型」を見たのであろうか。粕谷は次のように『古典外交の成熟と崩壊』の美徳を記す。「さらにもう一つ高坂政治学を際立たせるものは、一八世紀の勢力均衡、あるいはウィーン体制を、近代外交の古典的世界、古典的姿としてとらえていることである」。

そのような「近代外交の古典的世界」としての「一八世紀の勢力均衡」を描いたことこそが、粕谷によれば、この著書において高坂の学問の「原型」が見られる理由だという。確かに、高坂はこの著書の最初の章で、勢力均衡について論じている。そして、そのような勢力均衡の重要性を説くことから、高坂は東アジアの安定のために日米同盟の意義を確信していたのであろう。勢力均衡論は、高坂の国際政治論の特質を理解する上で、重要な構成要素となっている。

それでは、高坂はどのような意図で本書を著したのであろうか。高坂は、この著書の「エピローグ」において、自らの意図するところを次のように語っている。

「この書物は歴史的考察を行っているが、歴史の研究書ではない」。というのも、「この書物の意図するところは、あくまでもヨーロッパの外交の基本的様相を捉えること、いいかえればそれがなにであったかを考察することにある」「その答えを要約した形で与えるならば、それはわれわれにとって『古典外交』であるということになるだろう。(中略) それは二つの意味で、『古典』なのである。まず、それは現代外交とは大いに異なるものである。近代ヨーロッパの国際関係は、同質の文化を持つものがいくつかの国に分れ、抗争し、交流するところのものであった。その交際の作法は貴族社会のそれであり、また多くの場合、貴族が交際を担当していた。しかも、各国は相当の自立性を持っていた」「この同質性、貴族性、自立性のすべてについて、現代の国際関係はまるで様相を異にする。ヨーロッパの外交は明らかに過去のものである[23]」。

それでは、高坂の描いた「古典外交の世界」とは、いかなる特質を有するのか。次に、『古典外交の成熟と崩壊』を通じて、彼が描いた「古典外交の世界」すなわち高坂政治学の「原型」を見ていくことにしたい。

多様性への愛——近代ヨーロッパの自制と均衡

「英国史は私の趣味なんや」

編集者の粕谷一希によれば、高坂正堯は口癖のように「英国史は私の趣味なんや」と語っていたという。というのもそこには「その巧みなバランス感覚と妥協による調整能力など、あらゆる政治権力と政治技術の操作の経験が語られていて、成熟した政治的態度と判断について汲めどもつきない教訓が溢れていた」からであった[24]。

一九七一年に京都大学法学部の教授に昇進した高坂は、七三年の一月から六月までをロンドンで過ごしている。国際戦略研究所（ＩＩＳＳ）で客員研究員の職に就くためである。この時期に日本では、佐藤栄作政権のなかでブレーンとして政治に深く携わっていた。そのような忙しい日々を離れて、ロンドンではゆっくりと歴史書を読む時間が得られたのだろう。

高坂はその著書『国際摩擦』のなかで、自らのイギリス好きを次のように書いている。「私がイギリスを訪れてもっともすばらしいと思い、羨ましくさえあるのは、優れた歴史書が実に豊富だということである。それは読んでいて面白く、かつさまざまな教訓を与えてくれる。日本の歴史書が概して無味乾燥であるか、教条主義であるのと対照的である」[25]。さらに高坂は、「私はこれまで歴史の勉強にずいぶん時間を割いてきたし、そのために読んだ書物の大半はイギリス人によるものだった」という。「それらは実にさまざまなことを教えてくれた」と語っているように、高坂の国際政治観はその多くを、イギリスの歴史書や思想書から受け継いでいる。

このようにして、高坂はロンドンでの生活でイギリス人の書いた歴史書の魅力を満喫するとどうじに、それまでの自らの研究を総括するような作業に入っていく。京都大学法学部助手時代に書いた、「ウィーン会議と『ヨーロッパ』」（一九五九年）および「イギリスとウィーン体制」（一九六〇年）という二つの研究論文を基礎として、一九七〇年に学術論文として『法学論叢』に寄せた「近代ヨーロッパの勢力均衡」および七一年に論壇誌『中央公論』の臨時増刊号『歴史と人物3』に寄せた「会議はなぜ踊りつづけたか」の二つの論文を組み合わせて、さらに二つの章とエピローグを新たに書き加えて、一九七八年に前述の『古典外交の成熟と崩壊』を刊行したのである。この作業によって、中西寛が記しているように、「古典外交の形成、成熟、変質、崩壊」という全体像を描くことが可能となった[26]。

この著書では、チャールズ・ウェブスター、ハリー・ヒンズレー、A・J・P・テイラー、マイケル・ハワードなどのイギリスの歴史家が書いた著作が、しばしば参照されている。これらの「優れた歴史書」を読むことで、高坂は現代の国際政治を相対化する力を養った。歴史を学ぶ効用を、高坂は『国際摩擦』の中で次のように論じている。「歴史の感覚は現在をみるわれわれの目を相対化するものであるといいかえてよい。歴史をよく知っていれば現在のできごとを、少々変わった視角からみることができるからである。似たようなことは過去にいくつかおこっており、しかもそれぞれ少しずつちがう[27]」。それだけではない。現在を相対化するとどうじに、他国をみる目も相対化できる。すなわち、「同様に、歴史の知識は他国をみる目をも相対化するし、それが国際関係においてはきわめて重要なのである。というのは、人間は多少暴力的な相手や多少狡猾な相手に出会うとき、それを過大に捉え相手を邪悪な勢力とみてしまう傾向をもっている」[28]。

このように、高坂は『古典外交の成熟と崩壊』をまとめることで、現代という時代を相対化し、また日本外交をとりまく国際環境を相対化する作業に取りかかった。それでは次に、この著書のいくつかの特質をみていこう。

「活力の根源」としての多様性

古典外交の世界の基礎として、高坂は著書の中でどのような点に注目したのだろうか。それは、近代ヨーロッパがつくりだす多様性であり、それを支えるものが勢力均衡の原理であった。そのことをもっとも雄弁に語ったのが、イギリスの思想家デイヴィッド・ヒュームであった。『古典外交の成熟と崩壊』第一章に通底する重要な主題が、ヒュームの勢力均衡論であった。高坂は次のように記す。「こうして、ヒュームが勢力均衡原則によって得ようとしたものは、まったく明白である。それは平和ではなかった。彼が勢力均衡原則に求めたものは一者による他のすべてのものの支配、すなわち世界帝国が成立しえないという保証であった[29]」。

そしてさらに重要なのが、このような多様性こそが人々の「活力の根源」になっているという事実であった。そのような多様性は、自由とも結びついていた。すなわち、「多様性はただ単に活力の源泉、創造力の源泉につきるものではなかった。それは自由を保証するものでもあった。より正確に言えば、近代ヨーロッパの人々にとって、多様性、競争、活力、自由は不可分にからみ合ったものなのであった[30]。」

このように高坂は、近代ヨーロッパの勢力均衡に、多様性、活力の源泉、そして自由を見いだして、それに愛着を感じた。勢力均衡を擁護したのである[31]。それは普遍的帝国への抵抗であり、またより一般的には、「過度の自己正当化と道徳的唯我論」への批判でもあった。思考の多面性を愛した高坂は、近代ヨーロッパの勢力均衡に、あるべき秩序の模範を見たのであろう。

自制と均衡

近代ヨーロッパにおいて、勢力均衡原理による多様性と競争が根底にありながらも、そこで過激な衝突や破滅が生じなかったのはなぜであろうか。高坂はそこに、「ヨーロッパ諸国の間に存在した紐帯」をみる[32]。すなわち、それは「第一に経済的なつながり」であり、「より重要なものは人的なつながり」であった。

近代ヨーロッパにおいて、このような勢力均衡と紐帯の両側面があってはじめて、安定した秩序の維持が可能となったのだ。高坂は優れた洞察をもって、次のように述べている。「こうした紐帯が国家間のコミュニケーションを保持し相互の恐怖心を和らげて、国家間に『囚人のジレンマ』の状況がおこるのを阻止したし、また国家間の関係を共通の基準によって処理することを可能にしたのであった[33]」。ここにヨーロッパの平和と安定の基礎があった。すなわち、「十八世紀のヨーロッパ文化は質を重んじ、自制と均衡をたかく評価した文化であった[34]」。

しかしながら、そのような合理主義と啓蒙主義の精神に支えられた、十八世紀的な「自制と均衡」の文化は、十九世紀半ば以降ナショナリズムの興隆と排外主義的な感情の発露によって崩れていく。さらに二十世紀になるとイデオロギーをめぐる対立が浮上することで、国際関係は徹底的な対立の様相を帯びていく。すなわち、「価値観の共通性という紐帯はなくなった」のである。その結果、「既存の社会体制に真っ向から挑戦する原理にもとづく共産主義国家の出現は、国際政治を再び『原則の争い』とし、それ故無制限なものとした。さらに、大衆国家の出現は国家の対外行動を利益の合理的な計算によって律することを、著しく困難なものとした」。その結果として、「国家の対外行動は『激情』によって動かされるようになった。しかも、質を重んじ、自制と均衡を重んずる文化はさまざまな理由からほとんど消え去っていた」[35]。

ここに、近代ヨーロッパの古典外交の世界が崩壊する。そして、新しい二十世紀のイデオロギー対立の時代が幕を開ける。高坂は、近代ヨーロッパの古典外交を描くことで、間接的に二十世紀のわれわれが生きた時代を鮮やかに描いたのである。そして、現代世界が抱える本質的な問題を示唆したのであった。いかにして「過度の自己正当化と道徳的唯我論」を回避するか。また、いかにして「政治から熱狂を排除」すべきか。それは、現代においても深刻な問題としてわれわれに迫ってくる。

外交の慎慮

それでは、どうしたらよいのか。高坂は、近代ヨーロッパの時代に回帰することを求めてはいない。というのも、「大衆の時代において、情念を排した合理的な処理はまず不可能」だからだ[36]。

しかしながら、古典外交の時代からわれわれは多くの教訓を学ぶことができる。「国益という言葉で表わされる近代ヨーロッパの外交の精髄は、自己主張と自制、協力と自立性といったものの間のバランスの感覚であったし、それが与える外交の限界の認識であった、と言うことができる。あるいは、外交は一歩離れて（at arm's length）の関係でなくてはならぬという智恵だと言ってもよい。そしてそれは、さまざまな国家が並立するという状況から導かれるものであるのだから、もちろん、今日にも妥当する[37]」。

外交によって多くのことを成し遂げることができる。しかしながら、そこには当然ながら限界も存在する。そのような外交における慎慮こそが、求められているのだ。それは高坂ならではの、諦念であった。何もかもを実現しようとすれば行き詰まる。しかし何も実現できないと考えればそれはニヒリズムに陥る。そこに、外交認識におけるバランスが求められるのだ。それゆえに、「相違点を認めたあと、とりあえず国際関係の安定化をはかり、できる限り利益の共通するものを探し出して安定度を強め、将来の緩慢な変化に期待するより他ない[38]」。高坂が『古典外交の成熟と崩壊』を刊行したのは、アメリカとソ連の間の新冷戦が浮上する時期であった。結局のところ、冷戦は高坂が考えるような「緩慢な変化に期待する」ことで終結に至った。

高坂の諦念は、『古典外交の成熟と崩壊』のエピローグの最後の方で書かれている次の言葉の中に、明瞭に示されている。「つまり、問題の最終的解決はまず不可能なのである。しかし、破局を避ける必要がある以上、なんとか事態を妥協的に収拾する他はない。そのときわざわざが決定的な重要性を持つ。理論的に解答のないとき、解答らしいものに接近するのがわざだからである[39]」。

「歴史の感覚は現在をみるわれわれの目を相対化するものである」と語った高坂は、『古典外交の成熟と崩壊』によってそれを実践した。そして、諦念によって慎慮に基づいた外交を進める必要を説いた。歴史の智恵に支えられた高坂の国際政治論は、豊かな教訓をわれわれに与えてくれる。

おわりに

一九七〇年代の高坂正堯は、論壇での活躍と政府への関与において多忙な毎日を過ごしていた。しかしながら、どれだけ多忙であっても「散歩」をする習慣を維持していた。それは父正顕から受け継いだ習慣であったのかもしれない。しかし正堯の場合の「散歩」は「歴史散歩」であった。忙しい日常を離れて、時空を越えて歴史の世界に舞い降りた。とりわけ高坂は、イギリスの歴史書を好んで読んだ。むしろ多忙ゆえにこそ、そのような「歴史散歩」が必要だったのかもしれない。それによって高坂は、現代の国際政治を洞察するインスピレーションとイマジネーションを手に入れたのだ。

高坂が『古典外交の成熟と崩壊』で描いた世界は、十八世紀の近代ヨーロッパがつくった勢力均衡が崩れゆく世界であった。それが崩れたのは、政治術の崩壊、自制と均衡の精神の後退、大衆国家の登場と外交における激情の介在、そして道徳的唯我論の浮上などが大きな理由であった。古典外交を支えた同質性、貴族性、自立性が失われた現在において、近代ヨーロッパの時代に回帰することは問題への答えにはならない。

それではどうしたらよいのか。「諦念を持った人物はしばしば秀れた外政家になる」と高坂は語る。というのも、「彼らはその行為のもたらすものの不十分さを熟知しながら、対立をやわらげ、協力関係を広げ、秩序らしいものに接近すべく、懸命に努力するのである。[40]」そこに高坂は希望をみる。

多忙な日常の中で「歴史散歩」の習慣を続けることは、容易ではない。高坂が『古典外交の成熟と崩壊』のなかでわれわれに伝えるのは、歴史を学ぶ魅力であるとどうじに、歴史を学ばないことでわれわれが現代を相対化できず、他国を相対化できない危惧であろう。それは容易に「道徳的唯我論」に帰結し、多様性の精神を摩滅させてしまう。高坂は、この著書の最後を「古典外交の精髄はわれわれに深い叡智と貴重な示唆とを与える」という言葉とともに締めくくっている。高坂が、本書を通じて読者に伝えたかったのは、まさにそのような「深い叡智と貴重な示唆」であったのだろう。

（ほそや・ゆういち　慶應義塾大学教授）

注

1　高坂正堯『文明が衰亡するとき』新潮選書、二〇一二年、三〇〇頁。

2　高坂正堯「（受賞の言葉）私の方法論」『中央公論』一九七八年十一月号（『高坂正堯著作集』（以下『著作集』と略記）第六巻、都市出版、二〇〇〇年、三八〇〜三八一頁）。

3　高坂正堯『平和と危機の構造――ポスト冷戦の国際政治』日本放送出版協会、一九九五年、五～六頁。
4　高坂節三「過去から未来へ、京都学派の役割――父・高坂正顕と兄・高坂正堯の眼を通して」京都大学未来フォーラム、二〇一一年、二二～二三頁。
5　高坂正堯「わが鎮守の森」『アステイオン』四二号、一九九六年、二三〇～二三一頁。
6　高坂節三「過去から未来へ」二二頁。
7　たとえば、Charles K. Webster, *The Congress of Vienna, 1814-1815*, Oxford University Press, 1919; *idem., The Foreign Policy of Castlereagh 1812-1815*, Cambridge University Press, 1931.
8　この時期のウェブスターの活動については、P. A. Reynolds and E. J. Hughes, *The Historian as Diplomat: Charles Kingsley Webster and the United Nations, 1939-1946*, Martin Robertson, 1976 および、細谷雄一「国際連合創設への設計図――チャールズ・ウェブスターと世界秩序の構想、一九四二年―四三年」『法学研究』第八四巻、第一号、二〇一一年参照。
9　このＰＩＤについては、Erik Goldstein, *Winning the Peace: British Diplomatic Strategy, Peace Planning, and the Paris Peace Conference, 1916-1920*, Oxford University Press, 1991 参照。
10　Zara Steiner, "The Historian and the Foreign Office", in Christopher Hill and Pamela Beshoff (eds.) *Two Worlds of International Relations: academics, practitioners and the trade in ideas*, Longman, 1994, p.46.
11　たとえば、粕谷一希『中央公論社と私』文藝春秋、一九九九年、一三九～一四六頁、同「歴史を愛した物静かな強い意志」『アステイオン』四二号、一九九六年、一八六～一九一頁、および北岡伸一「若き日の高坂正堯」『著作集』第一巻、都市出版、一九九八年、五九三～五九四頁を参照。
12　高坂節三『昭和の宿命を見つめた眼――父・高坂正顕と兄・高坂正堯』ＰＨＰ研究所、二〇〇〇年、二九九頁。

13　高坂節三「過去から未来へ」二五頁。高坂節三『昭和の宿命を見つめた眼』では、「国際政治学科が創設」と書かれているが、より正確には、「国際政治講座の創設」であろう。
14　この経緯については、中西寛「高坂国際政治学を凝縮した古典外交論の彫琢」高坂正堯『古典外交の成熟と崩壊Ⅰ』中公クラシックス、二〇一二年、五頁が詳しい。
15　中西輝政「『ヨーロッパ』への愛、あるいは歴史への愛」『著作集』第六巻、六七一～六七二頁。
16　猪木正道「二人の恩師」『アスティオン』四二号、一九九六年、二〇七～二〇八頁。
17　高坂正堯「ウィーン会議と『ヨーロッパ』」(一)・(二)『法学論叢』第六五巻第一・二号、一九五九年、高坂正堯「イギリスとウィーン体制――パックス・ブリタニカの外交的側面」『国際法外交雑誌』第五九巻第三号、一九六〇年。
18　高坂節三『昭和の宿命を見つめた眼』二六二～二六三頁。
19　前掲。
20　前掲。
21　北岡「若き日の高坂正堯」五九八頁。
22　粕谷「歴史を愛した物静かな強い意志」一八七頁。
23　高坂正堯『古典外交の成熟と崩壊Ⅱ』中公クラシックス、二〇一二年、二一六～二一七頁。
24　粕谷「歴史を愛した物静かな強い意志」一八九頁。
25　高坂正堯『国際摩擦――大国日本の世渡り学』東洋経済新報社、一九八七年、一二～一四頁。
26　中西寛、前掲、三頁。
27　高坂『国際摩擦』一八頁。
28　前掲、一九頁。
29　高坂『古典外交の成熟と崩壊Ⅰ』一三～一四頁。
30　前掲、一七頁。

31　高坂正堯の勢力均衡論については、細谷雄一『国際秩序——18世紀ヨーロッパから21世紀アジアへ』中公新書、二〇一二年、五〜八頁を参照。
32　高坂『古典外交の成熟と崩壊Ⅰ』三八〜三九頁。
33　前掲、四〇頁。
34　前掲。
35　前掲、四九〜五〇頁。
36　高坂『古典外交の成熟と崩壊Ⅱ』二一七〜二一八頁。
37　前掲、二二三頁。
38　前掲。
39　前掲、二三〇頁。
40　前掲、二二八頁。

第二章　「現実主義者」の誕生——高坂正堯の出発

苅部　直

若き国際政治学者の登場

一九五九（昭和三十四）年十月十五日、京都にて国際法学会の秋季研究大会関西部会が開かれた。そのようすを伝える『国際法外交雑誌』における部会報告によれば、この年度から学会の全国的な集まりが年一回となったために、それとは別に秋季研究大会を、関東・関西の二か所でそれぞれ催すことになったという。場所は京都大学楽友会館で、開会の挨拶をしたのは、学会の理事の一人であり、京大法学部教授で国際法を担当していた田岡良一である。

田岡は翌年三月に京大を停年で退官するが、やがて一九六一（昭和三十六）年に国際法学会の理事長に選任される。五九年十月の研究大会は、次期の理事長になりうる人物として、初めての関西部会を開催校の立場で運営する晴れの舞台であった。部会報告によれば、東京方面からも多くの参加があったため、参加者は八十名をこえていた。この日の夕方からの懇親会について、「パーティ形式をとったため、あちこちに歓談の花がさき、これまでにない楽しい雰囲気」であったとも伝えている。それまでは着席方式の形式ばった懇親会だったのかもしれない。いずれにせよ、学会としては新たな変化を感じさせる催しだったことが、部会報告から読みとれる。[1]

この日の三人の報告者のうち、最初の出番で研究報告を行なったのは、満二十五歳と若い京大法学部助教授、高坂正堯である。当時はまだ戦前以来の伝統が続いていたために、国際法学会のなかに「外交史・国際政治部門」があり、その報告枠での起用であった。題目は「イギリスとウィーン体制」で、翌年に『国際法外交雑誌』(五九巻三号、一九六〇年九月)で活字化されている。高坂は、京大法学部在学中に田岡の演習で学び、卒業後、二年半の助手の期間をへて、報告の直前の九月に助教授に昇任したばかりであった。

すでに高坂は、法学部の助手が任期中に書きあげなくてはいけない、いわゆる助手論文を、「ウィーン会議と『ヨーロッパ』」として、京都大学法学部『法学論叢』(六五巻一号、二号、一九五九年四月〜五月)に分載していた。国際法学会での報告はその続篇にあたる内容である。[2] 高坂の法学部卒業は五七年三月であるから、雑誌掲載のための準備の期間を考えれば、助手になって一年半ほどで長大な論文を書きあげ、続篇への見通しも立てたのだと考えられる。

高坂の助教授への昇任は外交史講座にわりあてる形で行われたが、アメリカのハーヴァード大学での在外研究（一九六〇～六二年）に出て、帰国したのちに六五年から担当したのは、特別講義の「国際政治学」である。[3] やがて一九六七（昭和四十二）年に国際政治学講座が新設されるとそちらに移り、七一年に教授に昇任しているので、初めから外交史ではなく国際政治を担当することを嘱望された任用だった。京都大学では初めての国際政治学者のデビューである。まもなく退官する田岡にとって、関西部会での高坂の研究報告は大きな誇りでもあっただろう。

国際政治を考察するにあたっての高坂の基本姿勢は、すでに最初の公刊業績である「ウィーン会議と『ヨーロッパ』」の冒頭で現れている。ナポレオン戦争ののちにヨーロッパ各国が作りあげた国際秩序である「ウィーン体制」について、一八一四～一五年のウィーン会議におけるその形成過程をたどり、その特質と限界を明らかにした論文であった。

のちに高坂は『国際政治――恐怖と希望』（一九六六年）の「まえがき」で、「私が大学を卒業して以来、ヨーロッパ外交史の研究の必要性をくりかえし忠告されてきた田岡良一先生に深い感謝の念を表明したい」［⑦一〇～一一］と書いている。そうした田岡の指導のせいもあってか、オーストリアの外相であったクレメンス・W・L・メッテルニヒ、英国のカースルレー子爵（ロバート・ステュアート、高坂による表記は「キャッスルリー」）、フランスのシャルル＝モーリス・ド・タレーラン＝ペリゴールといった、外交家たちの交渉を綿密にたどった論文である。注で引いている文献も、ほとんどは外交史の研究書や史料集であり、国際政治の理論研究というよりは外交史の色彩が強い作品と言えるだろう。

その冒頭で高坂は、以下のように問題関心を表明している。

ウィーン会議は一九世紀のヨーロッパ国家体系を確立し、一九世紀の始りを劃するものとなつたが、同時にそれは、フランス革命に始まる二〇数年間の動乱の終りを告げるものでもあつた。従つてその平和処理は、まつたく制約のない状態の下に、理想的な均衡を作製したものではなくて、それ以前の歴史によつて大きく制約されたものであつた。ウィーンの平和を建設した人々の努力は、ある一つの理論に基づいた理想主義者のそれではなく、現実の要求に対処して行くことから生れたリアリストのそれにならざるを得なかつたのである。[4]［引用は初出誌の表記による。以下同じ］

ここで高坂自身が国際政治の見かたに関して「リアリスト」であることをめざすと、はっきり宣言しているわけではない。だが論文の内容は、十八世紀に成立した「ヨーロッパ国家体系のコンセンサス」がフランス革命とナポレオン戦争によって破壊されたあと、ふたたび「欧州協調」の体制を作りあげようとした政治家たちの努力に、焦点をあてるものである。そこでは、各国が自己の利益を追求していけば、おのずから「理想的な均衡」が生まれ、全体の調和に至るといった十八世紀の楽観はもはや失なわれていた。必要とされたのは、利害のきびしい対立を前提としながら、「勢力均衡」をたえず再建する営みである。ウィーン会議は「一八世紀を通じて発達してきていた近代ヨーロッパ国家体系を、ヨーロッパの全ての国が当事国である条約によつて確立することによつて、いわば『ヨーロッパ』を作つたのであつた」［⑥一一〇］。高坂の関心が、世界平和の理想よりも、現実の状況のなかでヨーロッパという国際秩序を「作」ろうとする、政治家たちの営みの具体的な姿に向いていたことは明らかであろう。

高坂は一九八一（昭和五十六）年に活字化された講演「ダブル・スタンダード批判」で、戦後の日本の思想界、とりわけ大学に、安全保障をめぐる「ダブル・スタンダード」の傾向が強いことに対する批判意識を、京都大学在学中から持っていたと回想している〔⑧三六八〜三七七〕。つまり、一九五〇年の講和問題にさいして知識人集団、平和問題談話会が全面講和論を提起して以来、戦後の民主主義と平和主義の理想を堅持しようとする、いわゆる「進歩派」知識人、平和論者たちは、冷戦構造からの中立を唱え、日本国憲法第九条をもちあげて非武装の理想を高らかに説いていた。しかし彼らは大体の傾向として、「同じことをやればアメリカをけなす。『アメリカが悪い』と言う。しかし、ソ連は非難しない」というダブル・スタンダードに陥っていることを、田岡良一と、政治史担当の教授、猪木正道という二人の師から教えられたというのである。

この二人のうち猪木正道は、もともと河合栄治郎門下の経済思想史・社会思想史学者として出発し、戦後にその著書『ロシア革命史』（一九四八年）が注目され、政治史担当者として京都大学法学部教授に迎えられた人物である。高坂の学生時代には、安全保障や国際政治に関する論考は、まだそれほど多く発表していなかったが、その「現実的平和主義」の立場を表明した早い時期の文章として、「政治的危機の底にあるもの」（『中央公論』一九六〇年八月号、のち「日本の中立は可能か？――民衆のムード・中立主義」と改題）がある。

そこで猪木はまず、「自民党の極右派」や「政界、財界の指導的地位にいる大人の大部分」に見られる「向米一辺倒」の反共主義を、国民世論の実情から離れているだけでなく、ソ連に対する危険な挑発につながるとして批判する。そして他面で、「日本の中立主義が現実政治の舞台では親中ソ反米を意味することははっきりしている」と述べ、「ムード」としての中立路線が反米に傾いてしまうことを危険視するのである。これに対して猪木が提案したのは、日本とアメリカの政治的・文化的・経済的な結びつきを強化しながら、軍事面では六〇年に改定された日米安保条約が定める両政府の「協議」を通じて、日本の自主性を慎重に高めてゆく方策であった。[5] 国際政治の現実に照らすかぎり、平和論者の主張は、「親中ソ反米」というダブル・スタンダードの病弊を抱えている。そうした指摘に、高坂もまた学生として接したのであろう。

　高坂はやがて、アメリカでの在外研究から帰国したのちに、論壇デビュー作と言うべき「現実主義者の平和論」(『中央公論』一九六三年一月号)を発表する。その冒頭部分では「理想主義者たちは、国際社会における道義の役割を強調するのあまり、今なお国際社会を支配している権力政治への理解に欠けるところがありはしないだろうか」と説き、戦後日本の平和論を批判する[①一〇]。そして、この文章を最初の著書『海洋国家日本の構想』(一九六五年)に収めたさいに付した「あとがき」で、「現実主義者の平和論」という題名は自分自身の創意に基づくと明かしながら、「私は国際政治を基本的に力の闘争として捉え、国際政治における力の役割を重要視する意味において現実主義者であり」と宣言することになった[①二〇三]。こうした「現実主義」の姿勢と、戦後の中立論・平和論への批判が、大学生時代から培われたものであったという高坂の自己認識は、おそらく確かなものであろう。

しかし、「現実主義者の平和論」によって、論壇に「現実主義者」としての地位を確立する前、いわば最初期の高坂の仕事には、平和論・中立論を批判する現実主義者という二項対立の見取図によってはすくいとれない、いくつかの重要な問題が姿を現わしている。本稿では以下、そうした問題についてふれながら、高坂の仕事がもっている思想的な奥ゆきを探ってみたい。

理想と現実との会話

高坂の最初の論文「ウィーン会議と『ヨーロッパ』」で興味ぶかいのは、「勢力均衡」すなわちバランス・オブ・パワーを外交の重要な方針としつつ、それのみによっては安定した国際秩序を築きえないことを、ウィーン体制を例にとりながら指摘するところである。当時の外交官たちにとって、「ヨーロッパ」は「単なる力の釣合以上のものであり、道徳的・文化的紐帯を含む概念であった」ために、バランス・オブ・パワーを旨とする交渉技術に加えて、そうした「ほぼ同一の水準の文化と教養」を共有していたことが、諸国の協調を可能にした。その指摘を高坂は論文のなかで三回もくりかえしていた［⑥六八～六九、一〇七、一三二］。他面でまた、フランス革命で現れた「ジャコビニズム」に対する恐怖もまた、旧体制を守ろうとする諸国の紐帯を支えたことも、忘れずに指摘してはいる。

ここで注目したいのは、「力の釣合」と「道徳的・文化的紐帯」との「二つを融合した概念」［⑥一〇七］としての「ヨーロッパ」が共有されていたことを高坂が指摘するとき、三回ともハンス・J・モーゲンソー『国際政治』(Hans J. Morgenthau, *Politics among Nations*, 2nd ed., 1954)の第十四章「バランス・オブ・パワーの評価」における同一の箇所に、注で言及していることである。[6] この第十四章は、前章で「バランス・オブ・パワーの構造」を論じ、続く第十五章・第十六章で、「力の抑制要因としての道義、慣習、法」および「国際道義」に続いてゆく議論の、いわば転回点にあたっている重要な章であった。しかも高坂が言及するのはその章の末尾、「バランス・オブ・パワーの不十分性(inadequacy)」を論じた箇所にほかならない。[7] この論文で高坂が注に挙げる国際政治理論の書物は、ほかには同じくモーゲンソーによる『世界政治と国家理性』(*In Defence of the National Interest*, 1951:鈴木成高・湯川宏訳、創文社、一九五四年)と、フレデリック・シューマン『国際政治』(Frederick Schuman, *International Politics*, 5th ed., 1953)ぐらいであり、モーゲンソーの著書が大きな示唆を与えたことを想像させる。

モーゲンソーは当時、シカゴ大学で国際政治を講じていたが、もともとはドイツで学んだ公法学・国際法学の研究者である。したがってその関心は本来、国際社会における法規範が現実の国家間交渉において、どのように機能しているかに向いていた。『国際政治』第十四章では、現実政治における各国の力の大小は正確に測定しがたいものであり、力の無限の増大への欲求も引き出してしまい、結局のところバランス・オブ・パワーのみによっては戦争の勃発を防ぎえないと指摘している。

これに対して第十四章の末尾では、フェヌロン、ジャン=ジャック・ルソー、エメール・ド・ヴァッテル、エドワード・ギボンといった思想家たちの著作を引きながら、各国が単一のヨーロッパという「道義的コンセンサス」を基盤としていたがゆえに、十八世紀やウィーン会議以降の国際秩序が成立したと説いている。そうした「道義的コンセンサス」が存在しなければ、バランス・オブ・パワーは国際関係の安定装置としての機能を失ってしまう。反対に言えば、バランス・オブ・パワーという現実の支えがなければ、「道義的コンセンサス」も空虚なスローガンに堕してしまうか、あるいは強国が勢力を拡張するための口実に使われるだけになるだろう。

国家と国家とが共存してゆく手がかりを、あくまでも現実の力の交錯のなかに求めると同時に、その関係の内側で、理想や道義による支えがいかにして働くかを見きわめながら、秩序の形成の手段を探ってゆくこと。高坂が学んだ田岡良一もまた、一九三〇年代に日本の国際法学界・公法学界の支配学説であった純粋法学の方法を批判しながら、「現実に行はれる法を理想論から分離し、又各種の法規の根拠を明かにして、一時的生命よりなきものと、より永続性あるものとの相違を弁別する」ことをみずからの方法として説いていた。[8]

現実に法規範として働いている慣習法と条約法とのあり方に迫ろうとする田岡の視角が、奇しくもモーゲンソーのそれと重なりながら、高坂を外交史と国際政治の世界へと導いていったのである。『世界地図の中で考える』（一九六八年）のなかに見える回想によれば、スイスの中立に関して、弱小国スイスとヨーロッパの諸強国とが、交渉を重ねながら永世中立条約を完成させたという田岡の議論にふれたことが、大学生であった高坂に、外交政策への関心を芽ばえさせたという［⑤二三七〜二三八］。「ウィーン会議と『ヨーロッパ』」でも、田岡の著書『永世中立と日本の安全保障』（有斐閣、一九五〇年）を注で挙げながら、スイスの中立について二箇所で言及している〔⑥一〇七、一一一〕。

したがって、のちに「現実主義者の平和論」で、「手段と目的との間の生き生きとした会話」〔①一八〕を強調し、日本が追求すべき価値としての憲法第九条の「絶対平和」の意義を説いた〔①一四〕のと同じように、最初期の高坂の文章にも理想主義・平和主義に対する一定の評価が、すでに登場していた。助教授昇任の直後に、日本国際政治学会の季刊誌『国際政治』における特集「集団安全保障の研究」に寄稿した論文、「国際連盟と集団的安全保障——そのユートピア性と現実性」（一九五九年、第十号）では、やはりモーゲンソー『国際政治』を引きながら、国際連盟における集団的安全保障の計画も、平和を求める国際世論に支えられていたという点では「一種のリアリティ」であったと指摘している。高坂によれば、E・H・カーが『危機の二十年』(E. H. Carr, *The Twenty Years' Crisis 1919-1939*, 2nd ed., 1946) で国際連盟の意義を「空しいユートピア」であったとして否定するのは、一九三〇年代以降はともかく二〇年代にはあてはまらない。[9]

また、アメリカでの在外研究へ出発する直前には、書評「アメリカの対外政策における変化の可能性」を『法学論叢』六七巻三号（一九六〇年六月）に発表し、ジョージ・ケナン、ヘンリー・A・キッシンジャーをはじめとする論者たちの外交論説に論評を加えている。[10] そこで高坂は、従来のアメリカの対外政策は、ソ連や「中共」に対する「嫌悪と恐怖」に導かれた「軍事的な思考法」に支配されてきたが、対外論における変化が芽ばえてきたと指摘する。すなわち、ケナンがドイツでの兵力引き離しによる東西陣営の緊張緩和を唱えたことに加え、それに対する批判もまた、東西の軍事バランスではなく「小さなヨーロッパ」の統合の保持を根拠に持ちだすようになってきた。東南アジア条約機構(SEATO)に加盟していないアジア諸国への経済援助や、米ソ双方の軍縮を説く議論も登場している。

一九六〇年の高坂は、「軍事的な思考法」を離れた「理想主義的なアプローチ」が、アメリカでは一九二〇年代以来、三〇年ぶりに「復活」してきたと見ていた。そうした議論が場合によっては「現実性に乏しい」ものになっていることも確かであるが、それが国民の支持を得たならば「非常な可能性を持っている」。高坂は「市民政治の伝統やアメリカ革命の伝統」がアメリカには存在することにふれながら、「アメリカ史における偉大な国民的たかまりは、全て理想主義的なものであった」とまで語るのである。その口調は、現実主義者というより、ほとんど理想主義者に近い。

このとき高坂の見立てでは、戦後、一九五〇年代までのアメリカ外交は、軍事的な力の追求にのみ専心してバランスを失っていた。それに対して現実主義と理想主義の適切なつりあいを取り戻すものとして、「理想主義」の復活を歓迎したのである。これに対して、在外研究をおえて一九六二年九月に帰国し、翌月にキューバ危機の報に接した高坂にとって、日本の言論状況は、従来のアメリカとはちょうど反対に、あまりにも理想主義に傾きすぎていると見えたのであろう。「現実主義者」とわざわざ自己規定しながら論壇に登場した背景には、そうした意識があったと考えられる。

一九六六（昭和四十一）年に高坂は、三冊めの単著にあたる『国際政治――恐怖と希望』を、中公新書の一冊として刊行した。国際政治に関する理論をまとめた初めての著書であるが、当時は日本全体でも、そうした概説書はW・G・フリードマン『国際政治入門』（神川信彦訳、みすず書房、一九五四年）が刊行されていた程度である。高坂はその前年から国際政治学の講義を始めているので、その教科書もしくは参考書として活用するねらいもあっただろう。

先にふれたようにこの本の「まえがき」では、田岡良一と、さらに猪木正道との二人の師に対して謝辞を記している。そしてその後に続くのが、一九二〇年代から「京都学派」の哲学者として活躍した父、高坂正顕に対する感謝の言葉である。「父正顕が私に話をしてくれたときから、カントはむずかしく、ルソーは想像をかきたてた。その好みは今日までつづいていると言えるだろう」［⑦一一］。二人の思想家の名前が挙がっているのは、この本のなかで世界平和論の古典としてとりあげられている、ジャン＝ジャック・ルソー『サン・ピエールの永遠平和計画の評価』、イマヌエル・カント『永遠平和のために』（Immanuel Kant, ***Zum ewigen Frieden***, 1795）を念頭においてのことであろう。この二人の思想について、父から話を聞かされていたのである。

講演「日本の宿命を見つめた眼」（一九八二年）で述べるところによれば、政治学に関心をもつようになったきっかけの一つは、高校三年生のころに、家庭教師をつけながらの英語の原書講読を、父から薦められたことにあった。高坂正顕が丸善に行って選んだ本は、一九一〇年代に英国で刊行された『イングランド政治思想（*Political Thought in England*）』全四冊であった〔⑧四二八〕。ハロルド・ラスキ、アーネスト・バーカーといった、政治学者としても著名な研究者によって書かれた政治思想史の通史である。家庭教師に選ばれたのは、当時、京都帝大哲学科の卒業生で、日本思想史研究者として修業中だった源《みなもと》了圓《りょうえん》であった。源の回想によれば高坂正堯はとりわけ、ハーバート・スペンサーから二十世紀初頭までを扱った、アーネスト・バーカーによる第四巻に感銘を受けていたという。[11]

高坂正堯が言及する古典のうちでもとりわけ、カント『永遠平和のために』は、高坂正顕が昭和初期にみずから翻訳し、戦後にも岩波文庫から再刊（『永遠平和の為に』一九四九年）した作品であった。[12] 著書『続カント解釈の問題――法と歴史の諸理念』（一九四九年）のなかで、その「世界公民」の思想を論じてもいる。高坂正堯の『国際政治』は、三か所でこの古典を論じており、息子の関心も高かったことがうかがえる〔⑦七九、一二〇～一二一、一七三～一七四〕。そのさい引用に用いた邦訳テクストはもちろん、表記を変えてはいるが父の訳した岩波文庫版であった。

高坂正堯自身は、哲学それ自体の研究に強い関心を示すことが終生なかった。だが、『永遠平和のために』におけるカントの理論と、二十世紀後半の国際政治の現実とを関係づける思考に関しては、父よりも深くふみこんだ解釈を展開している。父・正顕は、戦後の講和問題をめぐる論争にさいして、理想としては全面講和が望ましいが、さしあたり確実に実現できる選択肢として多数講和（単独講和）を支持すると主張していた。そのさいに、カントが「将来戦争を起すやうな材料を秘かに留保してなされた平和条約は、決して平和条約と見なされてはならない」と説いた箇所を引いて、全面講和が仮に実現してソ連や中華人民共和国がそれに加わったとしても、冷戦の対立関係がそれで消滅するわけではない以上、東西両陣営の戦争を防ぎえないと説いたのである。[13]

高坂正顕の議論の中心は、全面講和をめざしていては、いつになったら講和条約を結んで国際社会に復帰できるのか、その見通しがなかなか立たないという点にある。だがこの主張を補足するような、全面講和を行っても戦争を防止しえないという指摘は、そのまま多数講和にもあてはまるであろうし、カントが述べている、表向きの平和条約と秘密条項との二枚舌への批判とは別の問題だろう。平和論者たちはカントを先駆者として礼賛しているが、『永遠平和のために』のテクスト自体に注目するなら、彼らの議論はカントの平和論と必ずしも一致しない。そう指摘したのみにすぎないとも読める。

これに対して高坂正堯の『永遠平和のために』への言及は、より深くカントの思想と切り結ぶものであった。同じ議論を『国際政治』でも展開しているが［⑦一七三～一七四］、ここでは「現実主義者の平和論」を発表した直後の論考の一つ、「二十世紀の平和の条件――核リベラリズム論」（『自由』一九六三年九月号）に注目したい。

カントは『永遠平和のために』のテクストを、あたかも国家間で結ばれた「永遠平和のため」の条約と、その逐条解説のような形式で構成している。その「確定条項」の第一は「各国家における公民的体制は共和的（republikanisch）でなければならない」であった。国民自身が政治を支え、国家の活動の結果として生じる負担をみずから引き受けるような政治体制が成立しているならば、国民は戦争の結果として生じるリスクを考えて、対外政策を慎重に選ぶようになるというのである。

これはしばしば、国内体制においてデモクラシーが確立し、人々の政治参加が保障されたならば、その国は平和を志向するはずだという「平和と民主主義」の理論として、引き合いに出されるものである。戦後日本の平和論が前提としていたのもそうした発想にほかならない。しかし高坂は、カントが同じ箇所で「共和的体制」と「民主的体制」とをきびしく区別していることに、読者の注意を促している。「共和的体制とは民主的体制と同一物ではなく、人間ではなくて法が支配する体制なのだから、多数の専制がおこなわれる今日の民主政治は、カントの言う共和的体制には入らないかもしれない」〔①五四〕。

実際にカントはこの箇所で、国民全員が直接に参加する「民主政治」においては「すべての人が一人を無視」する抑圧が生じ、必然的に「専制」に陥ると指摘している。これに対して、万人の権利を保障する法の支配のもとに、「代議制度」によって統治が行われる方式が「共和政治」なのである。[14] カントが念頭においている、専制に転化したデモクラシーの具体例は、古代のポリスとフランス革命におけるジャコバン独裁であろう。高坂が「ウィーン会議と『ヨーロッパ』」でとりあげたメッテルニヒやタレーランのような外交家たちもまた、「民主政治」の恐怖と言えば、ジャコバン独裁の事例をまず考えたはずである。

しかし高坂はカントのテクストを解釈するにあたって、そうした過去の暴政に対する批判を言い表わしたという理解をとらない。むしろ「世論の有効性という問題と真剣に取り組んだ」［①五五］と評価して、二十世紀の「多数の専制がおこなわれる今日の民主政治」にもそのまま通じる、普遍的な問題を鋭く指摘したと見なすのである。戦後日本の平和運動は、「世論に対する素朴な信念」から出発したが、「冷厳な国際政治の現実」を経験したのちに、平和を求める世論が平和の実現には直結しないという「にがい真理に直面」した。平和を求める純朴な運動が、国際的な共産主義の影響力にからめとられ、激しいイデオロギー対立の片側に加担していった結果、一つの国家の内部や国際社会における対立を激化させている例は、六〇年代の高坂にとってもおなじみのものだっただろう。『国際政治』では「多数の専制」とともに「ある理念への狂信」が「国家権力の制約をいちじるしく困難にする」と指摘している［⑦一七四］。

こうした現代の病理に対して、「二十世紀の平和の条件」で高坂が提起するのは、「全体主義の試練を経験し、核時代に生きるリベラリズム」としての「核リベラリズム」という政治姿勢であった。

一方的軍縮論というリベラリズムの自殺行為へと走ることなく、また、現在の体制を否定したあとでこの地上に理想郷が出現するという終末論に魅せられることもなく、真のリベラリズムの精神を生かすためには、まず、リベラリズムの存在理由ともいうべき世論の有効性に対して、仮借なき反省を行なうことが必要である。そうすれば、権力政治の単純な否定に代って、権力政治への深い理解が生まれ、理想への一途な夢からさめて、理想と現実との間の激しい緊張関係のなかに立つことになるであろう。そうすれば、永遠平和への過渡期において、一歩ずつ永遠平和に近づくための過渡的平和条件を見出すことができるであろう［①五五］。

平和の理想と、現実における力の行使との緊張関係を自覚する態度。それは高坂が「ウィーン会議と『ヨーロッパ』」以来、研究を続けてきた、ヨーロッパの外交官たちの交渉力や判断力を支えてきたものであっただろう。そうした水平的な関係における社交術への関心を、のちのちまで高坂は持ち続けていた。たとえば、メッテルニヒを素材として「十八世紀文明のかぐわしさと遊戯性」［⑥一七二］を描きあげた論考、「会議はなぜ踊りつづけたか」（『中央公論』一九七一年六月臨時増刊号『歴史と人物3』、のち『古典外交の成熟と崩壊』第三章として再録）に、よく現れている。

だが、「二十世紀の平和の条件」に見える「核リベラリズム」もしくは「真のリベラリズムの精神」には、そうした水平面での交渉術には尽きない、いわば垂直軸の要素が入りこんでいる。「理念への狂信」に陥ることを警戒しながら、しかし個人の権利の保障や平和の実現という目的を追求することは放棄せず、意見の異なる相手と交渉しながら、おたがいの共存を確保しようとするリベラリズム。そうした規範の感覚もまた、若き日の高坂が十八世紀、十九世紀の外交史に親しむなかで、おのずから身につけたものであったのだろう。晩年に至るまで清明な味わいの高坂の文章が、時として見せる深い陰翳も、そこから生じているのではないだろうか。

（かるべ・ただし　東京大学教授）

注

1 「国際法学会秋季研究大会関西部会報告」『国際法外交雑誌』第五八巻五号、一九五九年十一月。

2 二つの論文は、のちに『古典外交の成熟と崩壊』一九七八年（のち『高坂正堯著作集』第六巻、都市出版、二〇〇〇年に収録）の第二章、第四章として再録されている。以下、『高坂正堯著作集』全八巻（一九九八～二〇〇〇年）からの引用については、たとえば第八巻六〇八頁を［⑧六〇八］という具合に、巻数・頁数を本文中に略記する。

3 京都大学七十年史編集委員会編『京都大学七十年史』私家版、一九六七年、三八八、三九一頁。高坂節三『昭和の宿命を見つめた眼――父・高坂正顕と兄・高坂正堯』PHP研究所、二〇〇〇年、二六一頁には「とりあえず教授については田岡教授が兼任で務めることで昭和三十四年、法学部のなかに国際政治学科が新設された」とある。これは「学科」でなく講義の新設のことであろうが、田岡良一が一九五九年度に国際政治学の講義を兼担したかどうかは確認できない。だがいずれにせよ、国際政治学の講義の新設について、田岡の意志が強く働いたことは推測できる。

4 高坂「ウィーン会議と『ヨーロッパ』」第一回、京都大学『法学論叢』第六五巻一号、一九五九年四月、二六～二七頁。『古典外交の成熟と崩壊』に収められたおりに、最後の一文は削除されている［⑥五六］。

5 『猪木正道著作集』第五巻、力富書房、一九八五年、四〇六～四一八頁。猪木の政治思想については、松沢弘陽『日本社会主義の思想』筑摩書房、一九七三年、三四七～三七二頁、井上徹英『猪木正道の歩んだ道――〝戦後〟と闘った自由主義者の肖像』有峰書店新社、一九九三年、猪木正道『私の二十世紀――猪木正道回顧録』世界思想社、二〇〇〇年を参照。

6　ただし、三回の言及のうち最初の箇所については、初出論文の序説第二節の注10を、『古典外交の成熟と崩壊』に収めるさいに削っているため、単行本・著作集ではモーゲンソーの著書への参照指示がわからなくなっている。高坂「ウィーン会議と『ヨーロッパ』」前掲第一回、三八、四〇頁を参照。

7　ハンス・J・モーゲンソー『国際政治』中巻、原彬久監訳、岩波文庫、二〇一三年、一一六～一三〇頁。ただしこの日本語訳は、原書の第五版修訂版（一九七八年）の翻訳である。『国際政治』におけるこの箇所の議論の重要性については、酒井哲哉『近代日本の国際秩序論』岩波書店、二〇〇七年、二九～三二頁を参照。

8　田畑茂二郎『国際社会の新しい流れの中で――一国際法学徒の軌跡』東信堂、一九八八年、二七～二八頁、田岡良一『国際法（新法学講話8）』ダイヤモンド社、一九四一年、八頁。田岡の国際法学に関しては、中西寛「国際秩序をめぐる法と政治に関する一考察」『京都大学法学部創立百周年記念論文集』第一巻、有斐閣、一九九九年、所収、『高坂正堯著作集』第六巻の解説である中西輝政「『ヨーロッパ』への愛、あるいは歴史への愛」六七一～六七二頁、酒井前掲書一〇六～一〇八頁を参照。

9　高坂正堯「国際連盟と集団的安全保障――そのユートピア性と現実性」日本国際政治学会編『集団安全保障の研究（国際政治・通巻第十号）』一九五九年所収。またこの論文では、「局地的」な集団的安全保障の実現として、一九二五年にドイツ・フランスを中心とするヨーロッパ諸国が結んだ、ロカルノ条約に高い評価を加えている（二三頁）。この点は、のちに「現実主義者の平和論」で高坂が、日米同盟の存続を前提とした上で、東アジア地域の安全保障のために「ロカルノ方式を真剣に考慮する必要がある」と述べたことにも関連するだろう〔①二五〕。田岡良一もまた、「局地的（地域的）集団保障」の試みとしてロカルノ条約を評価し、第二次世界大戦後の国際連合においては安全保障理事会における拒否権の存在ゆえに、「世界的集団保障」が機能しないため、米州相互援助条約（一九四七年）、西欧連合条約（一九四八年）、北大西洋条約（一九四九年）が「局地的集団保障」の手段として登場してきたと説いていた。田岡『永世中立と日本の安全保障』有斐閣、一九五〇年、一四七～一五二頁。

10 高坂正堯「アメリカの対外政策における変化の可能性」京都大学『法学論叢』六七巻三号、一九六〇年六月。

11 高坂節三、前掲書、一九四〜一九五頁。

12 岩波文庫版『永遠平和の為に』の高坂正顕による「解説」の末尾には、「黒田覚君所持の初版本」によって章・節の切り方を定めたとある。黒田は京都帝国大学法学部で、戦前から戦中にかけて憲法学・政治学を講じた教授であり、高坂正顕と政治学者とのつながりを示す挿話として興味ぶかい。高坂正顕と猪木正道もまた、戦前から知り合いであったという（高坂節三、前掲書、二五九頁）。

13 高坂正顕『来るべき時代のために——希望と反省』弘文堂、一九五二年、一〜四、四九〜五〇頁。

14 イマヌエル・カント『永遠平和の為に』高坂正顕訳、岩波文庫、一九四九年、二八〜三〇頁。なお、高坂正顕もまた前掲『続カント解釈の問題』第二章「世界公民の立場」において、カントの説く「共和主義」と「民主制」との区別について論じている。しかしカントが「民主制はすべての人が同時に立法権と執行権を有つが故に、却って専制主義に堕する危険が多いとする」と紹介するのみであり、高坂正堯のように二十世紀における「多数の専制」の問題にも及ぶメッセージを読み取ることはない。『高坂正顕著作集』第三巻、理想社、一九六五年、一九六〜一九八頁。また、『国際政治』第二章「経済交流と平和」において、「商業的精神」による諸国家の結合についてのカントの議論に注目するところも、父のカント研究には見られない、高坂正堯に独自の着眼点である［⑦七九］。

第三章　社会科学者としての高坂正堯――一九六〇年代におけるアメリカ学派

待鳥聡史

はじめに

高坂正堯は多面的に活躍した知識人であった。十九世紀ヨーロッパ外交の研究を出発点として、国際政治に対する歴史的なアプローチをその基礎に据えながらも、現代日本の政治や社会についての考察、同時代と近未来の安全保障戦略の検討、古代ローマから現代アメリカまでを視野に入れたスケールの大きな文明論など、どのテーマについても高い水準での成果を生み出した。膨大な読書量や丁寧な情報収集に裏打ちされた確かな学識が、生来的ともいえるバランス感覚によって具体的な対象と接続され、深い洞察につながっていた。間違いなく、戦後日本を代表する識者の一人であったといえよう。

携わった仕事の範囲が広いこともあって、国際政治学、より一般的にいえば政治学の専門的な研究者として高坂を理解する試みは、必ずしも十分になされていなかったように思われる。高坂には、専門的な研究者というよりも知識人という呼び名が、よりふさわしいことは確かであろう。しかし高坂は、戦前から彼が登場する直前の一九六〇年頃まで主流であった後発近代化国型の教養人や、現代のコメンテーター型文化人とは明らかに異なり、森羅万象について論じるということは基本的になかった。むしろ、竹内洋《たけうちよう》が「実務インテリ」と評するように、専門性に依拠していることこそ高坂の特質であった。[1] それが高坂と前後の世代との違いを際立たせ、政治家・官僚・財界人といった実務家たちが、彼の見解に対して長く強い信頼を寄せることにつながっていたと思われる。

だとすれば、彼を「実務インテリ」たらしめていた根幹の部分に存在する、研究者としての高坂正堯について本格的に検討する必要があるのではないだろうか。このような認識に基づき、本章では高坂が自らの基盤を確立していった一九六〇年代の諸業績に主に注目しながら、研究者としての高坂にはどのような特徴があり、それは彼の活躍といかに結びついていたのかについて論じる。その際、彼の仕事の多様性に鑑みて、国際政治学という狭義の専門領域だけではなく、より広く政治学さらには社会科学者としての高坂という観点から議論を進めていきたい。[2]

従来の評価

オピニオン・リーダー

戦後日本の政治学に対する分析を行ってきた大嶽秀夫《おおたけひでお》は、研究者としての高坂正堯に対する最も強い批判者かもしれない。大嶽によれば、高坂は「学術的な、通常は本業と考えられる歴史・外交史研究の方を『趣味のようなもの』といい、むしろ、オピニオン・リーダーとしての仕事やその前提となる『ワールド・ウォッチャー』とでもいうべき仕事を、本業と考えていたように思われる」という。本来、「流動的な世界を読み解くことは、厳密な意味での研究者の仕事とはなりにくい性質の仕事」であるにもかかわらず、高坂はそれを「自らの本業として選択した」のだと大嶽は指摘する。[3]

これは、高坂の研究に対するほぼ全面的な否定だといってよい。事実、上に引用した箇所に付された註記では、『古典外交の成熟と崩壊』は「名著であるが、学術書としてみると様々な欠陥を抱え」た「アマチュア読者向けの書物である」と断ずる。具体的な「欠陥」として挙げているのは、ドイツ語文献が全く使われていないことと、助手論文としての公表から著書としての刊行までの約二〇年の研究発展が無視されていることの二つである。[4] ただし大嶽は、研究者であることよりもオピニオン・リーダーであろうとしたことは高坂に限ったことではなく、進歩派であるか保守派であるかを問わず、戦後日本の国際政治学者が共通して持っていた役割認識によるものだとも指摘する。そして、高坂が立場の異なる論者に示した対話重視の態度は、父・正顕への「同情と批判」によるところがあったという。[5]

舌鋒鋭い大嶽の先学批判は、研究者は論争的であれという彼の立場を身をもって示したものではあろうが、上に引いた高坂批判に関してはいささか的外れな印象は否めない。高坂が自らを歴史家ではないと述べていたことは間違いないが、それは彼がオピニオン・リーダーを「本業」にすることには直結しない。[6] むしろ、外交史で得られた知見を援用する応用的な学問領域として国際政治学を捉えていたことの表れだと見る方が自然であろう。また、高坂は国際政治学の体系化に対して否定的だったとも大嶽は述べるが、三十歳代前半で刊行した『国際政治』が「力」「利益」「理念」という三つの体系という観点から国際関係を一般的に把握しようとした著書であることをほとんど無視してしまっている。大嶽ほど強い批判でなくとも、高坂をオピニオン・リーダーとして位置づける見解は、しばしば似た弱点を持っている。

イギリス学派

学生時代に高坂正堯の直接的な薫陶を受けた中西輝政《なかにしてるまさ》は、高坂を「ブリティッシュ・スクール」の国際政治学者だと論じている。『高坂正堯著作集』第六巻に収められた解説において、中西は高坂が「本当は僕もケンブリッジに行きたかった」と語ったとした上で、以下のように述べる。

先生は当時、五〇年代末の逼迫した日本の外貨事情から、米国の財団からの留学資金を受けてやむなくアメリカのハーバード大学に行かれたのだが、そこで「歴史家になるのはやめよう」と決心をされたのであった。……六〇年代始めのアメリカという、国際政治を考えようとする人にとって、歴史研究が最も ひどく圧迫され片隅に追いやられている時代と土地に、高坂は迷い込んでしまった、といえるかもしれない。[7]

この解釈に従えば、高坂は二十歳代後半での最初の在外研究先にハーヴァード大学を選んだものの、それはもっぱら財政的理由によるものであり、アメリカでの研究生活には馴染めないものを感じていたことになる。高坂は、ドイツを中心とした近代西洋哲学の研究者を父に持ち、猪木正道（一九一四〜二〇一二）と田岡良一（一八九八〜一九八五）というヨーロッパを専門とする二人を師に仰いで、自らも研究者としての第一歩となる助手論文のテーマにウィーン体制を選んだ人物であった。アメリカでの在外研究自体が意外なことだと見るべきかもしれない。確かに、一九七八年に公刊された『古典外交の成熟と崩壊』は高坂の十九世紀ヨーロッパ外交に対する深い造詣と思い入れを示しているのに対して、彼のアメリカへの視線には批判的な要素が含まれている。八一年の『文明が衰亡するとき』におけるアメリカ論はその典型であろう。

もっとも、中西輝政の見解は『古典外交の成熟と崩壊』の解説という性格を帯びており、同書がまとめられるより前である一九六〇年代の高坂の姿は、必ずしも十分には浮かび上がってこない。高坂がハーヴァードから戻ったのは六二年のことであり、アメリカの社会や学問のあり方に疑問を持っていたのだとすれば、帰国直後に公表した著作により鮮明に表れているはずではないだろうか。高坂がブリティッシュ・スクール、すなわちイギリス学派であるという理解が、彼の研究者としてのキャリアを通じて当てはまるかどうかは、六〇年代の業績を慎重に検討した上で論じなければならない。

至高のモラリスト

高坂正堯を人文主義的要素によって特徴づけるのが、中西寛である。中西は高坂に「透徹した国際政治についての分析、広い意味での『理論的洞察』があった」ことを指摘し、安全保障論や戦略理論といった研究対象の選択においてハーヴァードでの影響があったとしつつ、「高坂教授は、人間性の諸側面がもっとも多様に、もっとも痛切に現れる国際政治のレベルにおいて人間性を見つめた、至高のモラリスト、ルソーやヒュームの系譜に連なる人間観察者であった」と論じる。[8]

中西寛の見解は、高坂の国際政治学に部分的にでもアメリカの影響を見出すという点において先に挙げた大嶽秀夫や中西輝政とは異なるが、同時にそれは研究対象の選択に限定されており、方法論に関する影響はあまりなかったと見る点では共通している。政治学を含むアメリカ社会科学には、近代科学の一部であろうとする結果として方法論的厳密さや刷新を重視する傾向が強い。高坂はこのような傾向に距離を置いていた。中西寛の表現を借りれば「方法的純粋さと論理的完璧さを追求するために、人間性を粉々に切り刻んでしまう」アメリカ社会科学の方法ではなく、

「イギリスの経験主義に近い流儀、すなわち、できるだけ事実を正確に追いながら、そこから常識に適合した一般化、抽象化を行う、という手法」に拠っていたというのである。[9]

多くの場合に見過ごされがちな一九六〇年代の著作にも目配りしつつ、七〇年代以降の文明論に至る高坂の国際政治学を体系的に捉えようとする点で、このような理解は非常にバランスの取れた、説得的なものだといえよう。ただし、中西寛は「高坂教授は一九六〇年代に、……すでに基本的な分析手法を確立した上で、時代の状況や研究の進歩に応じて、その手法をみがき、新たな分析視角を導入した」[10]と述べてはいるが、先に引用した「イギリスの経験主義に近い流儀」は父である高坂正顕や田岡良一からの影響がしばしば指摘される側面でもあり、起源としてはやはり五〇年代以前にあると捉えているようにも見える。[11]もちろん、高坂の学問的全体像を描き出すに当たって、ある部分は五〇年代以前、別の部分は六〇年代、さらに別の部分は七〇年代、といった形で劃然《かくぜん》と起源を定めることはできないし、そもそも意味のあることでもない。だが、高坂にとっての六〇年代が分析対象と手法の確立期だと考えるのであれば、その時期についてもう少し積極的な意味づけがなされても良いかもしれない。

全般的な特徴

研究者としての高坂正堯に対する評価は、ここまで検討してきたように、既にいくつかまとまった形で提出されている。そこには、いくつかの共通した特徴が見られる。

第一には、高坂を社会科学以外の側面から理解しようとしていることである。京都大学法学部において国際政治学を講ずるのが高坂の仕事の中心にあったことを考えると奇妙な印象を受けるが、恐らくは政治学や社会科学に収まりきらない活躍の幅広さを視野に入れるために、このような理解が強調されるのであろう。とくに歴史に対する造詣や教養が、評価を形成する上で大きな意味を持っているように思われる。『古典外交の成熟と崩壊』や『文明が衰亡するとき』、さらには没後にまとめられた『世界史の中から考える』に至るまで、高坂の最重要著作の多くが歴史を出発点としていることも事実である。

しかし同時に、高坂自身が「私は到底歴史の研究者にはなれない」と明言していたことは、改めて注目されるべきであろう。[12]『古典外交の成熟と崩壊』ですら、在外研究より前に執筆された「ウィーン会議と『ヨーロッパ』」と「イギリスとウィーン体制」を除いては一次史料を駆使した外交史研究ではなく、信頼できる二次文献を広範に渉猟しながらウィーン体制の特徴を明らかにし、それに基づいて国際政治や近代外交の基本構造を把握しようとする試みであった。そこでは、広い意味で歴史は事例として扱われており、社会科学における少数事例研究の標準的方法に依拠しているとも理解できる。まずもって高坂を社会科学者として把握した上で行わない限り、非中核的部分を過度に強調することにつながらないだろうか。

従来の評価が持つもう一つの特徴は、一九五〇年代までの高坂と七〇年代後半以降の高坂を直結させるところにある。父・正顕との関係に始まる人格形成や、猪木正道と田岡良一の指導を受けて十九世紀ヨーロッパ外交についての助手論文を書いた、ハーヴァード留学前の高坂がいわば建物の基礎部分であり、そこに現代の国際政治や文明論を縦横に展開した七〇年代後半からの高坂が上物のように載っているという構造が、このような評価の根底にはあるように見える。事実、『古典外交の成熟と崩壊』の中核をなす章は助手論文として執筆し公表したものなのだから、五〇年代までと七〇年代後半以降を結びつけることには一定の妥当性があるだろう。

だが、そこでは一九六〇年代の高坂への十分な目配りは必ずしも窺われない。高坂ほど活躍した人物を考える上で、二十歳代後半から三十歳代前半という一般に研究者が最も成長する時期を軽視して良いものだろうか。高坂が人間として、あるいは知識人として早熟の天才であり、その背景には家庭環境や師弟関係があったとしても、そうしたことに従来の高坂論は引っ張られすぎていないだろうか。どのような研究者であれ、家庭環境と師弟関係だけで生涯にわたる活躍を説明しようとするのは無理があり、高坂の場合にもそれは例外ではないはずである。高坂の全体像を理解するためには、六〇年代の業績を適切に位置づける作業が不可欠なのである。

高坂正堯の一九六〇年代

活躍の起点

一九三四年五月に生まれた高坂は、六〇年には二十六歳、前年九月に京都大学法学部の助教授に就任したばかりであった。二十六歳の助教授といえば非常に若く聞こえるし、彼が将来を嘱望される研究者であったことは確かだが、例外的な扱いを受けたというわけではない。当時の社会科学系における研究者養成は大学院からのキャリアパスがまだ十分に確立されておらず、主要な国立大学の法学部では学部卒業者をそのまま助手として採用し、数年後に助教授に昇任させることは珍しくなかった。[13]

とはいえ、その知的生産は当初から際立っていた。高坂は助手在任中から助教授昇任直後にかけて四本の論文を執筆し、「国際連盟と集団的安全保障」と「アメリカの対中国政策」を日本国際政治学会の会誌である『国際政治』に、「ウィーン会議と『ヨーロッパ』」を京都大学の『法学論叢』に、「イギリスとウィーン体制」を国際法学会の会誌『国際法外交雑誌』に、それぞれ公表した。書評論文「アメリカの対外政策における変化の可能性」も含め、研究歴わずか数年の若手としては瞠目すべき活躍ぶりであり、上々の滑り出しだと見てよいだろう。

これらの論文を公表した直後の六〇年九月に、高坂はロックフェラー財団の奨学金を得て、ハーヴァード大学での在外研究に旅立った。ハーヴァードでの受入教官は中国史研究の大家であったジョン・K・フェアバンク（一九〇七～九一）で、彼は東アジア研究センターの創設者であった。[14]しかし、客員研究員という立場を活用して、中国をはじめとする東アジアを対象にしつつ、政治学と歴史学の双方にまたがる研究を進めたのであろう。ハーヴァードでは六一年から一年間滞在した丸山眞男とさまざまな意見交換をしていたことが知られているが、それはアメリカ滞在中に高坂が行ったことの一部でしかない。むしろ、当時は首都ワシントンDCにあった国立公文書館に通って一次史料の調査を行ったり、大学院生として博士論文を執筆していた入江昭らとの家族ぐるみでの交友関係の方が大きかった。丸山との意見交換も、入江も交えてなされたことが少なくなかったのである。[15]

高坂が帰国したのは一九六二年九月のことである。帰国直後、東京の国際文化会館に滞在中に、粕谷一希が面会に訪れ、「現実主義者の平和論」として『中央公論』に公表される論文を執筆するよう勧めたことは有名である。[16] 一般にはこの論文以後、時事的あるいは政策的な論題をリアリズムの立場から鮮やかに分析し提言する新進気鋭の知識人として、高坂は知られるようになる。しかし、高坂がアメリカで得たのはリアリズムという視角だけではない。むしろ、高邁な理念だけでは安全保障が実現されないことは、「そのユートピア性と現実性」という副題が付いた「国際連盟と集団的安全保障」を執筆した助手時代から、高坂には自明のことであった。ハーヴァードでの在外研究の成果は、はるかに広い範囲に及んでいた。六〇年代の著作を通じて、そのことを確認しておこう。

理論的著作群

高坂が理論一辺倒の分析を好まなかったことは、よく知られている。国際関係や政治現象の中にある一つの側面のみを強調し、緻密な方法論によってピンポイントで生み出される研究成果は、彼の知的関心から最も遠いものであったことは確かであろう。だがそのことは、高坂が理論的な研究を行わなかったことと同じではない。むしろ一九六〇年代には、眼前で生起する国際政治の背景的要因を探り、いくつかの重要な側面を析出して一般化する研究や、人間や社会に関する普遍的な側面を具体的な政治現象の分析に援用する研究を多数行っている。

その代表例が、一九六六年に公表された『国際政治』であった。中公新書の一冊として上梓された著作において、高坂は国際政治が「力の体系」「利益の体系」「理念の体系」という三つの側面から成り立つことを一般的に論じている。読みやすさゆえに意識されにくいと思われるが、各章の構成を注意深く見ると、従来の代表的見解の検討、具体的な事例の提示、執筆時点における同時代的課題との関係、という順序で一貫している。その上で、最終章において知見の要約と一般化がなされる。先行する見解として同時代の国際政治学者ではなくカントやルソー、ヒュームといった思想家が挙げられていることは特徴的だが、著作としての構成そのものは理論的著作の典型である。[17]

同じ一九六六年に出版された『アジアの革命』に収められた論文「内戦についての一般的研究」も、似た特徴を持つ。この論文では内戦という定義が容易ではない主題を扱っているため、高坂はまず一国内での暴力現象を網羅的に検討し、分類するところから作業を始める。その上で、内戦の準備、テロ活動、ゲリラ戦のそれぞれについて、先行研究や著名当事者の見解を紹介し、具体的な事例を提示した後で、最後に内戦の帰結を一般論として明らかにしている。六八年に発表した「東南アジアの国際関係に関する一仮説」になると、さらに明確に先行研究の検討と視座設定がなされており、この時期の諸著作からは高坂が理論を好まなかったという後年の評価を額面通りに受け取れないことが明らかである。

実証的著作群

ハーヴァード滞在中の高坂は一次史料を渉猟していた。実弟の高坂節三が言及しているように、吉田茂が駐英大使だった時期に本国に送った電文を大量に読み、そこから吉田茂研究に関心を持ったことは、生前に自ら語っていたことであった。[18] 帰国後には「現実主義者の平和論」と並んで論壇と政官界に衝撃を与えた論文として知られる「宰相吉田茂論」を『中央公論』に発表するが、この論文の前半部は奉天総領事や外務次官として一九二〇年代後半に吉田が執筆した公電や公文書に依拠して吉田の外交姿勢を分析しており、外交史あるいは対外政策決定研究としての側面を持つ。また、恩師の一人である田岡良一の還暦記念論文集『国際連合の研究』に寄稿した「国際連合の成立」でも、アーサー・ヴァンデンバーグ文書やコーデル・ハルの日記などの一次史料を活用している。

より本格的に史料調査に依拠して執筆されたのが、一九六三年に『法学論叢』に連載した「中国国民党革命とアメリカの政策」であった。列強が中国に持っていた条約上の権益を否認しようとする中国国民党の方針に対して、二七年一月二十七日にフランク・ケロッグ国務長官が声明を発出する過程を検討したこの論文では、アメリカ外交文書といった公刊史料だけではなく、国立公文書館で調査したと思われる国務省文書に収められた高官の書簡類や二〇年代の新聞記事なども活用されている。先に挙げた「宰相吉田茂論」で利用されている日本の外交文書も同じ時期を扱っていたことから考えると、ハーヴァード滞在中の高坂はフェアバンクの指導を受けつつ、二〇年代後半の中国をめぐる日米関係を外交史として研究していたと見て間違いないであろう。

同時代史を分析するに際しては、高坂は少し異なった方法を採用していた。それは政治や外交を自律的にではなく社会や世論との連関の中で捉えようとする姿勢であり、たとえば在外研究前に公表した「アメリカの対中国政策」や帰国後に公刊した『宰相吉田茂』に収められている「吉田茂以後」（一九六七年発表）などにも表れているが、最も典型的なのは『一億の日本人』においてであろう。この著作は敗戦から六〇年代後半までの日本現代史をコンパクトにまとめているが、「かわる日本、かわる日本人——昭和三十年の情景」という章が置かれており、石原慎太郎の小説『太陽の季節』が生み出したブームなど、大衆社会の出現を鮮やかに、そして楽観的に描いている。[19] ここには、一九二〇年代の日本外交やアメリカ外交に既に萌芽的に見られていた大衆社会の政治や外交への影響が戦後いっそう顕著になっており、政治や外交を社会や世論から分離して分析することは意味を失いつつあるという認識が反映していたとも考えられる。

政策論的著作群

ここまでに挙げた理論的著作は主として同時代の国際政治を扱い、実証的著作は過去の対外政策決定を扱っていた。これに対して、一九六〇年代における高坂の研究にはもう一つ、国際政治や日本外交の将来的な方向性を検討する政策論とでもいうべき系譜が存在する。その最も早いものは一九六二年の帰国直後に発表した「現実主義者の平和論」（『中央公論』六三年一月号）に始まり、六五年出版の『海洋国家日本の構想』に収められている著作群である。『中央公論』をはじめとする論壇誌に主に公表されたこれらの論文では、日本の外交が直面する基本的条件を明らかにしつつ、そこからどのような対外政策の方向性が望ましいのかについて検討を加えている。冷戦下で核兵器が東西両陣営によって保有される一方で、先進国においては民主主義の帰結として世論の動向を無視し得なくなり、発展途上国では内戦につながりうるようなナショナリズムの急激な勃興が見られるというのが、六〇年代に高坂が直面した国際政治の現状であった。エリートの理性のみを信頼していればよかった時代ははるか遠い過去のこととなり、考慮せねばならない変数は増大しつつあった。

それを理論化すれば著書『国際政治』につながるが、政策論として考えようとしたときに、日本国内の外交をめぐる論議は依然として不十分なものだと高坂は考えた。とりわけ、保守と革新の外交上のスタンスの違いは硬直的なイデオロギー対立の色彩が濃厚すぎて、具体的かつ建設的な対外政策を導けないことに、高坂は早くから気がついていたのである。外交上の大きな指針として海洋国家論を提唱しつつ、現状肯定でも絶望でもない立場からリアリズムに基づいた国際政治の理解を示して、不毛な対立から脱却することが彼の目指すところとなった。佐藤栄作政権の下で沖縄返還交渉に関与したことは、高坂のこのような立場からはむしろ当然のことだったかもしれない。

あわせて、冷戦とアジアの国際環境を考えるとき、アメリカ外交の動向に関する見通しを持つことは不可欠であった。核戦略や経済的相互依存関係を含むアメリカ外交の全体像を探求する試みは一九七〇年代以降により本格的に進められたが、六〇年代には対アジア政策の検討が中心であった。それは恐らく、ハーヴァードで着手した外交史研究との接点があったことと、沖縄返還交渉を進める上での必要性があったことの両方によるものと思われる。六五年の論文「現代の戦争」におけるヴェトナム戦争に関する分析はその代表であり、この時期にはアメリカの対東南アジア政策に関して数多くの論文を公表している。これらにおける高坂のスタンスは、共通するところもあるが異なった利害関心を持つ日本の立場から、アメリカ外交をあくまで客観的に分析しようとするものであった。[20]

研究者としての特徴

高い専門的学識とその多面的応用

ここまで検討を加えてきた一九六〇年代の高坂の著作には、大きく分けて二つの特徴があると思われる。

一つは、その多面性である。国際政治や外交の一般的な原則を探求しようとする理論的な著作、一次史料に依拠した外交史研究に当たる実証的な著作、そして近未来の国際関係や日本外交の方向性を提示しようとする政策論と、高坂は大別しても三つの領域で精力的に研究を進めた。そして、いずれにおいても高い水準の成果を生み出したことは明らかである。理論的著作としての『国際政治』、実証研究としての「宰相吉田茂論」、政策論としての『海洋国家日本の構想』を想起すれば、この時期の充実ぶりが容易に理解できるであろう。しかも、これらは相互に有機的な連関を保っていた。高坂の日本外交論はリアリズムに立脚していると括られることもあるし、逆に政治学以外の部分での人文的教養の反映とされることもある。だが実際には、国際政治に関する一般的ないし理論的な考察と、日本やアメリカの対外政策に関する実証的な分析を、車の両輪として進められる部分が大きかったのである。

もう一つの特徴は、当時の政治学の水準や成果を十分に踏まえたものだったことである。これは学術的な性格がより明確な理論的著作と実証的著作において顕著である。一九六〇年代までの政治学においては、理論やモデルとは因果連関についての仮説を導出する枠組みでは必ずしもなく、政治現象を理解し叙述するための視座という性格を強く持っていた。[21]そこでなされるのは、今日の方法論にいうところの叙述的推論である。たとえば、高坂の提示する「力の体系」「利益の体系」「理念の体系」は、いずれもこのような意味で国際政治を理解するための視座であり、当時としては十分に理論的だと見なしうるものであった。また、入江昭が指摘するように、六〇年代は政策決定分析が政治学の中心的課題だと認識されていた時期であった。[22]高坂の「中国国民党革命とアメリカの政策」は、明らかにそのような政治学の課題認識を共有している。

また、高坂は個別テーマに関する実証分析だけではなく、『海洋国家日本の構想』といった政策論の著作においても、同時代の政治学の成果を活用し、関心を明らかに共有していた。たとえば『海洋国家日本の構想』に収められている「中国問題とはなにか」は『自由』に初出した論文だが、同時期に学術誌に掲載した論文「アジアアフリカ新興国の政策としての中立主義」など一連の中立主義や民族主義の研究の成果を反映したものであった。高坂の政策論は、同時代としては第一線の専門的学識の裏付けを明瞭に持っていたのである。

一九七〇年代以降の変化と連続性

多面性と政治学的な水準の高さを特徴とする一九六〇年代の高坂の研究は、七〇年代以降には変化が生じたと考えられている。たとえば、筆者と同じように六〇年代の高坂の著作群に多様性を見出す北岡伸一は、次のように述べている。

高坂の仕事には、⑴具体的な史実、事実の収集、整理、⑵理論、⑶歴史、⑷評論の四つがあったということができるだろう。……〔⑴にあたる著作〕から本格的な歴史研究に進むことも、理論研究に進むことも出来たであろうが……、それは少なかった。むしろ、これらを基礎とした評論に高坂の真価があったのではないだろうか。[23]

確かに、一九七〇年代以降になると、六〇年代に見られた一次史料を駆使した実証的な外交史研究はほとんど行われなくなった。代わって七七年に公表した論文「経済的相互依存時代の経済力」のような、同時代における政治と経済の相互作用や国際的相互依存といった新しい課題について基礎的なデータに依拠しながら分析を試みる研究が増えた。ただ、それらは北岡が指摘するように事実関係の整理を中心とした試論としての性格が強く、筆者の分類でいえば政策論を進めるための基礎作業としての色彩が濃い。

また、七八年に『古典外交の成熟と崩壊』にまとめられる十九世紀ヨーロッパ外交の研究を再開したことも指摘できる。六〇年代には、多様な研究を進めながら、その対象はアメリカや日本を含むアジアにほぼ限定されており、ヨーロッパ外交についての論文はほとんどない。再び始められたヨーロッパ外交研究は、五〇年代末の助手時代とは異なり、もっぱら二次文献（先行研究）に依拠しながら外交の全体像を探ることに焦点が移った。『古典外交の成熟と崩壊』に対してときに指摘される、章ごとのばらつきや微妙なバランスの悪さは、このような関心の移行の帰結だったのであろう。

これら二つを考えあわせると、六〇年代にあった三つの方向性のうち、理論的関心と実証研究が政策論の基礎作業へと変化したところに、七〇年代以降の最大の特徴があるといえるだろう。この変化を断絶だと捉えるのが、五〇年代以前と七〇年代の高坂を直結させて理解しようとする多くの見解である。しかし、本章においてここまで述べてきたところから明らかなように、七〇年代以降の高坂の著作は六〇年代の研究によってその基礎が形成された国際政治観の上に成立しているものであり、六〇年代とは三つの方向性の間のバランスが変化したに過ぎない。むしろ六〇年代から七〇年代以降への連続性こそが、高坂を旧来の教養文化人とは異なる「実務インテリ」たらしめていたのである。

「アメリカ学派」高坂正堯の可能性

ここまで進めてきた検討から明らかになったのは、一九六〇年代の高坂の著作群には、ハーヴァードでの在外研究の成果が意外なほどに反映されているということである。先に行った分類に従えば、理論的著作、実証的著作、そして政策論的著作のいずれにおいても、アメリカでの研究の影響は顕著であった。もちろん、奨学資金の都合などによってやむなくハーヴァードに行ったために、アメリカの対中政策や対東南アジア政策、あるいは日米関係について研究するしかなかった、という説明もできるだろう。本当は十九世紀ヨーロッパ外交の研究を続けたかった、という気持ちを高坂が持っていた可能性は、本章の議論によって否定されるわけではない。

だが、同時代の国際関係や日本外交について考えることが高坂国際政治学の終生のテーマなのだとすれば、それはアメリカについての分析抜きで行うことはできない作業であった。外交官や外政家の華やかで緻密なプロフェッショナリズムに彩られたヨーロッパの古典外交に対する憧憬は止みがたかったとしても、眼前に存在する現実は冷戦と大衆政治や民族主義に条件付けられた戦後世界であることを、高坂が理解していなかったわけはない。[24] そして、これら新しい戦後世界の中心地はアメリカであった。同時代を扱う国際政治学の研究者として、キャリアの早い段階でアメリカに行き、アメリカとの外交について学ぶことが必要不可欠だという認識を持っていなかったとすれば、むしろ不思議であろう。その意味では、研究者としての高坂が最初の在外研究先としてアメリカに向かったことには、従来考えられているよりも積極的な意味があったのではないだろうか。

さらに、研究課題の選択だけではなく、分析手法に関しても高坂がアメリカで受けた影響は大きかったように思われる。外交史研究として進められた実証的著作において、対外政策決定過程分析という当時としては最先端の視角が用いられているのはその典型である。新書として刊行された『国際政治』で提示された体系も、ルソーやカントへの言及という体裁をとってはいるが、実は一九五〇年代から六〇年代前半にかけてのアメリカ国際政治学の成果と十分に連関を持つものであった。[25] この傾向は七〇年代以降にも消え去ることはなかった。核戦略論などはもちろんだが、国際的相互依存を前提とした政治と経済のリンケージへの注目などからも、高坂の関心がアメリカの国際政治学と乖離していたわけではないことが分かる。十九世紀ヨーロッパ外交研究と文明論だけではなく、これら同時代的な主題や分析視角も、高坂国際政治学の重要な一翼をなし続けていたのである。あえていうならば、国際政治学の研究者としての、あるいは社会科学者としての高坂正堯は、「アメリカ学派」としての側面を持っていた。

おわりに

本章では、主として一九六〇年代の高坂正堯の著作について検討する作業を通じて、社会科学の研究者としての高坂にはどのような特徴があったのかについて明らかにしてきた。

一九六〇年代、ほぼ二十歳代後半から三十歳代前半であった高坂は、アメリカに二年間、オーストラリアに半年間と二度の在外研究を経験する。とりわけアメリカ行きは、ハーヴァード大学という学術的に最先端の地に長期にわたって滞在したという経験でありながら、従来の高坂論においては丸山眞男との対話経験が注目される程度で、その意義が十分に明らかになっていたとは言いがたい。近年、竹内洋の知識社会学的研究やハーヴァード時代に親しかった入江昭の回想などによって少し変化しつつあるものの、一九五〇年代以前の人格形成期と七〇年代以降の「ブリティッシュ・スクール」あるいは「モラリスト」と形容される高坂のアプローチの親和性があまりに高く、六〇年代のアメリカ経験は過小評価されてきたのである。

しかし、高坂の著作にはハーヴァードでの在外研究の成果が明瞭に反映されていた。帰国直後に公表した外交史研究はアメリカ滞在中に行ったもので例外と見るべきかもしれないが、初期の主著だと見なしうる『国際政治』や『宰相吉田茂』にも、アメリカの国際政治学や外交史の先鋭的な研究関心や手法が活用されていた。研究手法という点では、一九七〇年代以降になるとアメリカ社会科学の直接的な影響はやや弱まった。だが、三十歳代半ばくらいまでに自己形成を終えて手法を確立するのは、社会科学系の研究者としては一般的なことである。そう考えれば、高坂が七〇年代以降にアメリカ政治学の最先端の成果をコンスタントに受け入れなくなったとしても、研究者の自己形成やキャリア展開という点で自然であり、彼がアメリカ社会科学に背を向けたことを意味しない。むしろ、国際政治経済分析の視角など新たに取りこんだものもあった。

また、同じく一九六〇年代に発表した『一億の日本人』や『アジアの革命』に代表されるように、高坂にとって民主主義や民族主義の存在は戦後の国際政治と日本外交を考える上での大前提であった。[26] ウィーン体制を中心とした十九世紀ヨーロッパ外交を高く評価しながらも、世論をはじめとする非理性的で情念的なものを無視せず、理性的な外交との折り合いを探ろうとする姿勢は、高坂が最晩年まで持ち続けた基本的な態度であったように思われる。そしてそれは、アメリカでの経験を通じて育まれたものではなかっただろうか。ヨーロッパと人文主義への愛を持ったアメリカ学派、あるいは古典外交を理想とする戦後民主主義者、ここに高坂の最大の特徴があった。

（まちどり・さとし　京都大学大学院教授）

＊本章で直接言及した高坂正堯の著作は以下の通り。
『国際政治』中公新書、中央公論社、一九六六年（『高坂正堯著作集』第七巻、都市出版、二〇〇〇年。なお、以下では『高坂正堯著作集』については単に『著作集』と略記し、出版社は省略する）。

『アジアの革命』（共著）、毎日新聞社、一九六六年。

『一億の日本人』文藝春秋、一九六九年（『著作集』第八巻、二〇〇〇年）。

『文明が衰亡するとき』新潮選書、新潮社、一九八一年（『著作集』第五巻、一九九九年）。

『世界史の中から考える』新潮選書、一九九六年。（『著作集』第五巻、一九九九年）。

『宰相吉田茂』中公クラシックス、中央公論新社、二〇〇六年（底本一九六八年。『著作集』第四巻、二〇〇〇年）。

『海洋国家日本の構想』中公クラシックス、二〇〇八年（底本一九六五年。『著作集』第一巻、一九九八年）。

『古典外交の成熟と崩壊』中公クラシックス、二〇一二年。（底本一九七八年。『著作集』第六巻、二〇〇〇年）。

「ウィーン会議と『ヨーロッパ』」『法学論叢』第六五巻一・二号、一九五九年　→『古典外交の成熟と崩壊』所収。

「国際連盟と集団的安全保障」『国際政治』第一〇号、一九五九年。

「アメリカの対中国政策」『国際政治』第一三号、一九六〇年。

「アメリカの対外政策における変化の可能性」『法学論叢』第六七巻三号、一九六〇年。

「イギリスとウィーン体制――パックス・ブリタニカの外交的側面」『国際法外交雑誌』第五九巻三号、一九六〇年　→『古典外交の成熟と崩壊』所収。

「国際連合の成立」田畑茂二郎編『国際連合の研究　第一巻』有斐閣所収、一九六二年。

「現実主義者の平和論」『中央公論』一九六三年一月号　→『海洋国家日本の構想』所収。

「中国国民党革命とアメリカの政策」『法学論叢』第七三巻四号、第七四巻一号、一九六三年。

「宰相吉田茂論」『中央公論』一九六四年二月号　→『宰相吉田茂』所収。

「中国問題とはなにか」『自由』一九六四年四月号　→『海洋国家日本の構想』所収。

「平和共存と権力政治」『国際政治』第二五号、一九六四年　→「二十世紀の権力政治」と改題の上で『海洋国家日本の構想』所収。

「現代の戦争」『中央公論』一九六五年七月号（『著作集』第七巻）。

「アジアアフリカ新興国の政策としての中立主義」『法学論叢』第七六巻四号、一九六五年。

「内戦についての一般的研究」高坂ほか編『アジアの革命』所収、一九六六年。

「東南アジアの国際関係に関する一仮説」『国際政治』第三六号、一九六八年。

「経済的相互依存時代の経済力――一九七三年秋の石油供給制限の事例研究」『法学論叢』第一〇〇巻五・六号、一九七七年。

1　注
竹内洋『革新幻想の戦後史』中央公論新社、二〇一一年、四三五～四三六頁。また、五百旗頭真は高坂が「マルクス主義に呪縛される経験なしに、それを相対化して扱うことのできた『新人種』であった」と評する。五百旗頭「文明としての戦後日本の歴史」『著作集』第八巻解説、五七一頁。同様の指摘として、村田晃嗣「リアリズム」日本国際政治学会編『日本の国際政治学』第一巻、有斐閣、二〇〇九年、四九頁。

2　もとより、これは筆者が国際政治学を専攻するわけではないという事実に起因する制約でもあることは、あらかじめお断りしておきたい。

3　大嶽秀夫『高度成長期の政治学』東京大学出版会、一九九九年、七二頁。

4　同書、八七～八八頁。

5　同書、七二～七三頁、七六頁。

6　田所昌幸は、高坂の「ホームグラウンドはあくまでアカデミズムであり、……知的なエネルギーを注いできたのは、やはり歴史であって、他方で論壇や政策のアドバイスというのは、本質的には余技だったのではないでしょうか」と指摘する（田所「『常識』への信頼――『世論と外交』を考える」『外交フォーラム』二〇一〇年二月号、二九～三〇頁）。

7　中西輝政「『ヨーロッパ』への愛、あるいは歴史への愛」『著作集』第六巻解説、六七八頁、六八二頁。

8　中西寛「至高のモラリスト、高坂正堯教授の国際政治学」『著作集』第七巻解説、六二〇頁、六四二頁。また、中西寛「高坂教授の『現実主義』的国際分析が必要な秋」『外交フォーラム』二〇一〇年二月号も参照。

9　中西寛、前掲「至高のモラリスト」、六四二頁、六三〇頁。

10　同書、六四一頁。

11　中西寛、前掲「高坂教授の『現実主義』的国際分析が必要な秋」、一五～一六頁。

12　高坂正堯「（受賞の言葉）私の方法論」『著作集』第六巻、三八〇頁。

13　新制大学の大学院は一九五三年に発足したが、文科系では大学院修了による博士号取得は長らく極めて例外的であった。

14　"John King Fairbank," Website at Fairbank Center for Chinese Studies, Harvard University. http://fairbank.fas.harvard.edu/pages/john-king-fairbank（二〇一六年三月二十日最終アクセス）

15　入江昭「半世紀前のハーヴァード、知識人の小さな共同体」本書第二部二五五頁。

16　たとえば、粕谷一希『中央公論社と私』文藝春秋、一九九九年、一四〇〜一四二頁。

17　なお、本書の基本的な考え方を素描した原型に当たると見られる論文「平和共存と権力政治」（『国際政治』第二五号、一九六四年）の註記には、「私の思考の直接の材料」として、同時代の理論研究が多く挙げられており、そのかなりの部分はアメリカの国際政治学者によるものである。この論文は後に「二十世紀の権力政治」に改題されて『海洋国家日本の構想』に収められたが、註記は削除されている。

18　たとえば、高坂節三『昭和の宿命を見つめた眼――父・高坂正顕と兄・高坂正堯』ＰＨＰ研究所、二〇〇〇年。二六一〜二六二頁。

19　ただし、この楽観は一九七〇年代後半以降には失われたように思われる。それが高坂自身の内面的変化なのか、日本の政治や社会の変化の帰結なのかについては、今後さらに検討が必要であろう。

20　ヴェトナム戦争期を中心とした高坂のアメリカ外交に対する立場については、中本義彦「現実主義者のアメリカ――高坂正堯・永井陽之助の思考と論理」『中央公論』二〇一一年十月号を参照。

21　「モデル」が「視座」という意味で使われている代表的な例として、グレアム・T・アリソン（宮里政玄訳）『決定の本質』中央公論社、一九七七年。なお、「モデル」と「理論」は政治学においてはしばしば互換的に用いられる。

22　入江、前掲論文、二〇三頁。

23　北岡伸一「若き日の高坂正堯」『著作集』第一巻解説、五九七頁。［ ］は筆者が補った。

24　高坂が常に、目標と手段の、理想と現実の「対話」の必要性を説いたことも想起される。

25　中西寛、前掲「至高のモラリスト」、六二二頁。

26　この点も、高坂がそれまでの教養文化人とは一線を画する大きな要因であったように思われる。酒井哲哉はそれを『戦後』をいわば所与として受けとめた最初の世代」だと形容する（酒井「戦後論壇の位相と高坂正堯」『外交フォーラム』二〇一〇年二月号、二二頁）。また、苅部直はこの裏返しとしての戦争経験のあり方に、高坂と坂本義和の世代的断絶を見出している（苅部「未完の対論」飯尾潤・苅部直・牧原出編著『政治を生きる——歴史と現代の透視図』中公叢書、二〇一二年、二六七〜二六八頁）。

第四章　高坂正堯の中国論

森田吉彦

高坂正堯が中国の台頭についての分析を必要と考えながらも、それを後の世代の課題であるとしていたことは、有名な逸話である。

私は最近、若い研究者に対して、「中国問題は二十一世紀前半の最大の問題だが、それは私たちの世代の問題ではなくて、君らの世代の問題だよ」とよく言う。余り評判はよくないが、私は正しいことを言っていると思う。中国問題が現実化するのは十〜十五年先だが、七十歳を過ぎた人間が現におこっている問題に適切に対処できるとは思われない。より基本的には、中国のあり方とそれが提示する問題は、この何年かの間におこったこととも、歴史書に書いてあることとも違う。まず、中国が弱かったときの行動様式、たとえば以夷制夷は現代中国外交の例外しか説明しない。共産主義政権といっても、それで説明できることはきわめて少ない。それに、強い中国が中国文明圏を作ってこの地域を安定させることは世界化時代にはありえない、といった具合である。部分にも歴史にもとらわれない中国論の出現を、私は心から待ちわびている。[1]

一九九六年三月、「アジア・太平洋の安全保障」と題した最晩年の論文に、自ら付したコメントである。高坂が活躍した時代、中国問題は必ずしも国際政治の最大の問題であったわけではない。彼自身の主たる関心も、ヨーロッパ外交やアメリカ文明に向けられていた。しかし、高坂が比較的早くから中国についての考察に取り組んでいたことも、周知の事実である。

彼の本格的な研究生活はヨーロッパ古典外交、ウィーン会議の分析から始まったが、それで助手論文を受理された後、ハーバード大学での在外研究では中国に関する外交史に取り組んだ。また、彼の衝撃的な論壇デビュー作となった「現実主義者の平和論」も、記念碑的な作品「海洋国家日本の構想」も、日本にとっての中国という要素を抜きにしては成り立ちえない。そして、一九七〇年代、彼自身早くから模索してきた日中間の国交が成ったとき、これに諸手を挙げて歓迎する論調からは一線を画しつつも、懐疑し批判する立場にも立つことなく、独自の言い方で肯定してみせたのもまた、高坂であった。

高坂にとっての中国とは何であったのか。彼の中国論の特徴、そして意義は何か。議論の展開を振り返ることにしたい。

米中関係の考察から日本文明の省察へ

高坂正堯がまだ二十代で日本の知的世界に登場したのは、一九六〇年代のことである。当時の世界は、東西冷戦＝米ソ二極化をその基本構造としていたが、やがて中国が、中ソ対立、核武装、文化大革命などを通じて、この構造に対する挑戦者として浮上してくる。日中関係で言えば、一九六〇年の日米安保改定に対して中国が反対するなど政治的な対立が続く一方、覚書貿易や漁業協定は継続しており、民間という形式をとった交流は維持されていた。

そうした状況を受けて、論壇では、一連の中国の動きを支持するか警戒するか、国交を推進するか慎重姿勢を保つかで、左右の対立が明確化する。[2] 親中派だけでも、中国擁護を諦める者、戦争への反省から日中復交を呼びかける者、中国を日本の近代を問い直す参照系とする者など、さまざまであった。その後、一九六五年に始まった文化大革命をきっかけに中国論の担い手が広がっていく。高坂は「現実主義」を掲げ、これらの展開のすべてに独自の立場で臨むことになる。

ハーバード大学での在外研究

すでに触れたように、高坂は京都大学法学部を卒業し、助手論文を終えると、一九五九年の九月に助教授に就任した。その後、一九六〇年九月から約二年間、アメリカ・ハーバード大学で客員研究員として在外研究を行う。受け入れの教授とは別に、中国史の大家J・K・フェアバンクにも世話になっている。高坂は特に、アメリカの対中政策について一次史料を読み進めた。[3]当時のアメリカでは、社会科学的色彩の強い研究が注目されていたが、高坂は慣れ親しんだ外交史研究の手法を続けたのである。実際、この前後に高坂が発表した「アメリカの対中国政策」や「中国国民党革命とアメリカの政策」といった論文は、[4]対象とする時期や焦点の当て方こそ異なるが、いずれもアメリカの対中政策を分析する歴史研究である。

「アメリカの対中国政策」で高坂は、一九三七年の日中戦争以来、アメリカは中国という複雑なもつれに巻き込まれ、いまだに抜け出せずにいるのだと指摘する。「中国の喪失」という事態に対してトルーマン政権ははっきりした政策を持たなかったが、国内の反共世論と中共（中国共産党ないし中華人民共和国）の反米主義に動揺しているところに朝鮮戦争が起こったため、強硬な軍事的対応をとらざるをえなかった。彼の見るところ、その頃のような熱気はいまのアメリカにはないとはいえ、すでに台湾防衛の義務があり、政策の転回はリーダーシップ次第であった。ただし、その場合もアメリカが向かうのは中共承認・国府（中国国民党ないし中華民国）放棄ではなく「二つの中国」の——中共と国府の並存を目指す——政策であろうから、「世界でもっとも古い歴史を持つ中国文化圏の代表者として行動することを欲している」中共と意見が一致することは考えられない。したがって、問題は国連加盟をめぐる外交戦へと展開するであろう、と展望している。

この論文で特徴的であるのは、アメリカ外交の中国での苦闘が鮮やかに綴られる一方で、ある意味では論題からして当然のことではあるが、中国側の外交がなぜそのように展開していくかについては突っ込んだ検討がなされていないことである。書かれているのはアメリカ外交の分析であって、中国側の対外認識、行動の特質のような問題については、もっぱらフェアバンクの研究に依拠するばかりであった。「中国国民党革命とアメリカの政策」はさらに一九二〇年代に遡った研究であるが、同じくここにおいても、中国革命に同情的な世論がアメリカ外交の枠をつくるが、その枠の中で、国務省は慎重で消極的な「距離を置いた政策」を展開することができた、という興味深い構造を浮き彫りにする一方で、中国の側はあくまで変化し続ける「革命的情勢」として捉えられるに留まっている。

なお、少し観点を拡げると、当時の彼のアジア認識として興味深いのが、アメリカ滞在中に親交を結んだ同年生まれの外交史家・入江昭との相違である。このとき、たまたまハーバード大学に集っていた若手の日本人たちで、「一九六二年冷戦の危機はどう動く」と題して座談会を行った。[5] その中で入江は、当時進展していたアジア・アフリカの旧植民地諸国の独立を捉えて、西欧以外の新しい国々ができてきたことは、かつて非西欧アジアの唯一の強国であった日本にとって非常に興味深い現象であるとしたのである。権力政治の分析と同時に、アジア主義のような思想、文化の問題から総合的に外交史を描き出していた、入江ならではの観点と言えよう。

しかし、これに対して高坂は、日本はアジア・アフリカの一員だとか、西欧の一員だとかいうことにはこだわる必要はない、という立場を表明している。彼にとって、復興途上の日本の役割は、「中進国」として欧米と協力を続けながら、その地位を活かして他地域との繋ぎ役になることにあった。そしてそのさい、日本は冷戦の当事者ではないがアメリカが一生懸命になっていることは理解する必要があること、日本が体制の異なる中ソのごく近くに存在することについてしっかり考えることも必要であることに加えて、よく言われるような「アジア・アフリカ諸国」といった枠組みにこだわる意味はないということに注意を喚起したのであった。日本からアフリカは遠すぎるから、経済援助は東南アジア諸国あたりまでで良いのだと。

ハーバードでの在外研究の頃、すなわち、論壇に華々しくデビューする前の段階で、高坂は、中国をもっぱら外から見た「革命的情勢」として捉える一方で、同情や共感を以て日本と結びつける「アジア」のような捉え方には距離を置いていたのである。

初期の考察

在外研究から帰国した後、高坂は雑誌『中央公論』編集者の粕谷一希と会い、そして、「現実主義者の平和論」で論壇に衝撃を与えることになる。[6] よく知られているように、この論文の中で彼は、中立論者が「核兵器の問題を重要視するあまり、現代国際政治における多様な力の役割を理解していないこと」を批判すると共に、彼らが価値の問題を提起したことの意義を評価する。しかし、その目的を達成する手段との相互関連を具体的に論じえていないことを、最大の欠陥と指摘したのであった。そのうえで高坂は、極東の緊張緩和の方策として五項目を挙げるのだが、そのうちの最初の一つこそ、中共との国交の正常化であった。ただし彼はそこで、台湾問題については日本は沈黙するべきであり、これは中国人自身が解決する、あるいは国連の世論が解決のための役割を演ずるだろうと、ある意味では突き放した態度を示している。

もちろん、「現実主義者の平和論」の主題とは別に、これはこれで大きな問題であって、ただ項目として挙げるだけで済むはずもなかった。高坂はその後、雑誌『自由』に掲載された、その名も「中国問題とはなにか」と題された論文で、真っ向からこの問題を扱っている。[7]そこでまず指摘したのが、「われわれが中国問題と考えているものは、内戦、戦争責任、革命という三つの問題の複合物なのである。それはどの一つを取ってもきわめて困難な問題であるのに、お互いに密接にからみ合っている」という、この問題の非常な複雑さであった。つまり、中国には国共内戦という問題があり、その中国に対して日本は戦争責任を負っており、また中国は全体として革命という状況にあるために、いかに対処するべきかが分かりにくいのであった。

彼の見るところ、現在の中国はまさに激動の中国であって、伝統という静的な論理よりも、変革という動的な論理によって動くと予想される。動的な論理は強大で、尊大なまでの自己主張に結びつく。しかし、そうした中国を、これまで日本人は身を以て体験したことがない。なぜなら、明治以前には中国は海の向こうの遠い国であったし、明治以来の中国は弱く、分裂し、混乱していたからである。しかも、「少くとも国際関係に関する限り、中国の歴史や伝統は、われわれに多くを教えてくれないのである。中国はこれまで同じような強さの国と平等の国際関係を持ったことはない」。それゆえ、中国がどのようなパターンの対外行動をとるかは、そもそもまだ分からない。それなのにさらに、同文同種——「アジア」というよりも——という伝統的な考え方から派生した情緒主義が、日本人の中国観を歪めている。文化的に共通していることと、利益が共通していることとは、本来何の関係もないというのに、である。

そうしたよく分からないものを排すると、焦点は、力の組織としての国家の如何であり、すなわち、中国共産党革命による変化の意味にあった。高坂は、中共革命によって民族革命と産業革命を行うための組織的な基礎がもたらされたことこそ、その最も重要な意義であるとする。革命の情熱とそれに対する反発があるがゆえに、中共は国内的には激しい支配、国際的には好戦的姿勢をとるであろうが、実際には好戦的な政策を行う力はないから、「中共は好戦的な言葉で世界政治のすべての問題に介入しながら、現実にはきわめて慎重な行動をとるであろう」。中国は自然国境の端まで発展しつくしてしまった国であるが、力に満ち、活気にあふれた文明は別の文明とぶつかるまでなお広がっていくだろう。しかし、彼が注意を促すのは、中共革命の挑戦の中心は軍事的なものではない、ということであった。中共はアジア・アフリカの民族主義の旗頭の役割を演じ、民族国家でもなければ工業化も行われていない国家にモデルを与えるであろう、と。

高坂の結論は、この「中共革命の挑戦」こそ、日本にとって重要な問題であるということであった。日本では、内戦・戦争責任・革命という三つの問題の中で、内戦という最も重要ではないものに目を奪われてしまっているが、そうではないというのである。「巨大な隣国である中国に進行しつつある革命の偉大な挑戦に対応するためには、日本は広い意味における力を充実させ、強力な政策をおこなわなくてはならない。そうすることによってはじめて、日本は中国との間に平和で有意義な関係を持つことができるのである。しかし、その前に、戦争責任の問題を解決しなければ、中共革命の挑戦に正面から取り組むことができないのではないだろうか」。

つまり、三つの問題の中で日本にとって中国の内戦の重要性は高くなく、本当に重要なのは革命の挑戦であるが、喫緊の課題は戦争責任にある。彼は、そのように分析したのであった。それゆえ、日本は「中共革命の挑戦」と真っ向から向かい合うため、今すぐ実行せずとも「秘かな決断」に基づく戦略をうちたて、中国との国交を正常化し、戦争状態を終結させる必要があるのだと。高坂の議論は、権力政治分析に立脚し、中国の共産主義に対抗する立場から中国との国交正常化を模索するという、とりわけ当時にあっては独特のものとなったのである。

中国論から日本論へ

先の「革命的情勢」と「アジア」という二つの要素は、検討を重ねる中で、日本自身にとっての課題、すなわち「中共革命の挑戦」と「戦争責任」という要素へと展開していくことになった。高坂にとって中国はいまだ内在的に捉えられるものではなくあくまで対象であったが、「革命的情勢」は、日本に対しても突きつけられる「中共革命の挑戦」と捉えざるをえなかった。「アジア」も「同文同種」の共感も彼は斥けたが、日本人の間に中国に対する「戦争責任」が影を落としているという現実も否定できなかった。そして、「戦争責任」を乗り越えずには、日本は「中共革命の挑戦」に対する脆弱性を持つと考えたのであった。

ある意味では、この問題の文明論的な再検討であり、別の角度から「中共革命の挑戦」に対する脆弱性を克服しようとしたのが、初期の高坂正堯にとって最も重要な論文となる、一九六四年の「海洋国家日本の構想」であったと言える。[8] とりわけ中国論としては、高坂の「中国問題とはなにか」に刺激を受けて地政学者の曽村保信《そむらやすのぶ》が「現代中国論」を『中央公論』に発表し、[9] 曽村の議論に刺激を受ける形で高坂が「海洋国家日本の構想」をまとめ、同じ『中央公論』に寄稿した[10]、と見ることも可能である。実際、曽村の論文は、中共革命の挑戦に対して海洋国家の連合体を組織し、均衡状態をつくることを説くものであった。しかし高坂は、曽村の地政学的な観点を理解しながらもあえて強く批判し、巨視的な議論を展開していくのである。

「海洋国家日本の構想」は四部構成、四〇〇字詰原稿用紙約一〇〇枚分の、こうした題材を扱ったものとしては長大な論文である。高坂は、前半二部において「中共革命の挑戦」に対峙する困難を巨視的に論じている。ここで重要なのは、日本はアジアの端の「極東」の国というより、現実には西欧諸国との結びつきの強い「極西」の国であるということと、当時、フランスのピエール・ガロア将軍によって喚起された非核武装国家の従属化という、二つの命題であった。彼は、「純軍事的にはアメリカの海軍力は盾としての機能を中国の核武装後も持ちつづける」として、中国の核の脅威の高まりによって、日本がアメリカに一層従属化するか、逆に中国に従属化するか、自ら核武装するかのいずれかを選択せざるをえなくなるというガロアの指摘自体の妥当性は斥ける。しかし、ガロアの命題は、それに留まらないはるかに重要な示唆を与えているというのである。

中国問題の日本にとっての重要性は、「極西」の国日本のあり方に疑問を投げかけたところにあるのだ。中国の台頭は、日本にふたたび「極東」の国としての性格を与え始め、それによって、東洋と西洋の間のアンビバレンス（両面性）という悩みを復活させたのであった。

要するに、ガロアの発言は軍事力や核兵器というところを、きわめて広義で、異質で、捉えがたい力と置き換えて読めば、まさに問題の核心を衝いたものなのである。だから、対米従属と対中従属というジレンマは実在し、それを逃れる道は日本みずからの力を強める他はないのだ。……われわれはわれわれ独自の力を育て、世界政治の正しい認識の上に立って、中共革命の長期的挑戦に本腰を入れて対処しなくてはならないのである。

それゆえ、高坂は論文の後半二部で、「日本がその独自の偉大さを築きうる方法は、中国との同一性ではなく、それとの相違に目ざめ、東洋でも西洋でもない立場に生きることなのである」として、この困難を逆に利点に変えてしまう「海洋国家日本」という一処方箋を示すことになる。それは、日本は「通商国民」であると共に、「中国を中心とする東洋に隣り合ってはいるが、しかし、その一部ではない」という認識に立って行動すべきである所以を明らかにするものであった。

なお、この論文の執筆過程の草稿では、アテネとスパルタに典型的な政治的な概念としての「海洋国」と「大陸国」の文明史的な対比を前提に、「海洋国」日本と「大陸国」中国の相違がもっと強調され、字数を費やして説明されている。[11] それは、曽村が説いた軍事的な概念としての「海洋国」とは違う。高坂は、地政学の弱点は政治をあまりに単純化して捉えてしまうことであり、政治制度や産業化の程度を捨象して、「海洋国」については「海軍国」としてばかり捉えてしまうことであると理解していた。しかし、ルソーも論じたように、地理的な条件はその国の政治制度にまで影響する。海に囲まれた狭い島国である日本にとっては外国との間に大量の交流があるのが自然であるが、巨大な大陸国である中国にとっては自給自足が自然であった。両者はそもそも、国家の在り方として対照的なのである。だから、中国を敵視すべきではないが、「日本がその独自の性格を保つためには、その海洋性を意識し、それを強調すべきなのである」、と。この「大陸国」であって日本とは根本的に性質を異にする中国、自給自足で対外的には閉ざされがちな中国という見方は、その後、非合理的で暴力的な文化大革命が起こったこともあり、繰り返し提起されることになる。

もう一点付け加えると、高坂は、日本は中国とは文明の在り方が異なるがゆえに、外へ開かれた部分への共感を持たなければならないのだとして、それを欠いた悲劇として満洲事変と、江戸時代のいわゆる鎖国を例に挙げている。そこで参照されているのが、京都学派の哲学者・和《わ》辻《つじ》哲《てつ》郎《ろう》の『鎖国』であった。ところが、同じ和辻の著作でも、もっと近い主題を扱った『風土』の方は出てきておらず、したがって、「モンスーン的風土」の章で登場する中国論もとりあげられていない。もちろん高坂は『風土』の方も――すでに学生時代に――読んではいたが、主題に同意はするが分析枠組みが粗いからと、あまり感心しなかったらしい。[12] そのため、和辻が展開した中国観察も、「アジア」へのある種の思いも、[13]「海洋国家日本の構想」の中では顧みられていないのである。

中国核武装問題から日中国交正常化まで

日本にとっての中国問題の意味について、高坂の考察は、「海洋国家日本の構想」で文明論に達し、いったん論じ尽くされたと言える。しかし、ガロアも問題にしていた中国の核実験の成功により、中国問題は喫緊には中国核武装問題として衆目を集めていった。高坂もまた、世間の懸念の高まりに応じて、この問題について検討していくことになる。

中国核武装のもたらす影響についての最初のまとまった考察が、「核時代における安保体制」である。[14] 彼はまず、米ソ中の三国関係を展望して、米中関係の厳しさに比して、米ソは完全には対立せず協力もし、中ソは完全には協力せず対立もするとする。

それに対して、中国は核武装することで現在よりも行動の自由を得、他国に対する影響力と脅威は増大することになる。中国共産党の歴史および毛沢東の理論からして、中国はその利を使うだろうし、日本に対する政治工作、宣伝活動に用いられるだろう。高坂は、中国の核の脅威に対して純軍事的に対処することは正しくなく、安保体制は軍事的にはむしろ弱め、政治的に強化することが必要である、と指摘する。侵略を完全に阻止するだけの防衛能力ではなく、抑制力と集団的安全保障さえあればよいという軍事理論に基づき、彼は、軍事的な必要性を減じた基地は撤去し、安保体制の問題点を除去して、できるだけ多くの国民に防衛の必要性を承認させ、安保体制への支持を獲得する努力が必要であると論じるのである。その高坂にとって、今後の日本外交にはアメリカとの協調だけでなく、多くを期待することはよくないが、中国との緊張を緩和していくことが必要であった。

中国の核の影響力

あまりにも巨大な破壊をもたらす核兵器は、軍事的には必ずしも使い勝手がよくないが、他国に対して圧力をかけ、政治的な影響力を及ぼすには役に立つ。これは多分に主観の次元の問題であり、高坂は、中国を単なる対象として——中国という主体というより中共革命という情勢として——扱うのに留まらず、次第にそれ自身の戦略的な意図を考えていくようになる。例えば、信濃教育会での講演録「現在の世界と十年後の世界」では、中国独自の革命外交の挫折を指摘し、具体的には反国連政策の失敗、手の拡げすぎ、指導層の高齢化、過度の政治主義・精神主義が他国には魅力を欠くこと、などの理由を列挙している。結局、根本の問題は計画経済で経済を動かすために求められた政治主義と精神主義がゆきづまったことにあり、貧しすぎる中国にはこれを克服しがたいと見た。[15]

より本格的にこの議論を展開したのが、一九六七年のアジア平和国際会議での「安全保障における心理的要因」と「アジアの安定について」の二報告である。[16] 前者において高坂は、戦略理論上、国際政治の力の闘争において、心理的要素または意思が大きな役割を果たしていることを前提に、核を持った中国の日本への影響について議論を展開する。ソ連の核兵器の標的にされているることは日本国民に脅威感を与えなかったが、中国の核武装は脅威を感じさせるようになった。

ソ連と違って中国は、危険を冒してでもアジアからアメリカを駆逐するという強い意志を持っている。また、人種的、文化的な親密さから、日本人は中国に対して「心理的脆弱性」を持つため、中国の軍事は大きな心理的効果を持つ、という。

中国は、アメリカの核兵力によって抑止されず、核兵器を「非合理的」に使用するかのように装うことで、アメリカの核抑止力の信頼度を揺るがせ、日米安保体制をぐらつかせることができる。しかも、日本には米中戦争に巻き込まれる恐れを口にする人が相当いる。軍事協力の強化など、「アメリカの抑止力の信頼性をたかめるための措置は、すべて、日本を戦争に巻き込むものとして批判できる」のであり、「中国の核兵力が増大するにつれて、日本国内の世論の対立は一層強まり、分極化するおそれさえある」と、彼は論じる。

大きく見て、中立政策、核武装中立、日米安保体制の三つを比較すると、心理的要因を考えると前二者が好ましく（独立感を得られ、中立政策では国論はまとまりやすいし、核武装中立でもいったん国民を説得すれば心理的要因は強まる）、軍事技術的、外交政策的には最後の一者が望ましい（防衛能力は大きいし、現状維持国という日本の立場に適している。ただし、中国との関係は打開困難である）。高坂は、心理的な好ましさと軍事技術的、外交政策的な望ましさが一致できないところに、今後の日本の安全保障政策にとっての最大の問題があると指摘する。

もう一つの「アジアの安定について」報告は、中国の核武装が東アジアの国際関係にもたらす影響について扱っている。アジアの国際関係を考えるときに、中国がどの程度の不均等性をつくりだしているか、また、どの程度現状を変える力を持っているかを問うことは重要であるが、それに答えることは難しい。中国の大きさが、その力の正しい評価を困難にするうえ、中国は激しい変化の最中にあるからである。その革命のイデオロギーが国際政治において果たす役割の評価も容易ではない。

高坂は、中国は自然国境に達してしまっており、兵站《へいたん》の制約も大きいから、インドシナ半島に出る場合を除いて、対外的に軍事力を投射しえないという。また、中国の革命イデオロギーの力も大きくなく、中国共産党は政権が安定しておれば革命工作に慎重である。それに対して、核兵器による中国の力の変化は大きいが、中国がアメリカを直接攻撃できるようになり、アメリカの核による報復の確実性に疑問が投げかけられるようになるまではあまり価値がない、とする。その場合でも、通常兵力に劣る中国は抑止しやすいが、そのときになお中国が革命的情熱に燃える貧しい国であった場合には、彼らが核の威嚇を冒険主義的に用いる可能性に対処するという課題が残ることを指摘するのである。

永井陽之助と若泉敬

以上のような中国核武装問題に対する高坂の議論は、実のところ、中国の外交それ自体についての分析というよりも、アメリカを中心とした国際情勢において、中国とその戦略にどのような条件があり、選択肢があるかという考察であった。そして、中国がごく閉鎖的な国であり、特に情報が限られていたことを考えれば、これはまず妥当な議論の仕方であったと言える。

とはいえ、比較的高坂と近い立場の論者であっても、違った議論がありえたのも確かである。

例えば、同じく「現実主義」の国際政治学者として知られた永井陽之助は、中国を「状況型」国際秩序観の国家であるとして分析している。[17] すなわち、まずは平和と戦争とを截然《せつぜん》と区別し、外交は力ではなくモラルと利益によって推進されるべきものと捉えるアメリカの「機構型」国際秩序観がある。もう一つは「制度型」、ヨーロッパのように平和の必要条件として主要国家間の勢力均衡を求める考え方である。それに対して中国は、現状打破のため、和戦未分化の状況をつくりだすことに世界革命の大戦略を据える「状況型」の国家である、と。彼らがとるのは毛沢東戦略、すなわち心理的、イデオロギー的、政治的要因を重視し、さまざまの間接的方法を駆使して、敵との戦略的な力のバランスを徐々にきりくずし、決定的な決戦の時期まで、じっと待つという持久戦の方法であるが、それは、現代世界の無秩序化という大きな方向性に合致するものとして描かれている。

その一方、同じ「現実主義」の若泉敬[18]は、中国共産党の言説と核戦略理論とを結びつけて分析した。彼は、最大の敵アメリカの打倒を目指す中共——彼らにとって国家は党の手段である——の戦略は、「動態的な力」を用いた「積極的防御」であると表現する。それは、核武装し、大国としての象徴的地位を獲得した中国の対日政策としては、例えば謀略工作や内政干渉という形をとると指摘された。それゆえ日本は、核武装の潜在力があるがあくまで自らの選択としてそれを行わないのだということを明確化し、核の平和利用や国際的な核軍縮を推進する必要があると、その対応策を提起したのである。

永井は、戦略理論を軍事を超えた時代状況に照らして鋭角化することで、若泉は、あくまでも中国自身の言葉から意図を抽出しようとすることで、それぞれの中国論を深めることになった。それは、外交史の経験を援用し、国際情勢と中国の関わりからその選択肢を探ろうとする高坂の手法とは異なるものであって、そこで明らかにされた中国の進路は、より危険なものにほかならなかったのである。

中国の弱さと強さ

その後、一九七二年に米中・日中関係が激変する頃までの高坂の中国論がまとめてよく示されているのは、雑誌『アジアクォータリー』である。毎日新聞社の呼びかけで一九六四年に吉田茂元首相を会長に発足したアジア調査会の雑誌であり、その第一巻第一号に、高坂の「中国外交の現在と将来」を掲載した。[19]

この論文の中で、高坂はまず、中国の積極的な外交について、この国が非常に強い現状打破的なイデオロギーにもかかわらず極めて限られた能力しか持たないことから、対象地域別に三つに分類している。すなわち、①周辺諸国（ビルマ、北ベトナム、カンボジア、インド国境の国々）、②そのほかのアジア（日本、フィリピン、インドネシア、パキスタン、インドなど）、③そのほか第三世界（特にアフリカ）に対する外交の三つである。

高坂の見るところ、①での外交は「中国外交の伝統に即し」たもので、自国の周辺が安定することが第一目標であって、安定しさえすれば、アメリカ陣営に加わって敵国にならない限り、中国の衛星国になることまでは求めない。③はその正反対で、強いイデオロギー的主張を行い、無責任に革命を主張し、武器を供与する。これは、かえって、中国に直接の利害関係もなければ、直接影響力を行使する手段もないためである。②はこの二つの中間であり、①のようにアメリカの影響力は追い出したいが、そのための力は③のように相当限られている。そして、中国外交は①では成功したが、③では失敗を重ねており、全体として不成功であったと評価している。特に、アジア・アフリカ諸国が独立していくと、革命外交は受け入れられなくなっていったのである。

注目すべきは②で、中国には相手を圧倒する力はなく、アメリカに対して軍事力ではっきり劣っているが、目的も大きくないため、いろいろな形で間接的に圧力をかけていくのが効果的である。そこで問題になるのが、中国の核兵器である。ところが、核武装が進んでアメリカに対する部分的な抑止力が生まれたとしても、朝鮮半島やインドシナ半島で通常兵器の使用に自由を得ることを除けば効果がない。アメリカの核抑止体系に亀裂を生じさせるまでには至らないのである。ただし、客観的にはそうであっても、心理的、政治的には可能性がある。なぜなら、ⓐ中国はアジアにおける中心であるというイメージをアジアの人々が持っているため、発言の影響力が無視できない、ⓑアメリカは「台湾政府という異常な存在」――一つの島が国連では中国全土を代表している――を支えるために立場を悪くしており、中国はこれを最大限に活用してアジアにおけるアメリカの立場を切り崩していくことができる、ⓒ中国の核はアメリカの脅威に対抗するために必要不可欠なものであると宣伝することで、アジアの漠然とした反米感情に働きかけ、反米軍基地運動を高めることができる、からである。しかし、成功したとしても、これらの効果は限られたものである。

高坂は、中国の弱さと強さは表裏一体である、と指摘している。地理的に閉じ込められているため、国際政治に対して大きな力をふるうことができないが、同時に、中国も外国からの影響を受けにくい。経済発展がなかなかうまくいかないのは弱さだが、核兵器の非合理的な使用の宣伝にある程度の現実性を与えることにもなっている。大きな人口が経済発展を妨げているが、しかしその巨大な人口が不気味な存在感に繋がっている。こうした独自性が機能しているのが、日本に対してとっているような間接圧力戦略である、と。しかし、コミュニケーションと相互依存関係の増す世界で、各国に対するアメリカの影響力も増しており、中国の影響力が顕著なものになるとは考えられない。中国は、経済発展が遅く、また経済的統合の弱い状態で、封鎖国家とならざるをえないのである。「中国が完全に国際社会の中にはいり、盛んに相互交流を行なうことによって、国際政治のなかの大国になることは、私にはどうしても考えられない」。

中国の非合理な影響力

高坂は、中国の持つ力の意味を評価しつつ、しかしその限界をかなり強く認識している。限界のある分、危険性も限られたものとして捉えられていた。また中国の力は、何よりも日本とは対照的なものとして理解されていた。彼のこうした立論はこのとき限りのものではないが[20]、そこからさらに、日本にとってのその意味を再考することになったのが、同じく『アジアクォータリー』に掲載され、永井や若泉も参加したシンポジウム「七〇年代における中国」であった[21]。高坂は自分の問題提起の冒頭、「『七〇年代の日本にとり中国とは何か』ということは、人によって随分と違うだろうと思うのです。とくに私のような場合には中国を過小評価する傾向があります」と率直に述べたうえで、しかしどのような側面で考えるかの方が問題であると論じている。

①まず考えられるのが具体的な国家利益の側面だが、高坂は、当時の中国の限られた軍事力を脅威ではないとし、また、専門的な判断ではないことを断わりながらだが、日本にとって大きな市場でもないとしている。この限りで、「中国は日本にとってそれほど大きな意味をもっていない」。だが、そこにはさらに、三つの側面が残っていた。②次の側面は、例えば東南アジアなどで日本が何らかの意味で積極的な外交を行おうとするときに、中国との協力関係がなければ動きにくいということがあった。普通にはそれが難しいとき、戦前の「アジア主義」のような奇妙な形をとるのだと彼は批判的に指摘する。③三つめに挙げているのが、日中間の終戦処理が済んでいないことである。このことは、日本人に何らかの罪の意識をまだ与えており、本当に誇りを持ちえない原因になると同時に、日本の対中外交の弱みになっていた。④もう一つは、ソ連とは違う中国革命の独特さが、魅力なり懸念なりを生んでいるという側面である。

高坂によれば、①については同意が得られるようになってきたので構わないが、②③④の側面はますます強くなってくるという。②については、一九五〇〜六〇年代の日本は、中国の周辺を安定させて中国に働きかけるという間接戦略をとってきたが、東南アジアで混沌が続くのでうまくいかなかったため、これからは直接アプローチが問題になる。また、③と④は結びつき、豊かな現代工業文明への中国革命の反対（挑戦）表明に感じる魅力には、戦後処理が済んでいないという罪悪感が潜む、という図式にあるとしている。それは、外交政策のうえでは捉えがたいものだが、今後そういう性格はますます強まり、「一九七〇年代の後半になると、中国は大きな脅威でもないし、大きな市場でもないといっても、逆にどなり返されて、そんなことだけで外交政策を決めるのはとんでもないと怒られる」というような状況が出てくることを予想するのである。

実際、当時のある世論調査では、過半数の国民が、中華人民共和国との国交は早く正常化すべきであり、それは「同文同種で隣国」であるうえに大きな市場を逃してはならないからであり、そのためにはさしあたり貿易を増やすべきだと考えている、という結果が出ていた[22]。高坂は、それは「ことごとく間違った答え」であり、国民の多数が間違ってしまっていることこそが「大変な問題」なのだと指摘する。彼自身、④が正しいのかどうかは分からないが、「そういう何か、訳のわからない心理的な魅力を考えないと、中国が日本に対してもっておる非常に大きな影響力は説明つかないのじゃないか」と。

永井や若泉のような手法はとらなかった高坂だが、言うなれば、中華人民共和国の建国からも二〇年が過ぎ、ようやく外交史的な考察の素材が出てきたのだろう。高坂も危惧していた「中共革命の挑戦」は、このときには一部にその綻び、空回りぶりを露呈するようになっていたのである。ところが、そこで重要であったのは、それでもなお「中共革命の挑戦」を肯定し、それに応えようとする人間が日本国内に数多くいたことであった。この点では、視角の異なる永井や若泉も同様の見解に達していた。これは、高坂にとっても実際そうだと認めざるをえない事柄であったのであり、さりながら、どうしても理解に苦しむ現実なのであった。彼には、「アジア」や「同文同種」のような枠に意義があるとは、やはり考えられなかったのである。

米中接近と日中国交正常化

しかも、そこには戦後日本外交を規定する特異な戦略状況もあった。一九七〇年代初頭の米中接近という現実が、そのことを浮き彫りにする。それを受けた高坂は、米中接近の一つの目標は日本を軍事的に無力にし続けることにあるという見方に同意せざるをえなかった。[23]「アジアにおける安全保障体制は、日本が軍事的に無力であるという事実の上に作られているのであり、その逆ではない」。アメリカも中国も、経済的に発展した日本が、その力を軍事力に向け、国際政治に向けることを望まないだろう。

そのような状況下でなされたのが、一九七二年の日中国交正常化であった。これについては、一世代上の文芸批評家の福田恆存《ふくだつねあり》との対談で、激しい応酬がなされたことが有名である。[24]高坂は国交正常化の成果を擁護し、福田はこれを厳しく批判したのであった。

対談の冒頭、高坂は、「外交の常識に反することをやりながら、日中関係は結果的には落ちつくべき所に落ちついた」と述べる。日本側の行動は酷かった。①日本の新聞の中国報道は客観的な正しい報道ではなかったし、②財界も酷かったし、③野党は次々と中国に行き、日本政府を縛るような不利な条件を勝手に決めて帰ってきたし、④世論の一部にアジア主義的なムードがあり、日本と中国とが協同していくという、歴史的に見て危険なことを説いていたし、⑤しかも内閣は歴代、中国政策についてリーダーシップを発揮してこなかった。それにもかかわらず、中国側は条件の大半を取り下げ、結果は並みのところに落ち着いたのだと。

それに対して福田は、台湾（中華民国）を切り捨てたことほど悪いことはない、と強く批判する。高坂は、日華平和条約を不法とする解釈をとらなかったことに意義を見出したが、福田は、しかし条約は破棄するとしたではないか、専門家の形式論ではなく実質が重要だと反論。台湾切り捨ては大陸との復交が第一という大前提を認めてしまったから背に腹はかえられないということになったが、「その大前提がどこからきたかということがさっぱりわからない」。説明がどこにもないまま、新聞が復交急進ムードをつくってしまったのだと指摘している。それに対して高坂は、中華人民共和国の方が国際政治上重要になったことと、それとの間に国交が回復しなければ戦争状態が終了したとはいえず、日本人の心の中に劣等感や罪悪感が残ってしまう、と従来からの懸念を示した。それに対して、

福田 そうかなァ。

高坂 罪悪感のある人はわりといますよ。新聞とか雑誌とかみている限りでは、圧倒的多数ですよ。

福田 だから、それは新聞がこしらえたものですよ。第一、戦争して罪悪感なんか持つわけないじゃないですか。負けただけで結構ですよ。

高坂 それはみなさんがそうであれば、話はべつですけど、欽定解釈は違う。

福田 贖罪感を煽ったのは誰か、ていうんですよ。戦争は勝つか負けるかであって、その事後処理は講和条約でやればいいので、罪などいうものはないですよ。

その一方、高坂は、「中共革命の挑戦」に対する持論を展開した。すなわち、日中国交回復以後は、それを求める日本国内の強いムードが終わるから、中国から日本への政治工作は難しくなる。大義名分を失い、無茶な議論は通らなくなるため、ようやく正常な状況で日本外交について考えることができるのだと。それに対しても福田は、復交ムードに流されて、台湾切り捨てに批判的だった人々までこれをやむをえないと言い出しており、今後はますます中共政府の工作が容易になってしまうと反駁した。

対談の最後で福田が、日中国交正常化の評価は分かれるが、それだけでは済まないと心配している点では一致しているとまとめているように、両者の見解はあるところではあい通じ、あるところではあい容れなかった。福田は、日中関係の歴史の積み重ねと、戦後の冷戦構造の厳しさを重視すると共に、短期的な利害を過大評価することを批判しつつ、新聞にも見えた中共の政治工作を強く警戒した。それに対して高坂は、本稿のここまでの議論も踏まえると、日中関係の過去に拘泥する危険性と、経済の世界化（グローバリゼーション）などによる国際社会の複雑化を重視すると共に、日本外交の限界を意識しつつ、中共の政治工作はあっても日本人の側にそれを受けるだけの理由がなければ大丈夫だと捉えていたと言える。ただし、中共が日本に対して持つ影響力の大きさは、高坂にとって「訳のわからない」ものだったのだから、それは希望的観測でもあった。結局のところ、両者は、日本の国家意識が崩れていく危険性は共に抱いていたが、現状認識、国家意識が崩れる構造や仕掛けに対する理解で異なっていたのであった。

日中国交正常化以後、「中共革命の挑戦」のような中国からの顕著な危険は、少なくともしばらくの間、鳴りを潜めることになる。以降の中国は、高坂の存命中、相対的には常識的な普通の国となり、相対的には日本に対して強硬ではなく、相対的には軍事よりも経済での発展が目立つ国になっていったと言える。日中平和友好条約での「覇権条項」問題、改革開放、中ソ和解、天安門事件、中国の目覚ましい経済発展などありはしたが[25]、日本外交にとっては日米経済摩擦、新冷戦と冷戦の崩壊、「国際貢献」といった事柄の方が主要な問題であり、日本それ自体の危機との知的格闘を続けた高坂は、中国論を新たに展開するには至らなかった。

高坂の中国論は、「革命的情勢」として中国を捉えると共に、日本人の「アジア」への思いからははっきり距離をとる立場から始まって、やがてその「中共革命の挑戦」の危険性と、「戦争責任」を抱える日本の脆弱性を認識する方向へ進んだ。それは彼にとって、日本文明の基礎にもかかわる問題だったのである。これらの問題は日中国交正常化によって一応の区切りがつくはずであったが、彼の希望的観測とは異なり、そうはならなかった。「戦争責任」は世代交代と共に「歴史認識」の問題へと移行していく。しかし、この問題が本格化するのは高坂逝去の後のこととなった。中国経済の拡大についても同様である。

最後にもう一つのもの、すなわち高坂が、「中国との同一性ではなく、それとの相違に目ざめ、東洋でも西洋でもない立場に生きる」姿として描いた「海洋国家日本」像について付言しておきたい。中国人研究家の中では、二十一世紀に入って、高坂の海洋国家論が日本で広く受け容れられていることをとりあげ、中国との間に溝をつくるものであると厳しく批判する論がある。[26]しかし、グローバリゼーション下、日本以外のさまざまな非西洋国家でも、近代的生活や豊かさが享受されるようになった。日本の「アジア」との関わりも、「アジア」の「アジア」との関わりも変わっていっている今日、「海洋国家日本」の意義はむしろ再評価できるのではないだろうか。

（もりた・よしひこ　大阪観光大学教授）

注

1　高坂正堯「アジア・太平洋の安全保障」『高坂正堯外交評論集　日本の針路と歴史の教訓』中央公論社、一九九六年、四二三頁。

2　戦後日本の中国論の全体像については、馬場公彦の労作『戦後日本人の中国像　日本敗戦から文化大革命・日中復交まで』新曜社、二〇一〇年や、同『現代日本人の中国像　日中国交正常化から天安門事件・天皇訪中まで』新曜社、二〇一四年が参考になる。

3　麻田貞雄氏へのインタヴュー。

4　高坂正堯「アメリカの対中国政策　その過去と将来」『国際政治』第一三号、一九六〇年、同「中国国民党革命とアメリカの政策　ケロッグ声明の発展過程とその意味」『法学論叢』第七三巻第四号、第七四巻第一号、一九六三年。

5　高坂正堯ほか「一九六二年冷戦の危機はどう動く　日本の国際的位置を海外からみる」『国防』第

一〇巻第五号、一九六二年。
6 高坂正尭「現実主義者の平和論」『中央公論』第七八巻第一号、一九六三年（『著作集』第一巻）。
7 高坂正尭「中国問題とはなにか」『自由』第六巻第四号、一九六四年（『著作集』第一巻）。ただし、この題名自体は高坂がつけたものではない（高坂正尭「あとがき」『海洋国家日本の構想』中央公論社、一九六五年）。
8 高坂正尭「海洋国家日本の構想」『中央公論』第七九巻第九号、一九六四年（『著作集』第一巻）。
9 馬場『戦後日本人の中国像』二二三頁。
10 粕谷によれば、この論文は高坂の方から書きたいと提案してきたものだという。粕谷一希『作家が死ぬと時代が変わる』日本経済新聞社、二〇〇六年、一三〇頁。
11 高坂正尭「海洋国家論」（草稿）。
12 高坂正尭「日本の宿命を見つめた眼」『現代史の中で考える』新潮社、一九九七年、二〇四～二〇八頁。
13 和辻哲郎「風土」『和辻哲郎全集』第八巻、岩波書店、一九六二年、第三章。
14 高坂正尭「核時代における安保体制」『国防』第一四巻第一号、一九六五年。
15 高坂正尭「現在の世界と十年後の世界」『信濃教育』第九六一号、一九六六年。
16 高坂正尭「安全保障における心理的要因」「アジアの安定について」『アジア平和国際会議関係資料・論文集』読売新聞社、一九六七年。
17 永井陽之助「米国の戦争観と毛沢東の挑戦」『中央公論』第八〇巻第六号、一九六五年、同「核時代における国家と革命」『中央公論』第八三巻第一号、一九六八年。
18 森田吉彦『評伝若泉敬　愛国の密使』文藝春秋、二〇一一年、第四章。
19 高坂正尭「中国外交の現在と将来」『アジアクォータリー』第一巻第一号、一九六九年。
20 例えば、高坂正尭「超大国とアジアの国際政治――アジア権力政治の構造」『アジアクォータリ

ー』第二巻第三号、一九七〇年（『著作集』第一巻）。

21　アジア調査会中国研究委員会・第二回箱根シンポジウム（参加者・高坂正堯ほか）「七〇年代における中国」『アジアクォータリー』第二巻第四号、一九七〇年。

22　同右、八〇～八一頁。

23　高坂正堯「新外交時代の構想」『諸君！』第三巻第十二号、一九七一年（『著作集』第一巻）。

24　高坂正堯、福田恆存「条約が破られるとき」『諸君！』第四巻第十二号、一九七二年。

25　これらについての高坂の見解は、例えば下記を参照。高坂正堯『外交感覚　同時代史的考察』中央公論社、一九八五年、四二～四五、五七～六三、一一三～一一五頁、同『時代の終わりのとき　続・外交感覚』中央公論社、一九九〇年、一八～二〇、一七七～一八〇、二〇六～二一一頁、同『長い始まりの時代　外交感覚・3』中央公論社、一九九五年、一五一～一五三、二一六～二一八頁。

26　周偉嘉「評海洋日本論政治化思潮的特徴及其要害」蔣立峰主編『当代日本社会思潮』北京：世界知識出版社、二〇〇一年。

第五章　高坂正堯のアメリカ観——その「多様性」と「復元力」に魅せられて

簑原俊洋

はじめに——高坂とアメリカとの接点

高坂正堯のアメリカに対する関心の深さは、静岡文化芸術大学図書館の高坂文庫に所蔵されている膨大な数の蔵書を見渡せば一目瞭然となろう。そこに並べられているのは、数多くのアメリカ関連の書物であり、ヨーロッパ政治外交史、そのなかでもとくにイギリス政治外交史に強い関心があったとされる高坂の一般的なイメージとは異なる研究者の姿が垣間見えてくるのである。

現実主義者の高坂は、戦後世界におけるアメリカの役割は軽視できないというリアリズムを有していたがゆえに、アメリカに対する造詣を深めようと同国についての文献を渉猟したのであろう。むろん、高坂は、自己の知的アイデンティティをヨーロッパに根づかせていたものの、そもそも彼のアメリカに対する見方が通常の日本の知識人や学者と違ったのは、こうしたヨーロッパというレンズを介してアメリカを観察していたからである。今日でも最も優れたアメリカ観察者《ウォッチャー》として讃えられるヨーロッパの大家たち――トクヴィル、ブライス、チャーンウッド、サンタヤナ[1]――も皆そうであったように、高坂もまた、ヨーロッパを通す形でアメリカを考察したため、ある種の複眼性を持つことができ、それによって彼の視界からはより鮮明にアメリカが浮き上がって見えたのではなかろうか。

一般的な日本の知識人から見たアメリカ像というのは、そびえ立つ巨大な存在がまずあり、いかにしてその大国とうまくつき合っていくか、あるいはそれを嫌うかという二者択一となってしまう傾向が強い。逆に高坂は、早い時期からヨーロッパ人が書いたアメリカ論を熟読し、同国を理解するうえでの羅針盤として用いた。こうした意識を若い時から養っていたことにより、重層的に見るローマ以来の帝国としてのアメリカ、さらには原則に固執しつつ復元力があるアメリカという視点をヨーロッパ史の中に位置づけることによって、彼は初めて知米派の見識を形成することが可能となったのである。こうした立ち位置《スタンス》というのは、同世代の多くの日本の知識人や研究者の中では極めて特異であったといえよう。ならば、高坂のアメリカ観を理解する出発点としては、文献以外で彼がアメリカとどのような接点があったかについて、まず検討しなければならない。

太平洋戦争終結時に高坂は十一歳であったが、この歳であれば、敗戦の事実を十分認識していたと考えてもさして無理はない。当然、対米戦争は高坂の思考に少なからず影響を与えたであろうし、それ以上に間違いなく大きな影響を与えたのが、七年間にも及んだ占領下での常態化したアメリカの存在《プレゼンス》であった。父の高坂正顕が進駐軍によってパージされたことも重なり、占領期はさらに強烈な原体験となったと考えられる。しかし米軍による占領は、東京で体験する〈占領〉と京都で体験する〈占領〉とでは、全く異次元の体験であったのは否めない。戦時下において、空襲の戦禍に晒されず、比較的平穏を維持できた京都を肌で感じ取っていた高坂であったからこそ、その後の彼の対米観は観念的な要素を欠いたのかもしれない。

ここまでは間接的なアメリカという存在でしかないが、直接的かつ最大の影響となったのは、一九六〇年九月から二年間のハーバード大学への留学である。この時の留学体験について触れた高坂の記述にはどこか躍動感があり、彼がアメリカで見聞きしたあらゆる体験の高揚感が、まるでそのまま筆に乗り移ったかのようである。これほどまでに力強く、かつ勢いが感じられる高坂の文書は、留学を通して思う存分アメリカの文化を吸収した証左となろう。しかし、だからといって高坂は決してアメリカ贔屓とはならず、終始冷静にアメリカを観察した。それはアメリカの町は汚れているとか、地下鉄も椅子のペンキが剝《は》がれているとか、さらには食事がまずいとかといったような些細な観察にも表れている。思ったこと、感じたことを躊躇なく自由に綴りつつも、アメリカの持つ凄さはこうした問題点をはるかに超越したところにあると高坂は直感的に認識していたからこそ、彼のアメリカ観というのは本質を的確に射抜いた優れたものとなった。[2]

以上を踏まえ、本章では、戦後日本を代表する保守の論客の国際政治学者であった高坂正堯がいかにしてアメリカという大国を認識し、また理解していたのかを、彼が書き残した著作を繙《ひもと》きながら考察する。さらに、この過程を通じて、高坂の〈アメリカ観〉なるものが最終的に何であったのかについても検討し、彼がアメリカのどこにとりわけ魅せられたのかについて光を当てたい。

アメリカ文学から見た高坂の対米観

国際政治学者というイメージが強い高坂であるが、彼はアメリカ文学にも大きな関心を持っており、その中でもとくに好んで読んだのが二人のノーベル文学賞受賞者、フォークナー（William C. Faulkner）とスタインベック（John E. Steinbeck）であった。フォークナーについては、アメリカ南部の苦悩、そして南北戦争（一八六一〜六五年）の敗者から見たアメリカの歴史と、主流から外れたアメリカ像を映し出すと回想しているが、実際、高坂は南北戦争について随筆の中で度々言及しており、これ自体が彼のアメリカに対する関心の深さを示す。

他方、スタインベックの『怒りの葡萄（*The Grapes of Wrath*）』を読んだ高坂は、大きな衝撃を受けた。一九二九年の大恐慌によってアメリカの中西部では、貧困にあえぐ多くの農家が泣く泣く土地を手放し――いわゆる「ダストボウル」――、苦難に満ちた道のりを乗り越えながらカリフォルニアなどの西部諸州への大移住を通じて、アメリカ人のたくましさが感じとれたと回想している。[3]

フォークナーの小説はその難解さで知られているが、高坂はこうしたアメリカ文学を読み、南北戦争や大恐慌といったアメリカに襲いかかった国家規模の災難を悉《つぶさ》に考察することにより、アメリカの本質を摑もうとした。当時の一般的なアメリカ研究者、あるいは政治研究者はフォークナーやスタインベックなどを教養として読むことはあっても、アメリカ社会についての重層的な知識を得るための本としては読むことはまずなかったであろう。このようなところが高坂のユニークさを端的に示している。くわえて、高坂は日頃からヨーロッパ外交史の観点よりアメリカを眺めていたため、アメリカ人やアメリカ文明というものに対する彼の捉え方には、常にどこかヨーロッパ的なところがあった。それがアメリカの小説を読む際、彼に独特なレンズを提供した可能性がある。

ところで、フォークナーとスタインベック以外に高坂が好んだアメリカ文学の代表作としては、フィッツジェラルド（Francis Scott Key Fitzgerald）の『偉大なるギャツビー（*The Great Gatsby*）』があるが、高坂は、同書を通して異常な繁栄の時代となったアメリカの一九二〇年代についてのイメージを把握することができた。ギャツビーは最終的に大恐慌によって破滅するが、同様に一九三〇年代のアメリカは一気に内向きになり、前に続いた時代と打って変わって暗い時代が到来する。この一九三〇年代について高坂は、ブロック経済の愚かさについて述べながら、こうした混沌とした世界との関与を断つ政策がアメリカをさらに悪い方向へと転換させ、南北戦争後の孤立主義時代と比較しても、この時代のアメリカの行動がもたらした弊害はさらに甚大であったと結論づけている。世界の警察官として国際政治に介入するアメリカに対して反米感情が強かった一九六〇年代において、こうした評価を可能にするのが高坂の洞察力の凄さである。むろん、高坂はアメリカが世界に関与し過ぎる場合の弊害についても言及しており、バランス感覚の優れた学者であるのが見て取れよう。

日米関係の考察

次いで、高坂は日本とアメリカの二国間関係ついてはどのように考えていたのであろうか。日米関係を真正面から扱った書物は、『日米・戦後史のドラマ』や『不思議の日米関係史』などによって代表される。冊数として決して多くはないが、いずれも鋭い観察力を持って両国の関係を検証している。[4]

前者の文献では、前書きに日米関係の性質を総括している箇所があり、「日米関係はまことに多面的である。経済は言うまでもなく、文化やスポーツも、政治・外交に負けない重要性を持っている」と評したうえで、その背景には「国際関係を人間と人間の関係として見るアメリカ人の哲学」があると説明している。[5] さらに、「日米関係の歴史は、教科書的な外交史として扱うときには、どうしてもさえない話になるのだが、そこにヒューマン・タッチを加えると、話も面白くなるし、意義づけができる」と、両国関係を考察する上で人間的要素が鍵であると述べている。その理由は、「日米両国がよく似ていて、しかもひどく異なる点にある」と高坂は言う。[6] このように、日米関係は総合的なものとして捉えなければ何も見えてこないとする高坂の指摘は、核心を衝くものである。

他方、一般向けの歴史雑誌である『歴史街道』上の連載が遺稿として一冊にまとめられた『不思議の日米関係史』では、多くのアメリカ人を登場させながら、他方で捕鯨や技術革新の重要性についても触れている。同書には、日米関係の大きな転換点となったのはフロンティアの終焉よりも、アメリカの一八四〇年代の西進であったという記述があるが、これは大きな歴史の流れの中から的確に物事の本質を捉えている。[7]

とはいえ、同書は決して日米関係を美化せず、排日運動など両国関係における負の歴史――「排日移民運動ほど、日米関係史のなかで不可解でいやな物語はない」[8]――についてもかなりの頁を割いている。なお、この排日運動の集大成となったのが一九二四年の排日移民法だが、同法についての考察では、アメリカへの日本人移民が禁止されたことにより、日本の知的世界がアメリカを嫌うようになったと正鵠を射た分析をしている。さらに高坂によれば、これによって、アメリカへの留学を希望する日本国内の動きはぐっと弱くなり、逆にヨーロッパ（とくにドイツ）へ留学する流れが強くなり、その流れが戦後日本にも影響を及ぼしたという。つまり、戦後の左翼の宣伝《プロパガンダ》に対して、日本の知的世界が極めて無防備となり、左翼思想が浸透したのは排日移民法成立以後、アメリカを研究する一流の知識人が日本からいなくなったためだとする見解は、戦前の日米関係が破綻した一因を見事に捉えている。

これら日米関係に関する著作を読み解きながらひしひしと伝わるのは、高坂のイギリスに対する強い情熱である。大英帝国を築いたイギリスが徐々に衰退していく過程に何らかの壮大なドラマとロマンを感じたのか、政治外交史家の高坂はローマやベネチアにも同様に惹き付けられるものがあった。むろん、偉大な過去を持つ文明なり都市に対するノスタルジーも存在したのかもしれないが、それは彼がアメリカから感じ取った魅力とは根本的に異質なものだった。究極のところ、国家の成り立ちと規模からしてもアメリカは日本の模範とはなり得ず、イギリスが歩んだ道からの方が日本ははるかに多くの教訓を学べると高坂は考えたからこそ、同国に対しては終生の愛着があったのである。

なお、この『不思議の日米関係史』の中で「多様性」という言葉が頻繁に用いられている点を看過してはならない。高坂曰く、「アメリカの日本への態度には、ペリー（Matthew Calbraith Perry）的なものとハリス（Townsend Harris）的なものが入り混じっている。そこにアメリカの多様性と力があるだけでなく、日本の問題点もあるように思われる」という。[9]

同様に興味深いのが、強引に日本を開国したペリーが、近代化に乗り遅れないための時間を日本に与えたとする高坂の見解である。これ以外にも、当時の海軍の実態についてもかなり踏み込んだ考察がなされ、海軍技術のパラダイムシフトが起きた同時期に日本が開国したことにより、日本はさほど大きく立ち後れることはなかったと指摘している。つまり、もっと後になってからの開国であったならば、西洋列強に追いつくのは至難を極めたであろうという理解であり、こうした思いがあるからこそ、ペリーが日本を無理矢理にこじあけたことを肯定している。ペリーによる開国を「砲艦外交」として非難する歴史学者が多数を占めるなか、こうした解釈は異彩を放つ。

ところで、『不思議の日米関係史』は高坂のアメリカに対する深い造詣が読み取れる一書でもある。たとえば、クリーヴランド（Grover Cleveland）大統領がハワイ領有に反対したことについて触れながら、「アメリカは領土を拡大し帝国を建設することには感情的に賛成するというところはなく、根強い反帝国主義的勢力も存在した」と冷静に分析している。[10] これとは対照的に、日露戦争後、帝国主義に邁進する日本に対しては、リアリズムとリーダーシップを失っていたと痛烈に批判し、手厳しい。

その高坂も、原則論に固執しすぎて柔軟性を欠くアメリカについては容赦なく批判的だったが、その中で印象深いのはアメリカを代表するリアリストのケナン（George F. Kennan）に対する反《はん》駁《ばく》である。ケナンは名著『アメリカ外交50年』の中で、アメリカが国内的要因を重視し、さらに原則によって外交を縛るところを非難しているが、これに対して高坂は、ある意味でケナンはアメリカを分かっていなかったと言い切る。[11] すなわち、国内的要因と原則を大事にする国家こそがアメリカであり、そうした部分を同国が切り離せるはずがないと考えたのである。つまり、アメリカが原則と理念を捨てれば、アメリカはもはやアメリカでなくなるという見解だ。

高坂の代表的な作品である『海洋国家日本の構想』は主に日本について書かれているものだが、その中にはアメリカに対する鋭い観察も含まれている。すなわち、「二〇世紀のアメリカ史におけるもっとも一貫した流れは、太平洋における海軍力の発展」であり、それは「大西洋においてはイギリスと協力し、太平洋を支配しようとした……（中略）そこには民主主義の理想が作用し、キリスト教の布教の情熱が加わった」といった考察がなされている。[12]

しかし、アメリカに対してすべてを肯定できるほどの強い思い入れがあるかと思えば、決してそのようなことはなく、時には厳しい批判も展開している。たとえば、防衛・外交をアメリカに依存する経済的合理主義が対米従属という問題をつくり出しているといった指摘だ。むろん、この文章の矛先は、当時の日本が安全保障について真剣に議論しないことを憂え、自衛隊のあり方も含めて、軍事力に対してきちんと向き合えない国家ほど危険な国はないとの持論から、実は日本に向けられている。こうした文脈からは、自国の防衛をもっぱらアメリカに依存する日本の歪んだ姿勢が生み出すかもしれない日米関係への将来的な悪影響を危惧する高坂の思慮が読み取れよう。

現在の東アジアの国際政治情勢と照らし合わせて、とくに先見の明が感じられるのは、中国の台頭によって、防衛・外交をアメリカに頼るといった戦後日本の安全保障政策の根幹が壊れ始めるという指摘である。これはまさに現在の尖閣諸島をめぐる日中両国の攻防につながるものであり、大国中国の出現が国防の観点から日米関係の性質を大きく変容させるであろうという予言は高坂がきわめて正確に将来の国際情勢を読んでいた証左である。

上述の『海洋国家日本の構想』の中には、「核の挑戦と日本」というエッセイが収録されているが、ここにケネディ（John F. Kennedy）についての興味深い記述がある。それは、「国民の知的能力を生かすことの重要性を認め」た同大統領がアメリカの伝統に則して安全保障と外交政策のブレーンとして大学教授を重視し、活用しているという指摘である。[13] その他にも、シンクタンクがアメリカ社会において果たす役割に関する言及もあり、こうした慣例と組織がアメリカを支えているとして肯定的な評価を与えている。知的世界と実務世界とでは相互に距離があるのが望ましいと考えられていた当時の日本において、アメリカの強みの淵源を認識し、日本も見習うようにと提言するところがいかにも高坂らしい。

アメリカのダイコトミー――正負の側面

ハーバード大学留学後に上梓した『世界地図の中で考える』（一九六八年）の第二部に「パックス・アメリカーナ」と題したエッセイが所収されているが、この冒頭で高坂は、アメリカは「二〇世紀後半の世界において、他の諸国を断然圧する勢力となっている」と述べている。[14] つまり、十九世紀の最盛期のイギリス帝国を規模の面から上回り、ローマ帝国に匹敵するようになったアメリカの圧倒的なパワーを素直に認めつつ、その力の実態について、冷静な分析だ。

その過程で次のようなくだりがある――「アメリカはちょっと見ると大した国ではないように思われる……（中略）だが、アメリカ社会に一年近く住むと、アメリカの圧力が次第に感じられるようになる。アメリカの社会がどっしりした基礎の上に立った安定したものであることが判ってくる」。[15] 当時、ベトナム戦争のさなか、アメリカに対して嫌悪感を抱いている日本人が多い中で、主流を占めていた感情論に一切流されず、アメリカ社会から敏感に感じ取った印象をありのままに書くところに高坂の学問的純粋さがある。

同書には、アメリカの良さが最も分かる場所は大学であるとの指摘がある。すなわち、大学生活には落ちつきがあり、かつアメリカの学生はきわめて優秀で、さらには教授陣もまじめに働いていると褒めている。いい加減な講義をする当時の日本の大学教員との比較なのか否かは定かではないが、アメリカの教授は雑用から解放され、無用な会議がないと半分羨ましそうな回想もある。そして、こうした「余裕がある社会」を称賛し、当時日本で盛りあがっていた反米感情をよそに、アメリカに対する批判はほとんど見当たらないのである。

くわえて、「社会の安定した進歩への深い信頼」があるアメリカ人は、基本的にポジティビストであると分析している。一方の日本については、現在しか見ようとしないと、その先見性の弱さを批判している。アメリカの将来に対する楽観主義に対しても、それはアメリカの強さの一因であるとして理解し、さらには精神論に傾注しないアメリカは『物量』を作り出すことができる文明である」と評価している。[16] この物量というのは物質であり、物質主義はよくないという日本人は多いが、それは間違った考え方であるという高坂の指摘は鋭い。彼からすれば、物を大量に作れること自体が立派なのである。

なお、高坂は合理主義的なアメリカの科学的管理法についても感銘を受け、たとえば、マクナマラ（Robert S. McNamara）国防長官がとくに重視した費用対効果比を指導原則とすることに対する有効性について言及している。その言葉こそ用いてはいないが、それはすなわち〈イノベーション〉に対する合理主義であり、アメリカは新しいアイディアに飛びつき、商品化に成功する力を持っていると述べ、まるでその後のマイクロソフト、アップル、あるいはグーグルなどの台頭を予見するかのようなことを書いている。[17] 高坂によれば、こうした新たな物を産み出そうとする精神がアメリカの国力の源泉なのである。

アメリカの負の側面

高坂はバランス感覚の優れた学者であり、決して感情移入せずに是々非々でアメリカを分析した。その中で高坂がアメリカの〈非〉として最も痛烈に非難したのが、ベトナム戦争である。高坂からすれば、同戦争は「ほとんどすべての悲劇がそうであるように、無知と情熱のもたらした」ものであった。[18] しかし、当時の日本の国内世論は反米が席巻していたため、自らの文章の言葉尻だけを捉えられたくないという思いがあってか、同じくだりでアメリカの全否定もよくないと諭している。すなわち、高坂の考えではベトナム戦争に至ったのは「アメリカの原理そのものが悪いということを決して意味しているわけではない」のである。[19] とはいえ、高坂がとりわけ気になったアメリカの問題点は、同国が最も優秀であるという傲慢な態度にあった。たとえば民主主義であれば、アメリカの民主主義のみが良いという考えは浅はかであり、こうした「道徳的十字軍」の部分をもつアメリカを高坂はとりわけ忌避した。

都市部を中心とする現代アメリカの苦悩についての深い考察が行われている『文明が衰亡するとき』の第三部でもアメリカの負の側面を取り上げている。一九七〇年代、治安が最悪で、アメリカの主要都市が荒廃していた頃の同国に関する叙述の中で注意を引くのは、都市からその国の性質のようなものが見えてくるという指摘である。都市というのはその国の秩序観と政治、経済、文化のシステムを代表すると高坂は述べ、それゆえすべて東京に一極集中させた日本を批判している。しかし、それでも日本はアメリカのようにスラム化はしておらず、急激な郊外化（rapid urbanization）がアメリカ人の住みかの魅力を減じさせ、これによって、アメリカ社会はとても危険になり、その結果として、アメリカのシステムは失敗し、その秩序観が適切な指針を与えなかったと手厳しい[20]。

しかし、いかにも高坂らしいのは、このように批判したあと、都市の荒廃はアメリカの反都市精神がもたらしたものであると冷静に分析している点にある。くわえて、諸機構間の均衡と抑制、アメリカ人の公民精神は非常に健全であり、パブリックのために私的利益を犠牲にするアメリカ人の行動原理というのは非常に立派であり、そもそも郊外化を可能とした背景には、豊かな経済と技術力があった事実を失念してはいけないと指摘している。つまり、都市部に居住していないと何かにつけて不便な日本とは違い、アメリカは道路が整備され、インフラも整っているため、郊外にいても全く不便は感じられず、それを可能とするのは「啓蒙主義的楽観論」であり、これこそが成熟した社会の証だと結論づけている。

高坂自身も、アメリカの都市の負の側面について焦点を当てつつも啓蒙主義的楽観論を持っていたためか、『文明が衰亡するとき』の後半部分において彼のアメリカ評はさらにポジティブになり、「多様な価値を認める時にこそ成熟の兆候がある」として、アメリカを讃えている。さらに、アメリカは挫折から知恵を得る国であり、それができる国こそが真の成熟した国であり、アメリカはこのように成熟しているがために今抱えている問題を乗り越える力を十分に有しているという前向きな考察は、いかにも高坂らしい。

他方、高坂は、古典外交なきアメリカに対するフラストレーションも同時に感じていた。そのため、『変貌する現代世界』（一九七三年）の第三部を加筆・修正して出版された冷戦終焉間近の作品となる『現代の国際政治』では、高坂は二十世紀を振り返り、「なんと言っても『アメリカの世紀』」だったと述べつつも、同世紀にアメリカが世界に与えたものは恩恵と困難が混ざり合ったものであると評価している。[21] 高坂の言葉を直接用いれば、それはまさしく「厄介なアメリカ」と「非常に親切なアメリカ」の二面性《ダイコトミー》の存在に起因する。また、同書の別の箇所で高坂は「孤立主義」と「道徳的十字軍」の双方の性質を持ち合わせているのがアメリカだと断言しているが、この「道徳的十字軍」がまさしく自らの価値観を押しつける非常にお節介なアメリカであり、好ましくないアメリカの一面であると酷評している。[22] しかしながら、第二次世界大戦後、普遍主義に走ったアメリカだったとはいえ、それはソ連のような普遍主義とは違い、「調和の理論が礎」となっていた点を看過してはならないとも高坂はつけ加えている。

クリントン大統領の時代のアメリカ

高坂のアメリカに対する評価がより一段と厳しくなるのは、一九九〇年代に入ってからである。この時代のアメリカに対しては、かなりの部分を否定的に捉えており、今までの高坂のアメリカ観とは一線を明白に画している。むろん、高坂はこうした嫌なアメリカの時代がいつまでも継続するとは思ってはおらず、復元力のある国だからこそいずれは良い方向に回帰すると考えつつも、現状が芳しくないゆえ、アメリカに対して厳しい言葉を向けてゆく。当然、推測の域を出ないが、高坂はこの時期から体調を崩していたため、ある種の焦りのようなものもあったのかもしれない。

こうした思いが『時代の終わりのとき』に収録されているエッセイから読み取れよう。本書はサントリー文化財団が主催した国際会議でのペーパー、および『東京新聞』上での連載が底本となっているため、それぞれの紙幅はさほど多いものではない。しかし、この中で最後の方に収録されている「パナマ進攻に見る多少の危険」は、前半部分こそアメリカとの関係はさほどないものの、〈内政不介入〉に対する高坂の考えは如実に表われている。つまり、「内政不介入の原則は、このように抽象的ではなく、現実的な正義の考慮に根ざしているから、例外がないわけではない。きわめて慎重な国でも内政介入は行って来た。（中略）だから、私はアメリカの〔パナマへの〕介入を論難するつもりはない」と書いているのである。[23] 当時、パナマ進攻に関してアメリカは国際法を一方的に踏みにじっているといった厳しい論調が多かったなか、こうした安易な批判には一切与《くみ》していない。

その一方で、アメリカが「介入に際して自信満々であり、疑念を持たなかったことが気になる」と、通常とは異なる視点からアメリカの行動に首を傾げ、「アメリカの力となすべきことの限界の認識がない」、あるいは、アメリカは「十字軍に熱中し満足している。そこに、現代世界にとっての大きな危険がある」と、自信過剰になったアメリカに対して警鐘を鳴らした。[24]

その他にも、冷戦後に上梓された『日本存亡のとき』では、なぜアメリカはソ連との競争に勝利したのかについて、かなりの頁を割いて検証している。そして、その結論として、結局アメリカが「多様」なものを含むことができる存在だったからであるとアメリカを評価すると共に、冷戦での勝者は自ずと決定づけられていたと締めくくっている。

また同書の別の箇所では、「アメリカは独特な帝国であった。(中略) パックス・アメリカーナは非の打ちどころのない相互依存体制ではなかった」と評しつつも、やはり国際社会においては「力あるものがリーダーシップをとる」のが当然であると述べ、「アメリカは帝国であったかもしれないが、それは構成国の自主性を尊重し、多様性を含みうるものであった。そこに最大の美点があった。そのために競争があり、進歩を生んだ」と、理解を示しているのである。[25] 高坂から見れば、結局のところは、アメリカは二十世紀の「世界政治に最も適合する体制」を有していたのである。

晩年の対米観——アメリカへの警鐘

晩年の高坂を代表する著作の一つが一九九五年に刊行された『平和と危機の構造——ポスト冷戦の国際政治』である。こちらはNHK人間大学の講義ノートが底本となっているが、その中の第八章にアメリカの衰亡論についての記述がある。ここでも非常に鋭い洞察力をもって、世間で騒がれているアメリカの衰退という結論の部分だけに注目するのは正しくないと指摘している。「衰亡論はアメリカ人自身によるものが多く、彼らの意図するところは診断よりも警告だと思われる」として、衰亡論を唱えている有識者の多くがアメリカ人なのに鑑み、「何事につけても、にぎやかに議論するのがアメリカ的というもの」だから、アメリカ国内を対象とした論調に対して日本人がまともに受け止めては判断を誤ってしまうと注意を喚起している。[26]

また、ここではアメリカの多面性についての言及があり、「アメリカは文明の明るい面と暗い面が、共に極端な形で存在する国」であるから、「全体としての判断がひどく難しい存在」だとして、アメリカについて結論を導き出すのは容易ではないと述べている。つまり、アメリカはなかなか摑みどころがないものの、これ自体がアメリカの魅力の一つであり、高坂にとっては、そうした「アメリカが現代文明を代表する存在」だったのである。[27] 高坂の考えでは、衰亡を防げるかは、その文明あるいは国が、あるいは集団が、集団として決定し、それによって「未来を切り拓く能力を再興できるか」にかかっている。こうした指標でアメリカを考察すると、高坂はアメリカに対してはどこか楽観視でき、都市が荒廃したどん底のアメリカであっても同国は必ず再生すると予言できたのである。

こうした対米観は『フォーサイト』に連載された記事、および新潮社の社内勉強会での報告がまとめられた『世界史の中から考える』および『現代史の中で考える』の文中からも読み取れる。前者からは高坂の戦争論がうかがえ、後者からはアメリカ像がくっきりと浮き上がってくる。[28] 高坂は、アメリカは「平和主義・孤立主義」、そして「厄介な原則主義がアメリカ社会の特質の一つ」だと述べながら、「アメリカの平和主義が妙な形で遷《うつ》ったのが日本の平和主義だと言えないこともない」と、興味深い観察をしている。さらに、原則主義は悪いと判断する日本人は多いが、原則主義にはメリットもあり、それがアメリカの対外行動の歯止めにもなっていると指摘している。つまり、アメリカは「ものすごく大きな目標をあげないと、軍事力は使えない」という事実を掲げ、「アメリカは、みずから戦争ができない国」であるとする指摘は的を射ている。

なお、『世界史の中から考える』では、高坂のアメリカでの個人的な体験についての言及もあり、ちょうど真珠湾攻撃から五〇周年を迎えた記念日に、同地で自分は何を言われるのだろうかと一応考えてみたエピソードが紹介されている。だが、終わってみたら何も起こらず、「アメリカは過去のことを取り上げて他人を責めるなどケチな国ではない」と回想している。また、別の原体験として、陰謀論と関連させて真珠湾の頃になるとアメリカでは真珠湾関連の本がたくさん出版され、そのなかには「自国にとって不利でも真実を明らかにしようとする人たちがアメリカには存在する」と、アメリカ人の懐の広さを讃えている。[29] 他方、「残念ながら、日本ではちょっと考えられない」とした上で、その根底にはアメリカの〈偉大さ〉があるとし、こうした「アメリカの美徳を認める矜持をわれわれは持たなくてはならない」と日本の読者に対しても訴えている。

外交を知らない大国

『高坂正堯外交評論集――日本の進路と歴史の教訓』に収録されている「『外交を知らない』二つの大国」と題された『アスティオン』の記事を読めば、高坂の対米観においてある変化に気づく。前述したように、高坂は同盟漂流の時代だった一九九〇年代前半のアメリカについては批判的であり、とりわけクリントン大統領についてはほとんど肯定的な評価をしていない。実際、ソマリアへの介入の考察では、「アメリカは外国という環境を変え得ると思い過ぎるところがある」と、酷評している。さらに、アメリカのアジアへの関与についても「外交の伝統のないアメリカ」と批判的である。[30] つまり、アメリカはアジアの事情を考慮しながら安定的な形をもってアジアに関わる能力が十分備わってはいないとの指摘なのだが、これは現在のリバランスを唱えるオバマ大統領のアジア政策に対しても言えることかもしれない。

しかし、高坂は日本に対してはさらにきつい言葉を向ける。この時代、アメリカとは逆に、日本は国際環境を変えることに無関心だったか、あるいは環境を変える能力をそもそも有していなかったと断言している。つまり、日本は「対応型外交」の典型で、反射的にしか外交を展開できないとなかなか手厳しい。高坂によれば、「大国という意識を日本は欠落」しているがゆえ、能動的に外交が展開できないのである。なお、この評論集に収められている最後のエッセイでは、「日本もアメリカも『宿題』をやれ」と双方に説教している。[31] 日米関係は悪化したといえども基本的には親密であると指摘し、さらに「交流の増大は利益の共通性を生むという考え方は基本的に正しい」と述べつつも、それは時として摩擦をもたらし得ると注意を促している。

こうした言葉の後にあったのは日米貿易摩擦であり、とくにこの時期はアメリカが日本を世界貿易機関（WTO）に提訴するか否かで日米は火花を散らしていた。それを踏まえ、高坂は日本人のアメリカ人に対する「内心の反感」を咎《とが》めつつ、アメリカにおけるリーダーシップの質の低下を嘆いたのである。高坂は貿易摩擦交渉について「〝野蛮な〟アメリカ」と「〝ぶらかす〟日本」と、相互利益をうまく調整できない両国に対する苛立ちを顕《あらわ》にしている。[32]

おわりに――高坂正堯のアメリカ観とは何であったか

では、ここまでの考察から、高坂のアメリカ観についてどのような結論を導き出すことができるのか。まず躊躇なく言えるのは、リアリストの高坂は深い洞察力に根づいた対米認識を保持しており、彼のアメリカ観はこうした現実主義を常に礎にしていたという事実である。しかし、通常のリアリストならば悲観主義が思想の底流にあるものの、高坂はこの点については一般的なリアリズムとは一線を画し、アメリカに対してはどこか希望を持ちつつ楽観的に見据えていた。むろん、本章で考察してきたように、アメリカに対する言説は時として厳しさを増すこともあったが、そうした場合でも必ず根底にあったのは、アメリカの多様性と復元力に対する大きな期待と尊敬の思いであった。すなわち、高坂からすれば、〈ダメ〉なアメリカの時であってもさほど悲観する必要はなく、いずれ良い方向へと必ず回帰する復元力をアメリカは持ち合わせているとの固い信念を保持していたのである。

こうした思考を高坂自身の言葉で表せば、「アメリカの優れた常識的性格からいえば、時間はかかっても、正しい解答をアメリカ人は導き出すことを信じることができる」のがアメリカのような〈偉大な国家〉だったのであるが、この文章からは彼がアメリカに対して寄せていた絶大な信頼感と希望が滲み出ていよう。[33]ただし、高坂は決してアメリカに対して感情的な〈パッション〉を抱くことはなく、そこには同国に対する揺るがない〈コンヴィクション〉のみが存在した。

つまり、高坂は明らかに親米派などではなく、むしろ知米派だった。そして、こうしたアメリカへの接し方が日米関係に重きを置く高坂の対米認識の基礎を形成し、それゆえ彼は国内世論が反米へ大きく傾倒した時でさえも、決して同国を軽視したり突き放したりすることはなかった。

このように日本にとって不可欠なパートナーのアメリカではあったものの、情熱という形をもって高坂の心を終始摑んだのは紛れもなくイギリスであった。[34] 小国でありながら、イギリスは外交を巧みに駆使し、日の沈まない壮大なスケールの帝国の構築についに成功したのである。しかしながら、イギリスは絶頂を手にしたのちは徐々に衰退の道を辿り、最終的に帝国は崩壊した。こうした海洋国家が歩んだ衰勢のドラマに対して高坂はどこか強いロマンを感じ、日本に対しても多くの教訓を示唆すると考えた。逆に、アメリカのような巨大な大陸国家は、日本が学べるケーススタディとはなり得ず、それゆえ、高坂からすれば、日本にとって最良のロール・モデルを提示したのはイギリスだった。こうした事実によって同国に対する思いはさらに格別なものとなったのであろう。『海洋国家日本の構想』の文中において、「イギリスは『海洋国家』であるが、日本は『島国』であり、両者の性質は明白に異なる」という名文を残しているが、これは、本来進むべきだった海洋国家への道を放棄し、大陸へとつながる道を選択した結果、最終的に破滅した日本への高坂の痛烈な批判である。[35]

くわえて、高坂は「マドリング・スルー(mudding through)」という言葉を用いて、苦労しながらも「なんとかやって行く」のが英国であると評価している。[36] すなわち、決して華麗さはないが、最後には結果がきちんと伴う。他方のアメリカは、政策を大きく転換させることがしばしばあり、ある意味で無駄と面倒な部分が多い国家だと、高坂はイギリスとは対極的にアメリカを位置づけている。しかし、彼は外交が下手で不器用な面も多々あるものの、いざとなれば一国として勢いよくまとまり、大きなことを実現させるパワーがあるのもまたアメリカだと評している。つまり、高坂自身の言葉を用いれば、「がたがた揺れながら進む、バンピング・アメリカ（bumping America）」なのである。[37] ここでキーワードなのが、〈進む〉という語句だと筆者は考える。決して褒め言葉ではない「バンピング・アメリカ」と形容しつつ、それでもなおアメリカは着実に〈前進〉するのである。高坂は幾度となく「進歩」と「アメリカ」という単語を並べながら用いたが、これは普遍的な価値観を掲げて常に前進しようとするアメリカに対して、高坂がいかに大きな信念を有していたのかを如実に示すものである。

アメリカに魅せられたもの

最後に、高坂は結局アメリカの何に最も魅せられていたのかについて論じたい。結論から述べれば、それは間違いなくアメリカの礎を成す〈多様性〉にあった。多面的・重層的な国家であるだけに、強調されるアメリカの性質はその時によって一変する。そのような、一言ではなかなか説明できないアメリカに強い魅力を感じたのである。

高坂の文章には、〈多様性〉という言葉が頻繁に登場するが、この〈多様性〉を育んでゆくアメリカに対してとりわけ大きな好感を抱いていたことが随所に見て取れる。たとえば、高坂はアメリカには「多様性こそがアメリカの力」だと評しているし、さらに別のところでは、アメリカには「多様性」があるがゆえに、「常に変容する面白さがあるのだ」とも述べている。〈外〉から文化を受け入れ、気がつけばそれを完全に自分のものとしつつ、さらに新たな文化を迎え入れようとする国家的精神は、アメリカ自身が〈外〉に対してより寛容になれる源泉となっているという高坂の言葉には、彼のアメリカに対する思いの真髄が込められていよう。

多様性に次いで高坂がアメリカに魅せられたのは、同国の〈復元力〉だ。「復元力があるアメリカは時として間違った行動を取ることもあるが、時間が経てば必ず正しい道を進む」と断言できる高坂の文章の裏には、アメリカに対する楽観と強い希望がどこか感じられる。さらにもう一つ高坂がアメリカから感じ取った大きな魅力は、彼が幾度となく使用する〈偉大さ〉という言葉に込められていよう。当然、この〈偉大さ〉という概念は国家に限定されず、アメリカが輩出した数々の偉大なリーダーも含まれている。

高坂が考える「偉大なリーダー」たるものをうかがい知るためには、高坂の『宰相吉田茂』が良き手引き書となる。吉田首相を考察するに当たって、高坂は強いリーダー、そしてリーダーシップについて深慮しており、この過程で〈偉大さ〉という概念を持ち出した。『宰相吉田茂』の結びの章に、「吉田茂は偉大な政治家であった」という一文があるが、これこそが高坂による吉田評の核心をなすものである。[38] これと同様に、高坂はアメリカに対しても〈偉大さ〉を一つの定規として用いており、「アメリカは偉大なリーダーが多い」とか、「アメリカという国家は偉大である」という評価が随所に見られる。このように、政治的リーダーシップのレンズを介してアメリカを観察することにより、同国の魅力はさらに増幅していった。くわえて、吉田首相自身が国際協調派であり、アメリカとの関係が深い外交官・政治家であったのを鑑みれば、こうした吉田の分析を通じてアメリカに対するある種の親近感を覚えたのは、あるいは自然な経緯だったのかもしれない。

だが、結局のところ、高坂は自身のことをアメリカの専門家、あるいはアメリカについての研究者だと一度も考えておらず、実際にもアメリカの政治や外交について体系的に深く学んだわけではなかった。とはいうものの、高坂はアメリカニストとしての学問的トレーニングを受けなかったからこそ、より自由に、そして型にはまらない視点をもってアメリカを観察することができ、これによって一般とは異なるアメリカの真の姿をくっきり浮かび上がらせることに成功したのである。当時、日本で活躍していたアメリカニストたちの多くは、イデオロギーの色眼鏡を通してアメリカを見てしまう傾向が顕著だったがゆえに、アメリカの本質を高坂のように捉えることができず、観念的なアメリカ像に執着した。

アメリカに対して高坂が魅せられたもう一つの点だが、それはアメリカの持つ〈リベラリズム〉にある。[39]これは高坂が残した文章の隅々からうかがえるが、権威主義のアンチテーゼとして、自由かつ無邪気なアメリカに対して大いなる好感を抱いたのである。換言すれば、それは、あらゆるものの見方を押しつけ、全く自由な思想が許容されないドグマティックなソ連の対極に位置したアメリカの存在である。学生時代での京都の自由な校風とどこか重なり合う部分があったのか、高坂はリベラリズムを根底に置いた多様なアメリカの国家精神に何よりも魅せられ、共感した。

このように、高坂は戦後日本の知的世界が生み出したまさに偉大な巨人であり、彼自身にはそうした意識はなかったにせよ、「アメリカ・ウォッチャー」としての先駆的な役割を見事に果たした日本の学界における一流のインテレクチュアル・リーダーでもあった。

（みのはら・としひろ　神戸大学大学院教授）

注

1 ヨーロッパのレンズを通して著されたアメリカについての名著として一般的に知られているのは、次の四冊である。Alexis de Tocqueville, trans. By Henry Reeve, *Democracy in America*〔2 vols.〕, London: Saunders and Otley, 1835–40; James Bryce, *The American Commonwealth*〔3 vols.〕, London: Macmillan, 1888; Godfrey R.B. Charnwood, *Abraham Lincoln*, London: Constable & Co., 1916; and George Santayana, *Character and Opinion in the United States*, London: Constable, 1920.

2 京都大学教授時代の高坂の下で師事したペンシルベニア大学歴史学部のディキンソン教授によれば、高坂のアメリカ観の原点にあるのは、やはりハーバード大学への留学ではないかとのことである。"His view towards America was grounded in a real personal affinity he felt from the US from the time he spent two years at Harvard." くわえて、高坂のアメリカ観を正確に把握するためには、まず本人の著作を精読するのが最良の方法だとも述べている（二〇一二年九月、Frederick R. Dickinson 氏へのインタビュー）。

3 高坂正堯「フォークナーのメッセージ」『日米・戦後史のドラマ――エピソードで読む好敵手の深層』ＰＨＰ研究所、一九九五年、九一～九五頁。

4 高坂正堯『日米・戦後史のドラマ』、および、同『不思議の日米関係史』ＰＨＰ研究所、一九九六年。

5　『日米・戦後史のドラマ』、八頁。

6　同上、八〜九頁。

7　『不思議の日米関係史』、一五頁。

8　同上、一七〇頁。

9　同上、三八頁。

10　同上、一五六頁。

11　同上、二一〇頁。

12　高坂正堯『海洋国家日本の構想』中央公論社、一九六五年、一四八頁。

13　同上、一二九頁。

14　高坂正堯『世界地図の中で考える』新潮選書、一九六八年、六二頁。

15　同上、六二、六五頁。

16　同上、六六、七六頁。

17　同上、九六頁。

18　同上、一三〇頁。

19　同上、一四八頁。

20　高坂正堯『文明が衰亡するとき』新潮選書、一九八一年、一六三〜一七八頁。

21　高坂正堯『現代の国際政治』講談社学術文庫、一九八九年、三頁。

22　高坂は、同様の文脈で「一方的行動主義」という用語も用いており、それを「自らを世界的正義の守護者とし、行動する習性」と解説している。高坂正堯『長い始まりの時代――外交感覚・3』中央公論社、一九九五年、一六八頁。

23　高坂正堯『時代の終わりのとき――続・外交感覚』中央公論社、一九九〇年、二四六〜二四七頁。

24 同上、二四七頁。
25 高坂正堯『日本存亡のとき』講談社、一九九二年、八一頁。
26 高坂正堯『平和と危機の構造――ポスト冷戦の国際政治』NHKライブラリー、一九九五年、二〇一頁。
27 同上、二〇二～二〇三頁。
28 高坂正堯『世界史の中から考える』新潮選書、一九九六年、および、同『現代史の中で考える』新潮選書、一九九七年。
29 『世界史の中から考える』、六六頁。
30 『高坂正堯外交評論集――日本の進路と歴史の教訓』中央公論社、一九九六年、四〇〇頁。
31 同上、四〇一～四二二頁。
32 同上、四一一頁。
33 『日本存亡のとき』、一八二頁。
34 イギリスに対する高坂の愛執は、『近代文明への反逆――『ガリヴァー旅行記』から21世紀を読む』PHP研究所、一九九八年の中にも多分に表れている。
35 『海洋国家日本の構想』、一七一頁。
36 『高坂正堯外交評論集』、二五八頁。
37 同上。
38 高坂正堯『宰相吉田茂』中央公論社、一九六八年、二三四頁。
39 高坂は、アーレント（Hannah Arendt）の『革命について』の部分訳もしている（永井陽之助編『現代人の思想16 政治的人間』平凡社、一九六八年）。なお、これは日本においてハンナ・アーレントによる著作の最初の本格的な翻訳である。この『革命について』は、フランス革命を批判してアメリカの独立宣言を高く評価した書物であるため、必然的に「多様性」の概念が広く関わってくる。アメリカというプルーラル的な社会をつくる上で基礎に独立宣言があり、そして憲法があるのだというアメリカに対する高坂の歴史観は、本書より知見を得た部分も多くあろう。

第六章　二つのメディア変革期と高坂正堯

武田　徹

高坂正堯は専門の国際政治学の研究活動と並行して、マスメディア・ジャーナリズムで発言の機会を多く持った。一九六二年末に発売された『中央公論』六三年一月号掲載の「現実主義者の平和論」で鮮烈な論壇デビューを飾り、八九年からはテレビ朝日系「サンデープロジェクト」のレギュラーコメンテーターとなり、的確なコメントをユーモアあふれる口ぶりで語って人気を博した。

高坂のマスメディア活動上の転機となったこの「六二年」と「八九年」という時期は、それぞれ論壇メディア、放送メディアの転換期とも重なる。そこには、変革を遂げつつあったマスメディアが高坂の才能を必要とし、変化しつつあるメディアの中で高坂がその才能を存分に発揮したという双方向的な力学が働いていたのではないか。本論では政治学の文脈で議論されることが多い高坂の活動を、あえて戦後メディア史の中に位置づけて、彼の果たした役割を顧みる作業を試みたい。

I

まず高坂が活躍することになる総合論壇誌の戦後史を概観しておく。論壇誌の多くが戦時中は休刊、廃刊となっていたが、まず『文藝春秋』が四五年十月号から復刊。次いで『世界』が四五年十二月に創刊される。新雑誌創刊の企画は志賀直哉、和辻哲郎らが集っていた「同心会」によって岩波茂雄《いわなみしげお》にもたらされ、誌名命名者は谷川徹三《たにかわてつぞう》、当初は安倍能成《あべよししげ》が編集長を務める予定だったが、幣原内閣の文部大臣に任命されたので吉野源三郎《よしのげんざぶろう》に交代した。創刊号は一九二ページで八万部を刷って売り切れたという。同じ四六年一月号から『中央公論』も復刊され、いわゆる「三大誌」の構図が形成される。

三誌の中で最も人気があったのは『世界』だった。たとえば四六年七月の日本出版協会の調査によると「読みたい雑誌」の一位が『世界』であり、二位には川端康成が創刊した『人間』、三位に『中央公論』が入る。支持者数で『世界』は『中央公論』の倍近かった。

それは『世界』の新しさが、新しい日本を期待する意識と共振した結果だったのだろう。ちなみに四六年一月に出た第二号では、谷川、安倍といったいわゆる「オールド・リベラリスト」の論文の中に交じって清水幾太郎《しみずいくたろう》の「街頭の青年達」が載る。これはその後の『世界』の方向性を示す象徴的な起用であり、吉野はオールド・リベラストたちを煙たがり、自分と同じか、より若い新世代の論客の登用へと積極的に踏み込んでいく。四六年五月号には丸山眞男の論文が載っている。

吉野はやがてユネスコの本部から発表された「戦争を引き起こす緊迫の原因に関する声明」の文書を入手。この、ホルクハイマーら八名の社会科学者による声明に日本の学者たちが応えて、戦争および平和の問題を研究する共同声明が発表できないかと考えた。そして熱海の岩波別荘で新書『ジャーナリズム』を執筆していた清水を訪ねてその可能性を打診、賛同を得て四八年十二月十二日に東京の明治記念館で平和問題討議会を開催した。やがて討議会は談話会と名前を変えて『世界』五〇年三月号から声明を出してゆくが、その一回目、二回目とも清水が起草を担当。一回目に名を連ねた田中美知太郎《たなかみちたろう》、鈴木大拙《すずきだいせつ》、津田左右吉《つだそうきち》などは二回目には降りており、ここでも世代交代が見て取れる。この談話会を通じて『世界』は全面講和論支持の姿勢を強く打ち出すことになり、サンフランシスコ条約締結後は日米安保反対の主張を行うメディアとなってゆく。

この時期をメディア史に軸足を置いて論じてみようとする時、参照に値するのが加藤秀俊《かとうひでとし》の「中間文化論」だ。『中央公論』の一九五七年三月号に掲載されたその論文の中で、加藤は戦後文化を三段階に分けて議論をしている。すなわち、四五年から五〇年が「高級文化中心」の段階、五〇年から五五年が「大衆文化」の段階、五五年からは「中間文化」の段階だとする。五年区切りで整然と割り振る、理念的性格が強い区分法だが、それぞれの時代で有力であったメディアを社会の様相と対応させた議論がなされる。

「高級文化中心の時代」は総合誌ジャーナリズムの時代だったと加藤は言う。『世界』への支持の強さは既に触れたが、これは日本再建というスケールの大きなスローガンを達成する手段に国民の多くが関心を寄せていた結果であり、「この時期の日本の雰囲気はきわめて大がかりな政治論とか国家論を基調としたものであ」ったと加藤は考える。その際、たとえば「アメリカ映画の日本公開自体が『平和国家再建途上の日本国民に……真の民主主義の実態を把握せしめるという重大な使命』を担っていると考えられ」たり、「ルパン誕生」とか「拳銃の街」といった映画でさえ「開かれた文化の窓！　全国に満つ激賛と感動の声」というキャッチ・フレーズで広告されたりしていたと皮肉を交えて加藤は紹介する（加藤「中間文化論」）。

それに次ぐ五〇年から五五年を加藤は「大衆文化の時代」と分類する。彼によればそれは「火炎ビンと『平凡』が象徴する時代」とされる。単独講和となったサンフランシスコ講和条約締結によって民主国家化の理想への期待を裏切られた日本人は、少数は「マルクス主義の旗」のもとに先鋭化し、多数は政治志向から醒めて「アソビの旗」のもとに分化した。結果的に非政治的な層と、反政治的な層がわかれたのがこの時期の特徴だったと加藤は評価する。

この時期のリーディング・メディアとして加藤は『平凡』をあげているが、ここでは「三大誌」の一角を占めていた『文藝春秋』の変質に注目したい。この時期に同誌が急激に部数を増やせたのは、五〇年二月号の編集後記で編集長を務めていた上林《かんばやし》吾郎《ごろう》が「陳腐なる総合雑誌とい ふ概念から、真の意味における家庭雑誌国民雑誌へと飛躍したいものである」と書いていた（根《ね》津朝彦《づともひこ》『戦後『中央公論』と「風流夢譚」事件』）ように、論壇誌というよりも娯楽を含めた総合誌に変わっていった成果であり、高級文化から大衆文化向けへのシフトしたことが、時流に迎合して三〇万部超えの発行部数を獲得させたのだ。

国民雑誌を標榜する『文藝春秋』は『世界』の先鋭な理想主義から離れて現実主義的となる。そんな誌面作りを象徴する論文として五二年一月号に掲載された小泉信三《こいずみしんぞう》「再び平和論」がある。この論文は題名に明らかなように続編であり、前編は『世界』から次第に距離をとるようになっていた同心会文化人によって四八年に創刊されていた『心』五一年十月号に「平和論」と題されて寄稿されていた。そこで小泉は、共産主義国に隙を見せることの危険をわきまえない世の平和論者が、平和を願うといいつつ、実は却って平和を失う結果を招くのではないかと危惧する（小泉「平和論」）。その論文に更に続編を書いたのは、サンフランシスコ講和条約を巡る『世界』の編集方針に強い違和感を覚えたからであった。『世界』五一年十月号は講和問題特集号として編集され、重版されるほどの話題を呼んだ。その寄稿者約一〇〇人のほとんどが全面講和論者であり、サンフランシスコ講和会議による単独講和をよしとしておらず、小泉のような単独講和論者の発言は少数であった。市井の声を聴けば講和条件支持者も多いのに、編集部が初めから意図的な編集方針で講和反対こそ主流と印象付けたことは遺憾だと述べる小泉論文（「再び平和論」）の掲載は、『文藝春秋』が『世界』との対立の構図を引き受けたことを意味しよう。ちなみにこれに対する再反論として『世界』五二年五月号に掲載されたのが、丸山眞男の「『現実』主義の陥穽」であった。そこで丸山は平和問題談話会に対する批判では現実が所与のものとされており、もうひとつの現実の側面である、「日々作られてゆく」性格が無視されていると指摘。そうした姿勢が既成事実への屈服をもたらし、かつてファシズムに対する抵抗力を内側から崩していったのだと批判する（丸山「『現実』主義の陥穽」）。ここで五〇年代には「現実」を巡る論争が『世界』と『文藝春秋』の間で繰り広げられていたことに注目しておきたい。

そして加藤によれば五五年からが第三の時期となり、それこそ論文タイトルにもなる「中間文化の時代」ということになる。この時期のリーディング・メディアは週刊誌、あるいは新書だと加藤は考える。ひとつ前の大衆文化の時代のように政治から離れるのではない。適度の政治的関心、あるいは政治的好奇心がそこにあるので政治に関する短期的ニュースは週刊誌などのメディアを通じて読者には伝達されている。そんな知的状況を加藤は知的エリートと知的ではない大衆が分断されている「ひょうたん型」ではなく、好奇心を持った中間層が厚く成立している「ちょうちん型」になったと表現する（加藤、前掲論文）。知的エリートと大衆との間を埋めたホワイトカラー、サラリーマンの登場によって特徴づけられるのが中間文化の時代なのだ。

実際、この時期には出版社系の週刊誌が立て続けに創刊されている。五六年二月創刊の『週刊新潮』が機先を制し、『週刊現代』が五九年三月、『週刊文春』が五九年四月の創刊となる。なかでも「週刊誌の時代」を象徴するのは、『週刊明星』であった。『週刊明星』は五七年十二月に準備号を出し、五八年九月に本格的に週刊で刊行する。

こうした週刊誌の時代の象徴的なエピソードをひとつ紹介したい。五八年十月に警察官職務執行法改正案が国会に提出される。これに対して、『週刊明星』に「またコワくなる警察官――デートも邪魔する警職法！」という記事が出る。これは、梶山季之《かじやまとしゆき》が無署名で書いたものだ。映画館でデート中にスリの嫌疑をかけられて、誤認逮捕されてしまった青年のエピソードから書き始めて、警職法改正が国民を自在に拘束できる社会をもたらすと危惧する。

この「デートも邪魔する警職法」というのは一世を風靡する流行語となり、警職法に対する反感というものが幅広く喚起される。「われわれは知るのだ。戦時中の商工大臣、今を時めく絶対多数党の総理岸信介氏を船長におしいだく日本丸という船が、気のいい乗客の予想を裏切って、勝手にヘンな方向に航海し始めたのを！　さて、このまま沈黙すべきであろうか？」。そう書いた梶山のペンに誘われるように社会党、総評など六五団体が警職法改悪反対国民会議を結成。結果的に岸内閣はこの改正を諦めることになる。

中村政則《なかむらまさのり》は『戦後史』のなかで「私は当時、大学生であったが、大衆運動が勝利をしめたのは初めての経験であり、労働者・学生に〈やればできる〉という気持ちを与えた」（中村『戦後史』）と評価をしている。ただ中村はその後に「これが翌年からの安保闘争につながっていった」と記述を続けるが、この評価は当時の資料を丁寧に見ていくと違和感もある。というのもこの時期に安保反対運動に関わっていた当事者のコメントは案外と悲観的だ。安保は重い。安保では戦えないとしばしば言われた。こうして安保運動の足取りを「重く」したのも加藤の言う中間層の成立だったのだろう。中間層の人々は自らの生活水準を守ることを優先させ、たとえばデートができなくなると週刊誌の記事で読めばそれに反対するが、生活とは遠い安保には関心を示さず、むしろ今まで培ってきた生活が混乱する可能性の方を嫌った。警職法改正運動が勝利したのは事実だが、その運動を勝利に導いた「中間層的」な気分こそが逆に安保反対闘争への抵抗感に繋がっていた側面もあったように思う。

では、その時期に『中央公論』はどうだったのか。『世界』の理想主義と『文藝春秋』の現実主義が対立軸を構成し始めていた時期に『中央公論』は第三の道を模索する。吉野が執筆者の若返りを通じて全面講和から安保反対へと論調をまとめてゆくことにこだわったのに対して、嶋中《しまなか》鵬二《ほうじ》編集長時代（一九五四年十一月号〜五七年十月号）前後の『中央公論』は議論の多様性を求めて新しい書き手を登場させている。加藤秀俊に「中間文化論」を書かせたのもこの時期の『中央公論』だったし、他にも梅棹忠夫「文明の生態史観」などが『中央公論』を初出とする。

また一九三七年にアンドレ・ジッドの「ソビエト旅行記」翻訳に始まり、ルポルタージュの掲載に積極的だった『中央公論』の伝統は講和条約締結後に復活し「東京通信」と題したルポを五二年から連載開始し、中村光夫、伊藤整、福田恆存などに書かせているし、五八年からは藤島宇《ふじしまう》内《だい》、丸山邦男《まるやまくにお》、村上兵衛《むらかみひょうえ》による共同ルポを連載させる。

そして議論の振幅が激しい分、『中央公論』は『世界』以上に体制批判的にもなることがあった。『戦後『中央公論』と「風流夢譚」事件』[1]で根津朝彦は「中央公論は総合雑誌の中でむしろ天皇制批判を主導する存在であった」（根津、前掲書）とし、六〇年十二月号に深沢七郎の小説『風流夢譚』が掲載されるまでに天皇制に言及した論文数が『世界』の約一・五倍に及んだことを数えている。数だけでなく、たとえば松下圭一「大衆天皇制論」（五九年四月号）、佐藤忠男「ヒロヒト氏の微笑」（五九年九月号）、ルポものでも村上兵衛「天皇の戦争責任」（五六年六月号）など、天皇制をタブーとしない積極性は『世界』には見られないものであった。

こうした姿勢の延長上で風流夢譚事件は起こるべくして起こったといえる。テロの被害者となった中央公論社は過剰に神経質になり、販売を請け負っていた『思想の科学』天皇制特集号を著者たちに無断で発売中止にし、翻って言論弾圧の当事者にもなった。こうした事件に見舞われ、休養を勧められた社長の嶋中鵬二はその条件として粕谷一希を編集次長にすることを重役会議に求め、叶えられた。この人事について中央公論社の同僚（元『中央公論』編集部次長）だった京《きょう》谷秀夫《やひでお》は嶋中の「より多く信頼できる人間、すなわち腹心を編集部に送り込むということであった」と説明しているが（京谷『一九六一年冬』）、実際、粕谷も「ほぼ一年近く、私は嶋中さんから常々聞かされていた学者の方々を巻頭に掲げ」続けたという（粕谷『中央公論社と私』）。だがやがて「嶋中時代に識《し》った指導的な学者の方々への執筆依頼も一巡し、一九六二年ころになると一種のスランプが訪れた。もう既成の学者に頼っていても限界があり、何か新しい発想にたった新機軸を打ち出さなければ、編集の進展もないように思われた」（粕谷、前掲書）。この時期に転機をもたらしたのが高坂正堯の起用であった。

この高坂の「現実主義者の平和論」の掲載が『世界』に対立する『中央公論』の現実主義路線の嚆矢となり、理想主義と現実主義の対立の舞台が『世界』と『文藝春秋』の組み合わせから『世界』と『中央公論』のそれに移ったとみなされることが多い。実際、高坂論文は『世界』五九年四月号に掲載された加藤周一《かとうしゅういち》「中立と安保条約と中国承認」、同年八月号に掲載された坂本義和「中立日本の防衛構想——日米安保体制に代るもの」への批判として書かれており、そうした対立構図を見る見方に異議を唱えるものではないが、ここではそこにひとつ別の論点を加えてみたい。

高坂を起用する粕谷は、かつて中央公論社の入社試験を受けた時に、最近の『中央公論』でどの論文が面白かったか面接で尋ねられ、五四年十二月号に掲載された福田恆存の「平和論の進め方についての疑問」（後「平和論にたいする疑問」に改題）を挙げたという。これは「進歩的文化人への不信」をもっていたという（根津「編集者粕谷一希と『中央公論』」）嶋中が巻頭論文に選んだものだ。

その冒頭には福田が、講演会で福岡に向かい、空港に降り立ってすぐに新聞社の取材を受け、九州の印象を尋ねられたエピソードが掲げられている。そこから何でも文化人の意見を聞きたがる社会と、リクエストに応じて何でも論評する文化人批判へと筆は進んでゆくのだが、それはおそらくは清水幾太郎への皮肉である。清水が在日米軍基地問題として書いた論文「内灘」（『世界』五三年九月号）の冒頭では、金沢駅を降りた清水が、やはり記者に「内灘問題についてどう思いますか」と聞かれるシーンが描かれている。清水は米軍基地のある内灘の詳しい事情を知らず「明らかに、不意を突かれた」が、新聞記者の話を聞いている内にあれこれ考え、「なんとか話を繋いでいる間に、話すことを通じて、自分の意見らしいものが生まれて来た」と正直に書いているのだ（清水「内灘」）。こうした「事情が分からずともなんでも評論する文化人の一人」として清水を暗に揶揄する嫌味たっぷりの書き出しから福田は清水ら安保反対論者への批判を繰り広げる。[2]

たとえば基地周辺で風紀が乱れて児童教育に問題が発生する。その時に、「文化人」たちはそこに日本の「植民地化」の問題を見る。さらに、その問題の根底に安保条約を見る。安保条約の根底には冷戦構造で対立する二つの世界があると考える……。そうした思考法において「すべての問題は、ちやうど屠蘇の杯のやうに、小さな杯は順次により大きな杯の上にのつかつてゐる」「そこで小さな杯を問題にするためには、それよりひとまはり大きな杯を問題にしなければかたづかない、それはさらにより大きな杯を問題にせねばをさまらない――さういふ論法が出てくるのです。もつともらしい話ですが、私にいはせれば、少々インチキです」（福田「平和論にたいする疑問」）と福田は書く。福田は安保問題を引き合いに出さなくても基地周辺の児童問題の解決の仕方はあるはずだと考える。冒頭の嫌味な書きぶりも、わからないことに言及していないで自分にとってもっと切実なところから始めろというメッセージが込められていたのだ。

この福田論文に対する世間の評判は芳しくなかった。『中央公論』編集部も編集後記で「こういう論旨が現状肯定派に歪曲され悪用されることは警戒しなければならぬと思います」と書き、掲載しておきながら自分たち自身は現状肯定派ではないかのように弁明している（竹内洋『革新幻想の戦後史』）。主張としては小泉信三の一連の平和論にも近い福田の論文は、発表後の周囲の批判に答えて『中央公論』に書かれた「ふたたび平和論者に送る」を含めて後に単行本化されるが、版元は中央公論社ではなく文藝春秋新社となった。文藝春秋の社史ではその書籍を「小泉信三『平和論』にならんで、文藝春秋新社の思想的骨格を形造るという意味でも話題の書となった」と積極的に評していたが（根津『戦後『中央公論』と「風流夢譚」事件』）、この時期の『中央公論』は総意として福田と共にゆく道を選べなかった印象がある。

しかし、この福田論文は地下水脈を通じて約十年の後に書かれる高坂論文と繋がったとは考えられないだろうか。そこで注目すべきなのが、いわゆる「屠蘇の杯」論法批判なのだ。「屠蘇の杯」論法では「安保条約」という概念が諸悪の根源として象徴的に用いられている。この象徴化のスタイルは、「隠喩」と「換喩」という二つの極から言語表現を考えた言語学者ヤコブソンによれば隠喩的である。ヤコブソンは「言語の二つの面と失語症の二つのタイプ」という論文でこう説明する。「談話の進展は二つの異なった意味的な線に沿って行われる。一つの話題からほかの話題へと相似性によってか、隣接性によってか、いずれかによって進行する。隠喩的方法 metaphoric way が第一の場合に、換喩的方法 metonymic way が第二の場合に、最も適当な呼び名であろう。両者はそれぞれ隠喩と換喩において最も凝縮された表現を見出すからである。失語症においては、これら二つの過程のうちのどちらか一方が制限されるか全面的に妨害される」(ヤコブソン「言語の二つの面と失語症の二つのタイプ」)。失語症に二つのパターンがあるのは、言語表現が相似性、隣接性の二つを媒介に進められていることの裏返しであり、どちらかの言語運用能力を失うことで失語症が発症するからだとヤコブソンは考えた。

それでは「象徴」とはなにか。人類学者エドマンド・リーチは「表現されたもの」と「表現するもの」が部分的共通性をもつものを「記号」、脈略を異にしつつ、類似した質をもつものを「象徴」と呼ぶ。「君主権」を「王冠」で示す場合、君主がかぶっている冠が君主権の一部分と考えられるので、「王冠」は「君主権」の「記号」となる。それに対してエデンの園に出てくる「蛇」と「悪」は生物と道徳概念ということで文脈を異にするが、「悪」の属性を蛇がもっていることで両者は「似ている」ために「蛇」は「悪」の象徴となる。この分類では「記号」は共通の部分を媒介に隣接するので換喩的であり、同質性、類似性を媒介に繋がる「象徴」が隠喩的となる（リーチ『文化とコミュニケーション』[3]）。

こうした言語学・記号学の文脈において見れば、福田恆存は象徴的に概念を用いる隠喩的な思考法を批判したと考えられる。では、福田は思考はどうあるべきと考えていたのか。彼は清水幾太郎が「内灘」で用いた、安保条約がなくなれば全てが解決すると考える思考法を嫌い、ひとつの目的を実現するためにどのような手段を選ぶべきかを現実的な選択肢の中から選んでゆくべきだとする。こうした姿勢は確かに先行する小泉「平和論」を継承している。小泉もまた「要は如何なる途を選ぶことが平和擁護という目的に、よりよく適ふと認められるかの問題」と書いていた（小泉「再び平和論」）。しかし目的と手段の関係に関する考え方において福田は更に一歩踏み込む。「平和論にたいする疑問」への批判に応えて福田が書いた「個人と社会」（『中央公論』五五年八月号）に「Aといふ目的に対して、Bはその手段でありますが、そのBに対して、またCといふ手段がある。すなはち、BはAの手段であると同時に、Cの目的たりうるのです。人間の行動はかういふ際限のない目的・手段の連鎖から成りたつてゐる。その時期により、その人により、その相手により、その場により、それぞれ焦点の決めかたがちがつてをります」と書く。リーチは隠喩を「和声」に、換喩を「旋律」に喩える（前掲書）が、福田は言論において一つの原因の上に全てを重ねて響かせるような「和声」の可能性を疑い、目的と手段を連なりとして論理をつなげ、時に目的と手段を入れ替えることもある対位法的な「旋律」のような思考をイメージしていたといえようか。

こうした福田の対話的な思考法は、高坂が「現実主義者の平和論」で書くところの「手段と目的との間の生き生きとした会話」に通じてゆくとはいえないだろうか。「重要なことは目的と手段の間の相関関係、すなわち手段が目的によって規定されるだけでなく、目的もまた手段によって規定されるということなのである」と高坂は書く（高坂「現実主義者の平和論」）。

そして、そこに『文藝春秋』的現実主義と一線を画した『中央公論』の現実主義があるとはいえないだろうか。粕谷は高坂の起用に続いて永井陽之助《ながいようのすけ》、萩原延壽《はぎはらのぶとし》を積極的に執筆させる。萩原は「『対決』派の登場」（『中央公論』六五年十二月号）で「日本が中立主義の立場を貫く積極的な意味はますます増大してくる」といい、その中立主義は「容易には『去就』を決めないことによって、敵と味方との間に存在する硬直した壁を取り払い、その空間に『妥協』という政治的果実を結晶させようとする不断の努力をいう」「いわば、決断を回避するのではなくて、真に意味のある決断をするために、安易な決断を排するのである」としている（萩原「『対決』派の登場」）。こうして「象徴」の旗印の下に集い、ひとつの決断をもって敵対勢力と対決するのではなく、立場の異なる者同士が対話を続けてゆく旋律的な言論空間を求める。高坂から萩原に通じるこうした姿勢こそが、風流夢譚事件以後の六〇年代『中央公論』の現実主義路線の特徴であり、それは福田に先駆的に示され、高坂論文によって本格的に始まったものだったのではないか。

その背景として既に分厚く成立した中間文化の中で、現実主義はただ『世界』の理想主義にイデオロギー的に対立するものではなく、目的に対して手段を考えるような具体的な問題解決法がより強く求められるようになっていた事情があったのかもしれない。時代のリーディング・メディアとなっていた週刊誌や新書には、それらを断片的に示すだけで構造づける力が弱い。警職法改正がデートの邪魔をする。ならばその改正に反対しようと述べる単純な因果関係の提示なら可能だが、国際政治的なイッシューである安保などは因果関係が複雑に絡み合い、荷が重い。その時に高坂の幅広い知識が生きる。高坂の換喩的で旋律的な文章は、知識を縦横に結び付け、それぞれを目的と手段の関係の中に位置づける。それはアカデミズムの良質の部分をジャーナリズムに持ち込むことでもあり、加藤秀俊や梅棹忠夫の起用にも見られた『中公』らしさを中間文化成立後、六〇年安保闘争後の時期に政治論の文脈で示したものでもあったといえよう。

II

高坂は一九八九年四月に、同月から放送が開始された「サンデープロジェクト」のレギュラーコメンテーターになっている。この時期のテレビメディアはどのような状態にあったか。

『月刊民放』九〇年十二月号にビデオ・リサーチ社テレビ調査部の加藤雄二が論文「テレビ視聴時間から見た視聴者像」を寄せている。加藤がこの時期の特徴としてあげているのが視聴時間の分散化だ。ゴールデンタイムの視聴世帯数が若干減少し、早朝六時、七時台から十二時までの午前中、そして深夜帯の視聴者数が増えていた。こうした変化の理由として加藤は「コンビニエンスストアやレストランの二十四時間営業など二十四時間社会の浸透にともなう若者を中心とした生活サイクルの深夜化」と「週休二日制の浸透など生活パターンの変化」「複数テレビ所有率の増加と平均家族人数の減少により見たい番組を好きな時に見ることができるといった視聴環境の変化」をあげている。

そしてもうひとつのポイントが報道番組とその視聴者の増加だ。加藤は夜間十八〜二十四時の番組種目別視聴分数（放送分数と平均視聴率を掛けあわせた数字）を分析する。通常、放送時間が増えると視聴者が分散するので平均視聴率は減る。しかし報道番組の場合、八四年に年間平均で一日あたり四一六分の放送時間だった（NHK教育を除く六局合計）のが八九年には六三三分へと大幅に増えているが、平均視聴率も増え、結果的に八九年の報道番組の視聴分数が八四年の一・五倍に伸びていることを示す（加藤、前掲論文）。

「サンデープロジェクト」はまさにこの時期に、報道番組への関心の高まりと、週休二日制により増えた日曜午前に大型報道番組を視聴する層を見込んで戦略的に編成された。テレビ朝日はこれ以前にも夜の時間帯に久米《くめ》宏《ひろし》を司会者に起用して「中学生でも分かるニュース」番組作りを目指す「ニュースステーション」を八五年に放送開始し、従来の報道番組では取り込めなかった視聴者層を狙っていた。次いで深夜にテレビを見る若者を主な視聴者と見込んで「朝まで生テレビ」を始め、それらの成功を踏まえて日曜午前中というNHKの「日曜討論」とバッティングする時間帯に報道番組をぶつけた。とはいえ当初は保険を掛けたのか、よりワイドショー的な番組構成であったという。島田《しまだ》紳助《しんすけ》がメインキャスターで、都《みやこ》はるみ、高坂正堯、田原総一朗がコメンテーターとして出演、番組内に三〇分間だけ田原コーナーとして田原自身が司会進行を担う時間帯が組み込まれていた。

この「田原コーナー」は番組放送開始後まもなく大物政治家が登場して発言するスタイルに変わっていった。それは政治の変化を背景にしている。逢坂巌《おうさかいわお》はテレビメディアと政治の関係を三つの時期に分類している（逢坂、星浩『テレビ政治　国会報道からTVタックルまで』）。第一期が六〇年安保闘争後の時期で、岸退陣後に総理となった池田首相は初めて総選挙のテレビCMに自ら登場したし、「総理と語る」の番組出演を定例化した。五九年のいわゆる「ロイヤル・ウェディング」でテレビ視聴者数が急増しており、政治家たちもそれを無視することができなくなっていた。とはいえ新聞を中心とする活字メディアが政治批評と論争の場であったのに対して、テレビはあくまでも政治家の雰囲気を伝える脱政治化されたメディアとして添え物的に用いられる傾向が強かった。

しかし、やがて位置づけが逆転する。佐藤栄作は首相退陣に際して会見場から新聞記者を退席させ、テレビカメラの前で滔々と語った。佐藤に言わせれば新聞はあることないことを書きつらねて政治家の足を引っ張るメディア、それに対してテレビは政治家の声を直接、国民に伝えてくれるメディアであった。この退陣会見がその後の第二期テレビ政治の時期を象徴しており、つまり政治家はジャーナリズムによる批評を介さずにメッセージを伝えられる直接的なメディアとしてテレビを利用し始めたのだ。その後、「三角大福中」といわれた派閥の長も積極的にテレビを利用したが、彼らはテレビを派閥争いのキャンペーンや宣伝の場として使い、都合のいい時だけ出演し、汚職疑惑などが出ると出演を拒絶する。

そうした「政治家都合」のテレビ利用が許されたのは、当時のテレビがまだ選挙に深く関与しないメディアだったことと無関係ではない。「55年体制下の日本では、中央官庁を核とした各種組織への利益配分と調整が主たる国内政治の役割」（逢坂、星、前掲書）であり、政治はそうした役割の実践方法に通じた「玄人」のものだった。民主主義を標榜する国家として矛盾した話であるが、選挙を通じた国民→国会議員→内閣→行政という議院内閣制は副次的なルートであり、主要なルートは官僚組織を中心に、それぞれが所属する「組織」を通じて特定政党、政治家を支持し、その見返りに利益供与に与《あずか》るというものであった。そうした政治構造が盤石である以上、「平場」にいる「素人」に向けてメッセージを送るテレビ出演は二次的なものにとどまっていたのだ。

そうした状況が八〇年代以降に変わってゆく。国際化と情報化は、コメ・オレンジ・牛肉といった農業自由化や大店法改正に象徴される一連の政策などによって「組織」の弱化と解体（逆にいうと個人の組織からの解放、もしくは「流砂化」）を徐々に促進させ（逢坂、星、前掲書）、中央官庁の支配力が弱まり、地方自治体や企業は政治家を使って官庁を動かすメリットが少なくなる。無党派層が増え、組合単位で支持政党への票が束ねにくくなった。こうした中で、政治家は無党派層から組織加盟者までを横断して動員する最も効率的なメディアとしてテレビを使わざるを得なくなる。政治家がテレビを必要とし、結果的にテレビ局側の発言力も強まり、政治家側の都合で出演の諾否を選べる状況ではなくなった。「サンデープロジェクト」がすぐに政治家の生出演番組に変わっていったのはそうした事情があった。

ただ、この時期の報道番組に関しては、もう少し厳密なメディア論的分析が必要だろう。ここで参照するのはウンベルト・エーコの「TV　失われた透明性」だ。エーコは『薔薇の名前』で著名な小説家だが、テレビ局で働いていた経験を有する記号学者でもある。

「失われた透明性」で彼は「パレオTV」と「ネオTV」というこの二つの概念でテレビの変化というものを説明しようとする。パレオTVというのは「窓」としてのテレビ、即ち現場を中継し、報道していくテレビのあり方である。それに対してネオTVはスタジオで収録されるスタイルのテレビ番組だ。「ネオTVの主要な特徴は、外部世界について語ることがますます少なくなっているということである」（エーコ、前掲論文）とエーコは書く。外部世界の中継映像を使わないわけではない。しかし現場中継映像は視聴者に向けてだけでなく、収録のスタジオでも映しだされ、キャスターはその映像についてのコメントを出演者に求める。スタジオでのやりとりと重ね合わせられることで現実はスタジオにおいて再構成される。

たとえばスタジオで語るコメンテーターを映すカメラのスイッチングによって視聴者の印象は大きく変わる。アップで映せば視聴者はコメンテーターに親しみやすさを感じ、カメラがスイッチングされてミドルショットになると語られている内容をより公共的なテーマだと感じる。スタジオで番組収録に立ち会っている参加視聴者の表情を映すことで、内容に対する好悪の印象も付けられる。

日本では八〇年代から九〇年代にかけて、こうしたパレオTVからネオTVへの変化があった。ニュースステーションが導いた報道番組革命とはネオTV化のことでもあった。たとえば一九九三年には「平成のロイヤル・ウェディング」があったが、その映像素材はわずか数十秒のものが一時間以上も反復して用いられていたとの報告もある。繰り返し使われたのはスタジオでそれを見ながら語り合う番組制作スタイルが一般化した結果でもあろう。

そうしたテレビのあり方に合わせて政治も変わっていった。細川護熙総理が、記者会見の映像で、ボールペンで記者を指名して話題になった。テレビに映る政治家の一挙手一投足がパフォーマンスとして注目され、そこで語られている政治的な内容の現実部分よりも強調されるようになっていく。そうした状況はテレビの変化と相関するような形であった。たとえばロバート・シュムールはステートクラフトの手腕と、ステージクラフト、つまりテレビスタジオという「ステージ」における自己演出能力の二つが政治家に必要になっているという（藤竹暁《ふじたけあきら》『ワイドショー政治は日本を救えるか――テレビの中の仮想政治劇』）。逢坂の分類によれば第三次テレビ政治期、つまりテレビ番組が直接平場での大衆社会に訴えることが強く要請されるようになってきた時期に、テレビも変わり、政治も変わった。

こうしたネオTV化の文脈の中で「サンデープロジェクト」の位置づけを考えてみたい。常木《つねき》暎生《てるお》「視聴者にとっての政治討論番組」は、「サンデープロジェクト」と「日曜討論」をエスノメソドロジーの方法論を用いて分析する。ここで常木は司会者の役割をターン分配（発言者への発言機会の分配）、発話促進、発話保護、見解の提示と考え、「出演者への質問」や「あいづち」、「見解を述べる発話」が番組内でどのように、どの程度の回数でなされているのか分析してゆく。対象となったのは両番組の二〇〇五年五月十六日放送分で、討論の開始から二二三八秒間を分析対象とした。そこで特に注目すべきは司会者による他の発言者への割り込みの発生回数で「サンデープロジェクト」の田原は測定時間中に三二・八二回も割り込んでいる。それに対して「日曜討論」の山本孝《やまもとたかし》は三・八二回しか割り込んでいない。これは山本が政治家に会話を支配させ、比較的に自由に話をさせて、それを放送していたのに対して、田原は政治家の発言を遮りつつ、番組作りを自ら支配していたことを示す。「日曜討論」と「サンデープロジェクト」は同じ討論番組でありながら、作り方が異質であり、前者が政治家の姿を映す「窓」的なパレオTV的番組だったのに対して後者はスタジオ映像のスイッチングだけではなく、司会技術によっても現実を再構成し、ネオTV化を進めていたと考えられよう。

そんな番組に出演していた高坂の役どころはどこにあったのだろうか。高坂の起用には田原の推挙があったという。「『朝まで生テレビ!』がタブーに挑戦する番組として一定の評価を得ていたため、私は企画の段階から参加した。……レギュラーコメンテーターに、当時京大教授であった高坂正堯と、引退を表明した歌手都はるみを強く推したのも私である。高坂は、いわゆる保守リベラルの言論人として著名であったが、私は特に、高坂の世界の歴史に対する造詣の深さ、そして学者として高く評価されながら、いささかも驕らず、独特の京都弁で誰をも笑いの渦に巻き込む、ウイットとワサビの利いたユーモラスな話術と人格に惚れ込んでいたのである」（田原『テレビと権力』）。

出演中の高坂の映像資料を入手できなかったため、常木が行ったように放送番組素材を用いた具体的分析は今後の課題となる。ただ周辺の状況から仮説として示せることもあるので、本論はそこまでを行い、今後の研究に委ねたい。

たとえば「サンデープロジェクト」出演前の八三年に高坂が刊行した『近代文明への反逆――社会・宗教・政治学の教科書『ガリヴァー旅行記』を読む』という作品がある（九八年『近代文明への反逆――『ガリヴァー旅行記』から21世紀を読む』に改題）。『ガリヴァー旅行記』はヴァン・ディーメンズ・ランド近くで難破したガリヴァーが小人国や巨人国、空を飛ぶ島や馬が支配している国を旅してゆく荒唐無稽なユートピア小説だ。ヴァン・ディーメンズ・ランドとは現在のタスマニアであり、同地に研究休暇中に滞在した高坂はそこでもガリヴァーを想う機会があったのだろう。

一七二六年に書かれた、十八世紀の英国の政治や文明に対する悪意に満ちた反発を含んだユートピア小説を、二十一世紀の日本と世界を考えるためのテキストとして用いるアクロバチックな作業は、換喩的な試みといえる。「彼（スウィフト）はイギリスが近代国家として出現しつつあったころ、イギリスに生きた。そして、その主要な特徴に対して、ことごとく、根本的に反発した。しかし、それらのものは、百年後、いや半世紀と経たぬうちに、イギリスの偉大さの根源として、多くの人々の賞賛するところとなった」。それでも「なおスウィフトが完全に誤っていたとはいえないのである。それどころか、ごく長期的に見れば不均衡な精神の持主であるスウィフトの見解の方が、均衡のとれた皮肉屋ヴォルテールの考えよりも的中するかもしれないのである。彼らから二百年以上たった今日のわれわれは、ときどきそう思わざるをえない時代に生きている」と高坂は書く。それは近代社会が発達を極め、新たな問題を発生させているからであり、近代化そのものの功罪を大局的に眺めるためにはスウィフトのラディカルな近代批判が参考になるという事情による。こうして一方で正しかったヴォルテールの誤りを見て、他方で間違っていたはずのスウィフトに正しさを見つつ旋律のように議論を重ねてゆく「換喩の人」は八〇年代に入っても健在だった。

テレビ出演と重なる時期に高坂が書いていたエッセーが『世界史の中から考える』にまとめられているが、そこでも高坂らしさは一貫しており、湾岸戦争後の戦後処理の難しさを語るうえで高坂は十八世紀のスペイン継承戦争を引き、ソ連の崩壊を論じるのにナポレオンと戦ったアレクサンドル一世の故事に言及する。縦横に歴史的事実を手繰り上げて論じる姿勢は、まさに「現代史の中で考える」ものであり、歴史的事実を別の歴史的事実に繋げて論じてゆく換喩的な手法だといえよう。

ネオTVは政治の劇場化をもたらし、分かりやすいキーワードで大衆の気分を一気に摑んでしまおうとするワンフレーズ政治化を導く。たとえば小選挙区制に賛成する「改革派」とそれに抵抗する守旧派のレッテルを貼った小沢一郎の分かりやすさをメディアは歓迎し、彼に多くの発言の機会を与えた。長々と説明しようとする政治家の言葉を遮って田原は「一言でいえばどうなんですか」と迫り、ワンフレーズ化をむしろ促そうとした。しかし田原自身は、かつてテレビのドキュメンタリー報道の限界を、創作映画に転出して乗り越えようと試みたキャリアの持ち主であり、常に手段を変えながら目的を果たそうとしてきた換喩的な資質を実は備えていた。そこで自らはテレビと政治の質的変化に応じて分かりやすさに資するワンフレーズ化を進めつつも、一方で短絡を補完する高坂の歴史的造詣の深さに期待したのではないか。

ここで高坂と同年に生まれたアメリカのジャーナリスト、デビッド・ハルバースタム（一九三四～二〇〇七）を思い起こす。ハルバースタムはベトナム戦争にアメリカがのめり込んでゆくプロセスを追った『ベスト・アンド・ブライテスト』（一九七二）を書く時に「ジャーナリストとしての自分」「歴史家としての自分」「劇作家としての自分」を意識したと立花隆《たちばなたかし》に語っている（立花『アメリカジャーナリズム報告』）。ジャーナリストとして取材し、ベトナム戦争を歴史家として世界史の中に位置づけ、「ベスト・アンド・ブライテスト」と呼ばれて「最良」たることを期待されていたケネディ政権と「最悪」の戦争との関わりを、読者に読みやすいニュージャーナリズムの「物語」として演出して届ける。高坂もそれと似た姿勢を示している。学者としては異例なほど政治の現在に積極的に関わり、それを歴史的に位置づけることによって正しい道に導こうと努め、マスメディアで自説を述べるときにはウィットとワサビの利いたユーモラスな話術を駆使した。八九年以降、学識経験者が蛇蝎の如く嫌いがちなテレビというメディアに進出した後の高坂のポジションにも、六二年に論壇誌にデビューした時と同じくアカデミズムとジャーナリズムの豊かな接続の可能性を感じる。アカデミズムとジャーナリズムの接続は、たとえば戸坂《とさか》潤《じゅん》が『思想』一九三一年八月号に「アカデミーは容易に皮相化そう《ママ》とするジャーナリズムを好意的に牽制して之を多少とも基本的な労作に向かわしめ、ジャーナリズムは又容易に停滞に陥ろうとするアカデミーを親和的に刺激して之を時代への関心に引き込む。アカデミーは基礎的・原理的なものを用意し、ジャーナリズムは当面的・実際的なるものを与える」（戸坂「アカデミーとジャーナリズム」）と書いているように早くから所望されていたが、現実にはなかなか困難だった。その貴重な実践例を高坂は示していたように思う。

（たけだ・とおる　恵泉女学園大学教授）

参考文献

加藤秀俊「中間文化論」（『加藤秀俊著作集』第六巻所収）中央公論社、一九八〇年。

根津朝彦「編集者粕谷一希と『中央公論』――「現実主義」論調の潮流をめぐって」（『文化科学研究』第四号所収）総合研究大学院大学、二〇〇八年。

根津朝彦『戦後『中央公論』と「風流夢譚」事件』日本経済評論社、二〇一三年。

京谷秀夫『一九六一年冬』晩聲社、一九八三年。（九六年平凡社ライブラリー版で『一九六一年冬「風流夢譚」事件』と改題）

竹内洋『革新幻想の戦後史』中央公論新社、二〇一一年。

福田恆存「平和論にたいする疑問」（『福田恆存評論集』第三巻所収）麗澤大學出版會、二〇〇八年。

福田恆存「個人と社會」前掲書。

ヤコブソン、ローマン「言語の二つの面と失語症の二つのタイプ」（『一般言語学』所収）みすず書房、一九七三年。

萩原延壽「『対決』派の登場」（『自由のかたち　萩原延壽集6』所収）朝日新聞出版、二〇〇八年。

逢坂巌、星浩『テレビ政治　国会報道からTVタックルまで』朝日新聞社、二〇〇六年。

高坂正堯「現実主義者の平和論」（中公クラシックス『海洋国家日本の構想』所収）中央公論新社、二〇〇八年。

高坂正堯『近代文明への反逆――『ガリヴァー旅行記』から21世紀を読む』ＰＨＰ研究所、一九八三年。

高坂正堯『世界史の中から考える』新潮選書、一九九六年。

清水幾太郎「内灘」（『清水幾太郎著作集10』所収）講談社、一九九二年。

藤竹暁『ワイドショー政治は日本を救えるか――テレビの中の仮想政治劇』ＫＫベストセラーズ、二〇〇二年。

加藤雄二「テレビ視聴時間から見た視聴者像」（『月刊民放』九〇年十二月号所収）社団法人民間放送連盟、一九九〇年。

常木暎生「視聴者にとっての政治討論番組――サンデープロジェクトと日曜討論の分析」（『関西大学社会学部紀要』第三七巻第三号所収）、二〇〇六年。

リーチ、エドマンド、青木保・宮坂敬造訳『文化とコミュニケーション』紀伊國屋書店、一九八一年。

田原総一朗『テレビと権力』講談社、二〇〇六年。

梶山季之「デートもできない警職法」（『トップ屋戦士の記録』所収）徳間文庫、一九九一年。

小泉信三「平和論」（『小泉信三全集　第15巻』所収）文藝春秋、一九六七年。

小泉信三「再び平和論」

戸坂潤「アカデミーとジャーナリズム」（『戸坂潤全集　第三巻』所収）勁草書房、一九六六年。

丸山眞男「『現実』主義の陥穽」（『世界』一九五二年五月号所収）岩波書店、一九五二年。

粕谷一希『中央公論社と私』文藝春秋、一九九九年。

中村政則『戦後史』岩波新書、二〇〇五年。

エーコ、ウンベルト「TV 失われた透明性」（水島久光『窓あるいは鏡』所収）慶應義塾大学出版会、二〇〇八年。

立花隆『アメリカジャーナリズム報告』文春文庫、一九九八年。

注

1 『中央公論』元編集部員への聞き取りを含む、精密さにおいて画期的な論壇誌研究であり、本論文も多くをこの労作に負っている。

2 「平和論にたいする疑問」は清水への批判のようだが、この論文が他でもない、清水の主張の剽窃だと言われた経緯もあった。実は清水は『中央公論』（五四年十二月号）に日本の平和論の抽象性を批判する「外から見た日本」を書いており、両者の論旨は確かに類似している。これについては竹内『革新幻想の戦後史』に福田論文の成立過程を追う精密な分析があり、当時、清水と福田は極めて懇意であり、外遊中のパリでも懇談している。竹内はその時に福田が話した内容に清水が感心し、帰国後、基調講演でその内容を踏まえて話すとともに、『中央公論』に書いたのではないかと推測する。

3 この辺りの用語、訳語の選択に関しては論者によって様々であり、解説、説明も多様となるが、基本的な考え方で意見が割れているわけではない。ここでは文化人類学の領域で「象徴」に関して言語学、記号学を踏まえて検討しているリーチを引いた。

第七章　権力政治のアンチノミー——高坂正堯の日本外交論

中西　寛

高坂正堯は、一九九六年の死の直前にまとめた論文集において、過去四半世紀年余りの著作から選んだ十九篇の論文それぞれに短い緒言をつけて出版した。その冒頭の論文「自立への欲求と孤立化の危険——一九七〇年代の日本の課題——」（『中央公論』一九六九年六月号）につけた緒言で、高坂は次のように書いている。

およそ、すべての時事論文はそのときの状況を反映している。この論文は自立と協調、あるいはアイデンティティといった基本的な問題を扱ったものだが、それは一両年ほどの間、差し迫った現実の課題がなかった状況で書かれたからである。沖縄の返還交渉は政治的には重要な局面を迎えていたが、私には、理論的には一応片づいたように思われた。その予見は正しかった。そして、新たな問題はすぐには現われないように思われた。その点で、私はいかに間違っていたことか。一九七一年夏には二つのニクソン・ショックがあり、ついで一九七三年秋にはオイル・ショックがおこって、日本は当面の問題に忙殺されることになった。ただ、誤った予測のために基本的問題を考えることができた面もある。そのとき考えた問題は今日も未解決である。[1]

この文章を筆者はこれまで何度となく眼にしてきた。しかし高坂らしい、抑制されて書かれたこの文章に、実は高坂のかなり深い思いが込められているのではないか、と考えるようになったのは最近のことである。もちろん高坂に関する多くの分析と同様に、書き残されたもの以上に高坂の考えを知る手かがりは少なく、ここで筆者が感じ取った高坂の感慨も筆者による思い込みでもあるかも知れない。しかし今、筆者には、一九六九年に高坂が考えていた「基本的問題」について、その後の高坂が日本と共に「当面の問題に忙殺」されたまま過ごしたことは、世を去る直前の高坂が自らの仕事を振り返って蘇った感慨ではなかったかという推測を禁じえないのである。

いうまでもなく、高坂は自らの論壇デビュー論文「現実主義者の平和論」以来、日本の現実主義者ないし現代の国際政治学の通用表現では〝リアリスト〟の代表的論客として内外に認知されてきた。近年では高坂を題材とした研究も増えてきている。こうした流れはもちろん高坂の業績にふさわしいものであるが、高坂を単純にリアリストと評価すること、特にアメリカを中心に一つの分析パラダイムとして意識されているリアリズム学派にあてはめて考えることには違和感を覚えてきた。第一に、今日、古典的リアリストと称されるようになった（ハンス・モーゲンソーやジョージ・ケナンに代表される）一連の国際政治学者の中に高坂を加えることは根本的な間違いではないものの、こうした「古典的リアリスト」という分類そのものが、「リアリズム」学派という名称を後付けすることで、当時の国際政治学者がもっていた知的な広がりを平板な枠組みに解消してしまう傾向が強い。たとえば、高坂も大きな影響を受けたイギリスのハーバート・バターフィールドやフランスのレイモン・アロンについて、彼らをリアリストと分類できるかどうかはそれ自体論議の余地があるし、たとえリアリストと分類しても、たとえばモーゲンソーとアロンの相違をどのように理解するかという問題は残る。同様に、高坂を（古典的）リアリストと評価しても、そこから得られる情報は極めて薄い。

第二に、高坂のリアリストとしての評価は、主として彼の論壇デビュー以後の最初期の仕事に依拠している。『海洋国家日本の構想』（初版一九六五年、増補版一九六九年）、『宰相吉田茂』（一九六八年）に代表される日本外交論や『国際政治——恐怖と希望』（一九六六年）がその中心である。しかしこうした傾向は、高坂の多年にわたる研究、評論活動の全体像を明らかにするという作業を怠らせる結果を生んでいる。確かに高坂の初期の活動は論旨が明快であり、鮮烈な印象を残す。これに対して後年の著作は深い洞察を感じさせる一方で、即断を避け、様々な考慮の上で慎重に判断するというスタイルが強まっていく。読者によってはそこに曖昧さを感じる場合もあるだろう。しかし私の見るところ、高坂の研究、評論活動の真骨頂はむしろ高坂の「成熟」の中にこそ表れているのであり、単純に高坂をリアリストと見なす見解では捉えきれないところである。

もちろん高坂の多大な業績全体について本稿で論じられる訳はないが、ここでは三つの観点から高坂の国際政治学のあり方を再検証したい。第一は、高坂の知的ルーツに関わることであり、高坂が受けたヨーロッパ的知的伝統、特にドイツ歴史主義の系譜の間接的な影響である。これは高坂に限ったことではなく、同時代に活動を始めた欧米の国際政治学者の多くもこうした背景をもっているのだが、近年の国際政治学説史研究でもこの点はまだ明確に整理されていないように思う。

第二に、いわゆるリアリストとしての高坂の論壇活動初期の議論を改めて整理する。特に本稿では、高坂が彼の批判対象であったいわゆる理想主義者と近代主義者としての基盤を共有しており、同時代の戦略理論の知識を援用しつつ、近代主義者が徹底しなかった論理を展開して日本外交を論じた側面を強調する。

第三に、冒頭で触れた日本外交の「基本的問題」に向き合った高坂について、六〇年代末における高坂の活動が三島由紀夫のそれと交錯した局面を紹介することで象徴的に論じる。一九七〇年に自決した三島由紀夫と直接の交流はほとんどない。にもかかわらず、時代を代表する知識人として高坂と三島は互いを意識し、またその立場の相違を確認していたと思われる。三島は、自決の数ヶ月前に、「私はこれからの日本に大して希望をつなぐことができない。このまま行つたら『日本』はなくなつてしまふのではないかといふ感を日ましに深くする。日本はなくなつて、その代はりに、無機的な、からつぽな、ニュートラルな、中間色の、富裕な、抜目がない、或る経済的大国が極東の一角に残るのであらう。それでもいいと思つてゐる人たちと、私は口をきく気にもなれなくなつてゐるのである」(「果たし得ていない約束――私の中の二十五年」『サンケイ新聞』一九七〇年七月七日掲載)という言葉を残した。[2] 高坂は、その死の直前に遺した論考を「言い訳とごまかしを続けて精神が腐食するとき、力も、知恵も、カネも結局役に立たないからである」という言葉で締めくくった。[3] 三島と高坂が共に死の直前に、日本の精神的腐敗の問題について書き遺したことは、両者の問題意識の深い重なりを示すもののように思える。恐らくこの問題に対する二人の答えは異なっていた。三島は文化的伝統による日本人の精神的アイデンティティの回復を目指した。対して高坂はあくまで近代性の枠に立ち続けようとした。にもかかわらず高坂が考え続けたのはこの問題であり、それはリアリズムの立場に立ちながら、その限界と向き合い続けることを意味していたのではないかと思われるのである。

歴史主義からリアリズムへ

高坂の日本外交論を理解する前提として必要な範囲で高坂の国際政治学の原点について考察しておく。周知のように高坂は京都大学助手論文としてウィーン体制を研究テーマに選んだ。この選択の理由を直接的に示す材料はないが、いくつかの理由から、高坂にとってこの選択は比較的自然なものであったと推測できる。

まず、戦後日本の国際復帰や安全保障問題とウィーン体制との対比である。高坂自身、後に、指導教授であり、ヨーロッパ外交史に造詣が深かった国際法の田岡良一が講和独立期に日本の安全保障についてスイス型の永世中立を提唱したのに対し、国連安全保障への参画や集団防衛を唱えた東京大学教授の横《よこ》田《た》喜《き》三郎《さぶろう》と論争したことが記憶に残ったと記している。[4] この論争が、戦後日本の外交安保政策を検討する言わばモデルとして、大戦争後の国際秩序回復のヨーロッパ史上最も成功した事例の一つとされるウィーン体制への関心を深めさせたことが考えられる。

しかしこれだけにとどまらず、当時の欧米の国際政治学の潮流がヨーロッパ史研究に向かっていたことも影響した可能性がある。戦後初期にエドワード・ハーレット・カーの『危機の二十年』が再刊され、またハンス・モーゲンソーの『諸国民の政治』（邦訳は原彬久『国際政治』岩波文庫）が出版されて、アメリカを中心に欧米で「国際政治学」は学問分野として定着するようになった。高坂が研究を開始した一九五〇年代は、欧米で様々な分野から研究者が国際政治学に参入しつつあった時期であり、そこでの主要課題の一つは近代ヨーロッパ外交の歴史的経験を国際政治学の視点において整理し直すことであった。[5] この時代の国際政治学は確立したものではなく、たとえばE・H・カーは歴史学、H・モーゲンソーは国際法からの参入者であった。彼らと同世代かさらに前の世代で歴史学、政治学、国際法などの分野で研究していた研究者が国際政治学分野に参入してきたのが一九五〇年代の国際政治学の姿であった。

その点で大きな役割を果たしたのはヨーロッパ出身の学者たちであった。代表的な存在は高坂より十一歳年長のヘンリー・キッシンジャーである。彼はナチスから逃れてアメリカに移住し、第二次世界大戦で米軍に従軍した後、ハーバード大学で政治学を学んだ。大学院進学後、ウィーン会議を博士論文のテーマに選んだキッシンジャーに対して周囲の院生が、核兵器が登場したことに触れながら「歴史学部に転部した方がよいのではないか」とからかったのに対して、「ヒロシマは新たな世界を創った訳ではない。それは安定した勢力均衡を形成することについて人類がまだ歴史の教訓を学んでいないことを意味している。従って、近代の数少ない成功した平和会議の一つであるウィーン会議について研究することは意味があるのだ」と冷たく反論したという。[6]キッシンジャーの博士論文は『回復された世界平和』として一九五七年に公刊された。[7]

キッシンジャーの著作が高坂のウィーン会議研究にとって刺激になったことは間違いないだろう。あるいは、キッシンジャーへの対抗意識すらあったのかも知れない。事実、高坂の助手論文(後に『古典外交の成熟と崩壊』の第二章としてほぼ原著の形で再録された)からは、両者の強調点の相違が見てとれる。[8]キッシンジャーが、オーストリア首相メッテルニヒとイギリスのカースルレイの外交指導に着目し、勢力均衡と正統性原理という外交準則を重視したのに対して、高坂は勢力均衡のための利害調整と革命に対する恐怖といった要因に着目しつつも、ウィーン会議の成功の基本的要因を、各国指導者の「ヨーロッパ」理念の共有に見出している。「この『ヨーロッパ』という概念は、単なる力の釣合いだけでもなく、また単に道徳的、文化的な紐帯でもない。それは、この二つを融合した概念であった。したがって、力の関係からしてもそれに従うことが必要であったし、同様に、政治家の良心もそれによって制約を受けたのであった」。[9]

しかし「ヨーロッパ」への着目は、単に若い研究者の卵がすでに評価を確立しつつある若手研究者に対抗意識を示したというだけのことではないだろう。そこには高坂が生まれ育ってきた知的土壌が反映しているのであり、さかのぼれば助手論文でウィーン体制をテーマとしたことにもその影響が及んでいたと観ることすらできる。それは高坂が父とその周辺の知識人から受け継いだ、ドイツ歴史主義に由来する系譜である。

初期の国際政治学参入者の多くが国境を越えて共有していたのは、主にドイツにおいて発達した「歴史主義」の思考法であった。「歴史主義」とは、歴史家レオポルド・フォン・ランケによって十九世紀中期に一つの完成型を見た、社会分析アプローチである。それは第一に、十八世紀に英仏で台頭した啓蒙主義的な社会分析、すなわち自然科学に範を採り、人間行動に関する法則によって社会を説明しようとするアプローチに対して、社会分析には人間の精神的側面への理解が不可欠であるという解釈学的系譜に属するアプローチであった。第二に、歴史主義は歴史を一回限りの個別性をもった事象の累積とみなし、厳密な史料批判に基づく歴史史料、とりわけ公文書によって知りうる政策決定者の内面を交えた行動の再構成のみが歴史の、すなわち人間社会の真実を明らかにできると考えた。第三に、歴史主義は、歴史的事象が個別的であると同時に連関を有し、個人は民族を通じ、民族は国家を通じ、国家は国家間の権力作用を通じて人類史（普遍史、世界史）の発展に参画する主体となる、という世界像を前提としていた。[10] ランケにおいては、『強国論』に典型的に示されるように、人間の道徳的結合としての国家が歴史の担い手であり、それゆえ国家と国家の相互作用にこそ人類史の精髄が表れるのであり、従って歴史は政治外交史（むしろ外交が優位する外交政治史）として書かれるべきなのであった。もちろんランケの時代にあって、国家とはヨーロッパ列強に限定されており、従って世界史とは当然にヨーロッパ諸国間の相互作用によって営まれる歴史であるというヨーロッパ中心主義の枠内にとどまっていたことはいうまでもない。

しかし史料批判を通じて国家間の相互作用を明らかにすることで、人類の発展過程を跡づけうるという歴史主義の発想はそれ自体、十九世紀進歩主義の楽観性を色濃く反映していた。その楽観性は次第に明らかとなり、ことに第一次世界大戦以降のドイツにおいてはそのまま受けとることは不可能となった。この過程を目撃した新ランケ学派の中軸の一人、フリードリヒ・マイネッケは第一次世界大戦後の著作『近代史における国家理性の理念』において近代ヨーロッパの国家理性概念の理念史を追いつつ、最終章「回顧と現代」では、十九世紀に発達した軍国主義、国民主義、資本主義がそれまでの権力の限界性をつきやぶり、「総じて戦争、すなわち国家理性のこの最終的・最強の手段は……手綱をとる国家理性をすべて嘲笑し、その騎手を深淵のなかへ厭応なしにつれこむデモーニッシュな力となった」と論じた。さらに第二次世界大戦後には、マイネッケは歴史主義を生みだしたドイツ史を悲劇として捉え、また、ランケに学んだ後に国家中心の政治史叙述に反発して国家を越える文化に着目して『イタリア・ルネサンスの文化』などの文化史を開拓したヤーコブ・ブルクハルトをランケと対比させて、ブルクハルトをより高く評価する講演を行った[11]。二十世紀にあってはランケは史料批判に基づく実証主義史学の大成者として記憶され、その楽観的な世界史像は否定される運命にあったのである。

二度の大戦がドイツ史と歴史主義に悲劇をもたらしたのに対して、西欧世界では歴史主義が楽観的な進歩史観への批判として受容された。その帰結が国際政治学、特にリアリズムと総称されるようになる思考法であった。カーはドイツの影響が強かった東欧に学び、モーゲンソーはドイツで国際法学を修めた。彼らと世代の近いアーノルド・ウォルファーズやジョン・ハーツといった国際政治学者もドイツからアメリカに移住した人物である。キッシンジャーもカントとシュペングラーとトインビーを対峙させた「歴史の意味」と題する大部の卒業論文を執筆していた。[12]
しかし高坂の国際政治学に大きな影響を与えたのは、彼ら国際政治学者のパイオニアよりも、戦後に国際政治分野に参入してきた「知的移民」たちであった。特にイギリスの歴史家ハーバート・バターフィールドとフランスの歴史社会学者レイモン・アロンが重要である。
バターフィールド（一九〇〇〜七九年）は外交史研究から出発したが、『ウィッグ史観批判』（一九三一年）によって著名となり、科学史、キリスト教論を含めて幅広く活躍した歴史家である。『ウィッグ史観批判』は、ランケを批判的に評価したアクトン卿を進歩主義的な「ウィッグ史観」の代表者と捉え、それまでイギリスで関心の薄かったドイツ歴史主義を受容しつつ、進歩や人間性を肯定する解釈者の道徳的価値判断と歴史叙述を区分するよう唱えた著作であった。[13] 第二次世界大戦後、バターフィールドはアメリカのロックフェラー財団の支援を受けて、一九五九年に「国際政治理論に関するイギリス委員会」を発足させ、マーチン・ワイト、マイケル・ハワード、ヘドレー・ブル、アダム・ワトソンらと国際政治に関する共同研究の場を提供した。[14]
アロン（一九〇五〜八三年）はフランスでエコル・ノルマルを卒業後、ドイツに留学した。ワイマール体制の崩壊とナチスの台頭を目撃したアロンの観点は、自国で主流だったデュルケーム流の科学主義的な社会学から、ウェーバーに代表される理解社会学に基づく歴史哲学に移行した。一九三八年にソルボンヌ大学の博士論文として提出された『歴史哲学入門』は人間を歴史的存在として捉え、決定論的社会分析を批判し、蓋然性に基づく判断を提示するものであった。戦後、アロンは共産主義の脅威を説き、ジャーナリズムを通じて国際政治問題にも活発に論評を行うようになった。[15]

高坂にとってバターフィールドやアロンの思考方法はまったく新奇なものではなかったはずである。彼らは高坂の父で哲学研究者の高坂正顕（一九〇〇～六九年）と同世代であり、正顕が属していた西田幾多郎に続くいわゆる京都学派も、ドイツ哲学を思考の中核に据えていたからである。特に昭和十年代の京都学派は歴史哲学への傾倒を強め、ランケやマイネッケを盛んに引用しつつ、ヨーロッパに限定されない真の普遍史としての世界史とそこでの日本の役割を定義づけようとしていた。カント哲学研究から出発した正顕も『歴史的世界』（一九三七年）を著してこの流れの中にいた。彼らの著名な座談会『世界史的立場と日本』もこうした歴史哲学的思考の中で位置づけられる必要がある。[16]

ここで京都学派の歴史哲学を論じる意図はないが、彼らがマイネッケの苦渋よりもランケの理想主義に魅力を感じていたことは間違いないであろう。しかし日本の敗戦によって彼らは一時雌伏を強いられた。戦後教職追放を受けた正顕も、息子正堯には英語圏の著作に親しむことを勧めたようであり、高坂が直接にドイツ歴史主義に取り組んだ形跡はない。しかし、京都学派を含めた「オールド・リベラリスト」はドイツ歴史主義の延長線上にある知的系譜として欧米の国際政治学に関心を抱いており、高坂はその影響下に育った。[17]たとえば正顕はカントの「永遠平和論」の日本で最初の翻訳者であり、京都学派の一人鈴木《すずき》成高《しげたか》は、モーゲンソーの日本での最も早い紹介者となった[18]。それは単なる偶然ではなく、ドイツ歴史主義を中核とする世界観が第二次世界大戦後に国際政治学分野におけるリアリズムへと移植されたことを反映しているのである。

この文脈を踏まえた時、すでに触れた高坂とキッシンジャーのウィーン体制分析における視角の相違は意味深いと言えよう。ドイツから逃れ、戦勝国の一員となったキッシンジャーにとって、ウィーン会議は適切な政治指導に基づく安定した国際秩序創設の模範であった。対して戦時の拡張から敗戦を経験し、さらに戦後国際秩序への復帰をめぐり左右の政治論争を抱える日本に育った高坂は、政治家の高い外交技術と共に、ヨーロッパ諸国が「ヨーロッパ」という文化的理念を共有していたことにウィーン体制成功の根本的な鍵を見た。すなわち、高坂は国家間の権力闘争を制御し、超克する原理としての文化の重要性を認識した点で、ランケからブルクハルトへの道を若くしてたどっていたのである。

しかし、それでは現代の国際政治を破局から救う手だてはどこにあるのか。多くのリアリストが現代的文脈における国家理性の再生をその必要条件にあげた。しかし、高坂の国際政治理解にあっては国家理性は破局回避の必要条件ではあっても十分条件ではない。それでは何なのか、という問題に高坂が向き合うのは後のこととなる。

現実主義から海洋国家論へ

高坂が助手論文を書き終えて助教授となり、一九六〇年から二年間のアメリカ・ハーバード大学滞在を終えた帰国直後に『中央公論』編集者の粕谷一希と出会い、「現実主義者の平和論」によって論壇にデビューすることになった経緯はすでによく知られている。その後の高坂は『中央公論』を軸としながら活発な執筆活動を続けるが、改めてその記録を追うと、約半年のオーストラリアのタスマニア島での在外研究あたりを境にして、その論考の力点に微妙な変化が見られることに気づく。

六六年までの高坂は、まさに奔流のように著作を書き続けている。『海洋国家日本の構想』に収録された七本の論文を一九六四年末までの二年足らずの間に書き、また、六四年年頭には後に『宰相吉田茂』の巻頭論文となる「宰相吉田茂論」を公表した。もちろんこれらは高坂の人並み外れた能力を示すものではあるが、集中した執筆を可能とする知的準備が高坂に築かれていたことも確かである。

この時期の高坂の主眼は、いわゆる進歩派の国際政治論および日本外交論に対する批判に向けられていると言ってよいであろう。そのために高坂の知的武器となったのは京都学派や欧米の研究者から学んだ国際政治学と、その台頭に随伴して現れた欧米の戦略理論であった。それらの知的武器を利用することで、高坂の批判は、進歩派と近代主義的な基盤を共有しつつ、その論理の不徹底を指摘し、より完成された形で近代政治の論理を提示することとなった。それがゆえに高坂の批判は明快であり、鋭いものであった。

高坂が「現実主義者の平和論」でとりあえず批判の対象としたのは、安保改定論争前の坂本義和と加藤周一の論考であった。[19]しかしこの時期の高坂が意識していたのは、進歩派の平和論の基本的な論理を提供したと言える丸山眞男の論考、典型的には平和問題談話会が『世界』一九五〇年十二月号に掲載した「三たび平和について」において丸山がその担当部分（第一章、第二章）で示した論理であったように思われる。

「三たび平和について」の論旨を改めて整理すれば、以下のように集約できるだろう。[20]

⑴現代の戦争、とりわけ核戦争の巨大な破壊性は明らかであり、戦争はもはやいかなる合理性ももち得ない、絶対悪（「地上における最大の悪」）となった。

⑵戦争の絶対悪に比べれば、冷戦対立の切迫性は相対的なものであり、対立緩和と平和的調整の可能性を軽視すべきでない。前者を客観的現実とみなし、後者を理想論として退ける認識そのものが対立を固定化する危険性をもつ。

⑶東西間のイデオロギー対立や軍事的緊張は存在するが、それは武力衝突を必然ならしめるものでなく、緊張緩和への動きや、インド、中国などアジア諸国が第三勢力として成長する可能性、国連の役割など二つの世界の並存の傾向も見落としてはならない。

⑷日本は冷戦対立を必然と認識して一方の陣営に加わるのではなく、中立を保ち、「二つの世界」の並存を強化するよう働きかけるべきである。

こうした論理は、安保条約改定をめぐる論争時に書かれた加藤や坂本の一九五九年の論文にも通底しており、日本が中立を選択し、安保体制を否定すべき点が強調されている。

加藤の論文は中国承認、坂本論文は中立志向の中小国兵力からなる国連警察軍の受け入れと縮小された自衛隊のそれへの編入といった提案を加えているが、議論の中心は日米安保体制の廃棄と日本の中立化である点で「三たび平和について」の論理を踏襲している。

この論理に対する「現実主義者の平和論」での高坂の主張は以下のようにまとめうるであろう。[21]

(1)核兵器の登場は戦争の意味を確かに大きく変えたが、軍事力は直ちに核戦争につながる訳ではない。非核の通常兵力も抑止力たりうるし、極東の勢力均衡が現状維持という形で少なくとも現状の平和の基礎となっていることは無視できない。

(2)中立論が憲法九条の体現する絶対平和の精神を重視していることは確かであり、この価値そのものは日本が追求すべき価値を示すものとして評価されるべきである。しかし中立は平和実現のための手段であって、それ自体が目標ではない。

(3)まず認識を変革し、中立化を決定することが決定的に重要という立場は少なくとも「大きなギャンブル」を意味する。絶対平和を実現するためには、権力政治の現実から出発してそこに至る具体的手段を示すことが重要である。

(4)日本は安保体制を維持しつつ、極東の緊張緩和のために、中国との国交正常化、朝鮮半島の緊張緩和、日本の非核武装宣言、極東でのロカルノ方式（地域的安全保障）や兵力引き離しといった具体的方策を追求することで平和をより強固なものとできるし、そうすべきである。

このように整理した時、まず高坂の論理が「三たび平和について」における論理の不十分さを衝いていることが看取できる。戦争が絶対悪になったとする一方で、冷戦対立が必然的に戦争に至るとは限らないと指摘することは、二つの世界による対峙する軍事力の対峙もが必然的に戦争につながるとは限らず、平和維持のためにも一定の役割を果たしうることを意味している。また、現実は現状と同義ではなく、理念的な認識により現実を変えうるという論理は、理念さえ持てばいかようにも現状を変えうるかのような極論に至ってしまう。確かに目的意識が現実に影響を及ぼすことはありうるにしても、いかなる手段で変革を実現するのかという手段の問題が見落とされれば空論に終わってしまうのは当然である。高坂の論理は丸山らの主張の弱点を的確に衝いている。

事実、丸山らの「近代主義」的な日本政治に対する評価、すなわち日本政治の封建的、前近代的性質こそが戦争と敗北を招いたとする見方を徹底すれば、日本を十全たる近代国家とすることが目標となり、そこに国家理性や軍事戦略といった要素がつけ加えられねばならないことは自明であった。その点で、丸山が一九四九年に公表した「国家理性」に関する論文を未完のままに残したことは興味深い。「近代日本思想史における国家理性の問題」と題された論文は、一九四九年一月号の『展望』に（一）が掲載され、幕末期の攘夷思想が西洋国際秩序観の受容によって置き換えられ、明治維新後に福沢諭吉によってより十全な形で適用されることを予感させる段階で止まってしまった。丸山の後の説明によると、本論文は戦中期に丸山が精読したマイネッケの国家理性史に影響を受けたものであり、（二）、（三）と続く予定であった論文では明治中期における「国是」をめぐる、民友社系の論者と陸羯南《くがかつなん》ら「国粋主義」系の論争、さらには陸奥宗光の『蹇蹇録《けんけんろく》』に見られる自己抑制の効いた外交論を論じて、昭和期の国家理性の喪失と対比させる予定であったという。[22] 丸山はこの論文を完成させなかった理由を明示していないが、丸山がマイネッケを通じて自己抑制を含んだ国家理性を評価していることは明らかであり、その論旨を徹底すれば、高坂が依拠したような権力政治観を原理的に否定することにはつながらない。さらに言えば、高坂の論理は、丸山があえて未完のままとした国家理性に対する追求を戦後の文脈で日本外交論に適用したとさえ解することができる。

加えて高坂は、欧米で発達した戦略理論研究の成果を利用することができた。リデル＝ハート、バーナード・ブロディらによって開始された戦略研究は五〇年代後半から六〇年代にかけて「黄金時代」を迎え、キッシンジャー、アロン、アルバート・ウォールステッター、トーマス・シェリング、パトリック・メイナード・スチュアート・ブラケット、アンドレ・ボーフルらによって急速に精密化されていた。「核兵器の出現は、敵の軍事力の破壊ということはそれを目標とするにはあまりにも多くの犠牲を伴うことを示したのである。……しかし、軍事力を用いる以外に解決しえない意思の対立がある以上、核兵器の出現によって戦争はありえなくなったといって、済ますわけにはいかないのである」と高坂は論ずる。現代にあっては、この意思の対立は、カール・フォン・クラウゼヴィッツのように、軍事力によって敵の抵抗力を破壊して自己の意思を押しつけることではなく、「闘争を行なったり、つづけたりすることは意味がないと敵側に悟らせる」ことによって解決されるのであり、そのための多様な選択肢を備えることが「戦略の第一原則」となるのである。[23]

高坂は戦略研究から得られた知見を日本外交の実態へと適用した。『海洋国家日本の構想』に収録された諸論文は、「現実主義者の平和論」の議論を敷衍《ふえん》する形で主に三点を主張している。

(1)日本は日米安保体制を維持ししつつ、極東の緊張緩和のために中国と国交正常化をするべきこと、⑵日本は現状において軍事力が一定の役割を果たしていることを認めた上で、その役割を減らすよう努力すること、特に核兵器の保有は行わないこと、⑶日本は幅広い国内的支持を受けた対外政策を展開すること。

⑴と⑵はヨーロッパ近代国際政治から学んだ知恵と最新の戦略理論から説明できる「国家理性」を反映するものであった。核時代にもかかわらず、軍事力は国際秩序の安定化要因でもあるのであり、現状の安定によって初めて外交による緊張緩和が可能となるのである。とくに東アジアの緊張の中心をなしているのは米中の対立関係であり、その緩和にこそ日本の外交的役割があるというのである。

しかし高坂が大きな関心を払ったのは、⑶の国内コンセンサスの上に立った対外政策の形成であった。なぜなら、「そうなってはじめて、日本は冷戦下の極東という悪い気象条件のなかで、みずからのコースを定めて飛ぶことができる」からであった（『高坂正堯著作集』〈以下『著作集』と略記〉第一巻、四三頁）。

従って、高坂が日本の対外政策を包括的に論じた論文「海洋国家日本の構想」を特に重視し、論文集の書名にも採用したことは不思議ではない。[24] 事実、この論文は日本の国際政治上の位置づけと国力の性質から説き起こして日本の対外政策を論じている点で、より限定されたテーマを論じたこの論文集所収の他の論文とは違った包括性をもっている。

同論文での高坂の主張を要約すれば以下のようになるであろう。

近代以降の交通技術の発達によって、日本は地理的には「極東」に位置しつつも、結びつきにおいてはアジアよりも西洋世界に近い「極西」の国となった。日本は伝統的に中国文明圏から距離をとる「東洋の離れ座敷」のような存在であり、それがためにいち早く近代化にも成功したが、その成功故に一時期、逆接的な形でアジアとの結びつきを強めた（侵亜と即亜）。しかし敗戦と中国の共産化によって日本はより純粋に「極西」の国となった。

戦後日本は、軍事力を対外手段として用いず、高坂が「宰相吉田茂論」で吉田の商人的国際政治観と呼んだ、経済立国主義と内政優先主義を採用した。これは軍事力の役割が低下した第二次世界大戦後の国際政治環境にも、また、国内経済開発を優先する国民の志向にも即したものであった。

しかし今日、中国がアジアの中心として台頭しつつあり、日本の位置づけは根本的に変わりつつある。中国の核保有が米中の軍事関係を変化させ、非核の日本は米中いずれかへの従属を迫られるというフランスのガロアの診断は視点を核兵器に限定している点や中国の核兵器を過大視している点で誤っている。しかし中国の挑戦の核心がその革命のもたらす魅力にあると考えるならガロアの分析は当たっており、広い意味での国力においては、「対米従属と対中従属というジレンマは実在し、それを逃れる道は日本みずからの力を強める他はない」と高坂は分析する（『著作集』第一巻、一五三頁）。このジレンマから脱出するためには日本は独自の国力を備えなければならない。そのためには、まず「最小限度の軍備の必要性と有効性」を認識する必要がある（『著作集』第一巻、一七二頁）。それはアメリカと同盟しつつ、日本は小規模の軍備をもつことで実現可能である。

加えて日本は、より積極的な影響力の手段となりうる軍事力以外の国力を持つべきである。それは近代初頭のエリザベス一世時代のイギリスが海洋国家としての基礎を築いた事例にならい、慎重な政治指導と積極的な民間の対外活動を組み合わせることによって獲得可能である。つまり、日本が世界と交易によってつながる海洋国家であることを自覚し、開発途上国への援助政策の拡充や海洋の積極的な調査開発能力の拡充を行なうことである。

以上のような論旨は、高坂自身が「私の考えの実体はまだ焦点が定まっていない」(『著作集』第一巻、二〇五頁)と論文集のあとがきにおいて謙遜したように、細部においては精密さを欠く点も残っている。しかし全体としては戦後日本外交論として際立って首尾一貫した内容をもつものといってよいであろう。

一九六五年にこの論文集を出版した時、高坂はこの構想が早期に政策に反映されることをやはり期待していたであろう。しかしその期待はすぐには実現しなかった。六五年から翌年春にかけてタスマニアに滞在した後、高坂は『国際政治』(中公新書)や『宰相吉田茂』(中央公論社)、『世界地図の中で考える』(新潮選書)などを執筆し、また、佐藤栄作内閣に対して沖縄返還問題などで助言しながら、時を待っていたのである。そして一九六九年、若干の補遺をつけ加えて『海洋国家日本の構想』を再刊した時には高坂はいよいよ好機が訪れたと感じていたかもしれない。同年八月付けの「増補版へのあとがき」において高坂は、「中国の核実験、アメリカのベトナム介入、インドネシアの九・三〇事件、文化大革命」といった思いがけない大事件のために、日本人は立ちすくんだが、日本の国力は増大しつつあり、「この書物のなかで展開されている考え方は、数年を経た今日でも依然として妥当なもの」(『著作集』第一巻、二〇八頁)という自信を見せているのである。しかしこの間に生じた日本の変化は実は当時の高坂が認識していたものよりも大きかったのではなかったろうか。その思いが、本論の冒頭に掲げた高坂の回顧にも窺えるのではないだろうか。次節はこの点についてさらに論じる。

海洋国家から異質論へ

六〇年代末にあって高坂を戸惑わせることになったのは、要するに日本の国力増大に伴って日本人の中に自尊心とナショナリズムが強まり、そのことが日本人に視圏の拡大よりも視野狭窄をもたらしたことであった。この時期の学生運動の高まりが政治的には左翼的な志向をもったにもかかわらず、民族主義的な気運を反映していたことはよく指摘される。この変化に後押しされる形で丸山眞男が回避していた「市民社会」といった表現やベトナム反戦運動が広がりを見せた。あるいはまた丸山に対する吉本隆明《よしもとたかあき》の批判や丸山の「超国家主義」の捉え方に対する橋川文三《はしかわぶんそう》の違和感の表明などもこうした変化の表れと見なしうる。別の面から言えば、いささか皮肉なことに高坂よりも年長の「戦中派」が高坂よりもやや遅れて社会の前面に出てきたことと学生運動の高揚といった現象が重複して、日本社会のあり方を変えつつあったのである。そしてこの世代と時代を最も劇的に体現したのは、やはり三島由紀夫(一九二五~七〇)であったろう。

高坂と三島が直接に出会った記録は少ないが、様々な形で二人はこの時期に交錯している。たとえば一九六七年十一月に三島が福田恆存と行った対談では、憲法改正に関する話のなかで、三島が「高坂正堯氏は非常に先入観のない学者で、センシブルで、ぼくは若い人の中で非常にいい学者だと思ふ。だけども、彼の現実主義に徹底すると、現状肯定主義の論理的なトリックになるといふことが、『中央公論』の巻頭論文を読んでも、こなひだの『文藝春秋』の論文を読んでも、ぼくにはひし〳〵と感じられる」と評価と不満を示している。[25]対して高坂は、六八年の小論で三島を採り上げて、三島の「天皇制に対する態度は私にはよく判からない」と述べつつ、三島が若者の悪徳や失敗を好んで描くのは、若者の自由な行動に対して責任を問わない甘やかしの気風への反発があるからではないかと推測し、「その結果に責任を負わない形での自由の追求が、その本人の精神を腐敗させることが最大の問題なのである。その意味で彼は、人間のために、また、若者のためにその『甘ったれ』をののしっているのである。そこに彼の魅力がある。少なくとも、私にとってはそうである」と評している。[26]

その高坂と三島が同席したと推定される機会が分かる範囲で少なくとも二度あり、そのいずれもが象徴的な場所であった。一度目は、左派の学生運動に反発した右派学生が結成した全日本学生国防会議の結成大会（一九六八年六月十五日）であった。高坂は招かれて講演を行ったが、右派学生と関係を強めていた三島が結成大会への参加を自ら申し出て、会場で万歳三唱し、その後の行進にも車で付き添ったという。ちなみに国防会議議長となったのが、後に楯の会で三島の下《もと》に集まり、三島と共に自刃する森田必勝《もりたまさかつ》であった。[27]

二度目は、福田恆存の呼びかけで一九六八年に田中美知太郎を理事長として発足した日本文化会議の第一回シンポジウム「日本は国家か」（一九六九年四月十二、十三日開催）である。この会議のテーマは高坂が設定したものであり、高坂は「『権力なき国家』の幻想」という問題提起講演を行い、三島はパネリストの一人として参加した。高坂の論旨は、現代社会は強大な管理能力を国家に与える一方で、あたかも権力が存在しないかのような幻想を膨らませ、結果として巨大な権力支配を生みだしてしまう危険を説いたものであった。これに対して三島は、高坂の分析の鋭さを評価しつつも、日本人にはそもそも権力や国家といった観念が薄く、むしろ精神的部分、「魂の内面性の部分に、国家が錨をおろす」ことが理想的だとコメントした[28]。

このやりとりにも高坂と三島が問題意識を共有しつつ、しかも異なる解答を出そうとしていたことが読みとれる。要約してしまえば高坂はあくまで近代主義的な思考の枠内での解決策を追求したのに対し、三島は精神的な深奥への探求、それも三島が考える日本的な文化に根ざす自己犠牲によって解決策を見いだそうとしたのである。三島の行動主義は加速していき、やがて七〇年十一月二十五日の自決へとつながった。

三島の日本アイデンティティに対する考えは、思想としては限界があった。それは六八年に三島が出した「文化防衛論」に対して、橋川文三がその矛盾（三島が天皇制を称揚したのに対して、天皇制はそれ自体、近代の産物であることを指摘）を衝き、三島が自らの弱点を認めざるを得なかった経緯にも示されている[29]。しかし三島らの自決行動は、敢えて理性の境界を越えることで、確かに「生命以上の価値」に賭ける者の存在を示したのである。

高坂は三島と重なる問題意識を抱いていた。実際、六〇年代後半の高坂はそれ以前よりも経済中心主義の問題点を強く意識し、政治や権力の重要性を主張するようになった。六七年八月の「吉田茂以後——保守政権の系譜と課題」論文において、高坂は、国力を持つようになった日本にとって外交に関する深刻な国論の分裂の弊害が大きくなったと述べた上で、ナショナリズムに訴えて国論の統一を試みることの危険を説いている。それは国論のさらなる分裂に結果するかも分からないし、相互依存の増大する国際政治において感情的なナショナリズムは実効性がないし、ナショナリズムの高揚が国内の意見の多様性を押し殺す危険性ももっている[30]。この点で高坂は、ナショナリズムは権力政治を調整する国家理性にとって危険な存在となるというマイネッケの指摘を意識していたのであろう。

高坂は、政治が開かれたものとなり、幅広い国民の参加や支持を得るように変わることの重要性を説いた。それは西洋の自由民主主義体制に範を採る理性的なアプローチであった。しかしその訴えが日本社会に受容され実現されていったとは言いがたい。この現象に対して、日本政治の「前近代的」性質を批判することは可能であり、高坂も基本的にはそのような見方をしている。しかしそもそも、日本においては、革命や騒乱を含めても大衆が政治に参加した経験はほとんどない。大衆は権力を自ら振るったことがないだけでなく、それを振るうことを現実のものだとしてこなかった。『権力なき国家』は日本社会の伝統に根ざしたものであるかもしれないのである。そこに高坂が「『権力なき国家』の幻想」をもっぱら先進社会の性質から説明しようとした時、三島が日本人の魂の問題として批判したことの鋭さがあった。

実際、六九年頃の高坂は国家や権力の問題について集中して考察した。六九年二月から四月にかけて『文藝春秋』で「占領は日本をどう変えたか」「占領が日本人から奪ったもの」(三回)を連載した。[31]その分析の結論は、占領改革はおおむね当時の日本人の希望や考えに沿ったものであったが、それが占領当局という「至上の権力」によって行われたために、権力感覚なき革新派と民衆に話しかける技術をもたない保守派を生みだし、日本人の政治感覚を狂わせた、というものであった。

その直後に書かれた「自立への欲求と孤立化の危険」はなぜか当時の論文集には収録されなかったが、「孤立は、今後われわれがもっとも恐れなくてはならない可能性となるであろう。なぜなら、われわれは自立を欲しているから」という書き出しで始まるこの論文は当時の高坂の問題意識をよく表している。[32]戦後日本のアメリカとの協力に基づく経済中心主義は一九五〇年代においてはよく機能した。しかし今日、状況は変わった。日本人の自立への欲求がさらに強まっただけでなく、非武装中立論に対して「自衛中立論」が登場するなど自立が現実化する可能性が生じると共に、国際関係も米ソ二極体制から多極化へと向かう傾向が明らかとなったからである。

しかし相互依存の増大する今日、自立への欲求が外交的制約に対する感情的反発に帰結するなら、それは戦前と同じく危険な結果をもたらす。安全保障でも経済でも今日、一国だけで全うすることはできない。他方、国民国家が「独自の価値体系を持つ意思の決定体」である以上、一定の自己決定の感覚は必要であるし、また日米安保体制が日米相互に役立ち、かつ東アジアにおいて原則的に安定的要因であるとはいえ、アメリカの勢力圏を拡大する形で緊張を固定化させていることも確かであるから、日本の自立は緊張緩和に役立つ側面も持っている。

しかしこうした自立の追求は、たとえば朝鮮半島情勢に影響を及ぼし、日本を友好国から孤立させる危険があるし、アメリカと日本が文明を異にし、日米の基本的な信頼関係に脆弱さがあることを考えれば、日本がアメリカに対して自らの利益をはっきり主張することはアメリカと文明を共有するイギリスの場合と比べるとはるかに難しい。「極西」でありながら西洋諸国と文明を異にし、また中国などとも離れた「東洋の離れ座敷」である日本が、本格的に自立を追求する時、孤立の危険は常につきまとうのである。

高坂は日米間で安保関係の比重を下げ、経済関係の政治的調整の重要性を自覚すること、また独自の対外援助能力を高めることを具体的方策として提示した上で、より根本的な二つの問題を指摘する。第一は、日本が独自のものとして主張できる「日本らしさ」、すなわち日本のアイデンティティの問題である。高坂によれば、伝統的な日本文化は世界に向けて発信する力は弱い。むしろ地球上の文明が普遍化する傾向を考えると、独自の「日本らしいもの」を主張するのではなく、東洋と西洋の間に立つ性格を「日本らしい」ニュアンスとして表現する能力が重要である、とする。第二は、そうした「日本らしい」ニュアンスを表現でき、かつ国際的に活躍できる人材の育成である。日本にそうした人材を供給できる能力は低い。「もしも日本の発展がとまるとすれば人材の不足という理由からではないか」と高坂は指摘する。三島が、近代の限界に対してまさに伝統的な価値への投企を訴えたのに対し、高坂はそのありようを眺めつつも、固有の日本文化をアイデンティティとする一線まえで踏みとどまったのである。

三島の自決後、高坂は三島が提起した問題の大きさを認めつつ、自らとの違いを改めて確認した。「三島由紀夫は、考えていて行動しないことに強く反対した。しかし、重要なのは深く考えるということの方にあるのではなかろうか。」[33]その後、一九七〇年代においては高坂の処方箋はかなりの程度実現されていった。ニクソン・ショックや経済摩擦にもかかわらず、日米関係は基本的に維持されたし、日中国交正常化も実現し、対中借款によって日中の協調は強化された。また、日本の防衛力のあり方について、高坂は最初の防衛計画の大綱（一九七六年）の策定に関わり、「限定的かつ小規模な侵略事態」に対しては独力対処を目指すという形で、安保面での日米の役割分担と部分的だが自立した防衛力の構想を打ち出した。さらに大平正芳内閣では「総合安全保障戦略」の策定に関わり、軍事力のみに頼らない総合的な国力によって自助、同盟友好国との協調、国際環境の全般的な改善を両立させる枠組みを提示した。[34]

しかし一九八〇年代以降、日本外交を取り巻く状況は高坂から見て次第に望ましくない方向への変化を示していたように思われる。高坂は冷戦終焉後まで、そうした感情を正面から示すことはなかったが、その思いはその著作からも窺える。

まず、日米関係の問題があった。二国間の貿易収支不均衡から生じる政治的軋轢は強まる一方であった。高坂は日本側に非がないとは考えておらず、日本が国際公共財を担うために役割を拡大することを支持していた。しかしアメリカの圧力に対しては筋違いと感じる局面が増えた。七〇年代初頭に日米経済関係の管理を訴えた論文について、死の直前の解題において、「後から考えると、一九七〇年の繊維問題は、アメリカの『利益集団政治』への配慮から、多少理屈は通らなくても日本が譲らなくてはならないという現象の始まりであった」と振り返り、「そのことを認識していたら、私はもう少し強硬な議論を展開していたかも知れない」と述べている（『著作集』第一巻、二六三頁）。

さらに高坂は、一九九〇年には「国際関係における異質論」という論文を書き、十九世紀末から二十世紀初頭にドイツ、アメリカ、日本の台頭に対して当時の知識人が唱えた「異質論」を分析し、現代への教訓を得ようとした。[35] そこで高坂は、日本の「異質性」は、源流となっている文明の相違ゆえに大きく映るところがあることを示唆した。高坂にとっては、この時期の「日本異質論」の流行は、ヨーロッパ文明を共有した近代ヨーロッパの国際関係に対して、文明を異にする日本とアメリカとの越えがたい距離を再認識させる現象であった。海洋国家論では高坂が「極西」と位置づけた日本は、二〇年余りを経て経済的実力を上昇させる一方で、西洋との懸隔をむしろ拡大させたのである。

もう一つの問題は、アジアのナショナリズムの高まりと歴史問題の発生である。高坂は一貫して中国との国交正常化を主唱し、また、朝鮮半島の安定化が日本の安全保障に与える影響も重視していた。しかし八〇年代以降、日本と中国、韓国の間で教科書記述、靖国神社参拝、強制連行補償（従軍慰安婦問題も当初はその一部であった）などの問題で戦争や植民地支配に対する評価が外交問題化することになった。ウィーン体制研究から出発した高坂にとって、戦後数十年を経て戦争認識が外交的争点になることは国際秩序の安定という観点からして不正常であり、かつ危険な現象であった。

「日本の戦争責任の問題は、戦後すぐにではなく、日本が驚異的な成長を遂げた後になって、むしろやかましく言われてきた。いままた、日本の戦争中の行為がいくらかのアジア諸国から非難されている。残念ながら、その中には事実のものも多い。だが、一般的にはそうした経験は時間がたてば薄らぐものなのに、逆に時とともに、ある時には誇張を含みながら繰り返されてきた。……このような事態が、歴史的にみても前代未聞のことであり、戦争と平和に対する人類の叡智を破るものだということは、言っておかなくてはならないだろう」[36]

アジアとの関係でも、海洋国家論において高坂が「東洋の離れ座敷」と位置づけた日本は、自らの力でアジア諸国、とりわけ中国や韓国との精神的和解を実現できなかった。もちろんこれは日本ばかりの責任ではなかったが、たとえば中国に対して日本が米中和解を待ち、また自ら賠償を申し出ることをせず、高坂の期待したようなイニシアチブを取ることがなかったことは、日本の逸機であった。

高坂の歴史問題に対する憂いは、死の直前にかけてさらに深まった。「昨年［筆者注・一九九五年］は多くの国が日本に謝罪を求め、日本政府は対応に追われた。たしかに、いくつかの具体的な問題について、日本は責任をとるべきだろう。しかし、戦後五〇年を経過し、一応戦後処理が済んで――両当事者がそれを認めた後、なお過去の重い荷物を背負う必要が説かれるのは、基本的におかしい。それは戦争と平和に対する人類の英知を破るものである。……そうなっているのは戦勝国だけではなく、敗戦国にも責任があるだろう。しかし、基本的には、過去の戦争がシンボル操作上、きわめて有効だからではないだろうか。〝過去の反省〟はきわめて政治的行為なのである。……私は、そこに危険を見るし、それが第二次世界大戦後の秩序の最大の弱点かもしれない、とさえ思う。戦争責任について、ごまかすのではなく、毅然とした態度をとること、それは日本の安全保障政策の基本かもしれない」[37]

しかし冷戦と湾岸戦争以降、高坂がとりわけ重視し、また懸念を示したのは日本政治の停滞であり、「言葉の欠如」であり、「精神の腐敗」であった。高坂が長年念願してきた対外政策をめぐる幅広いコンセンサスが日本において形成されることはなく、憲法や安全保障をめぐる分裂は継続し、湾岸戦争や冷戦後の国際秩序への関与をめぐって政治的議論は混乱した。一九九三年、高坂は「私は、日本が追い詰められる前に手を打つとすれば、この二、三年が最後のチャンスではないかと思う。それに成功しなければ、日本は国際的に孤立し、辱めを受け、それに対して日本人の怒りが爆発し、ナショナリズムが沸き上がるといったことが起きかねない」[38]とまで述べて危機感を表明した。こうした認識から、高坂は政治の停滞よりは混乱の方がまだよいと述べ、自民党政権の下野と政治改革を支持する姿勢を示した。

高坂はその後の日本政治のありようを長く見続けることなく、一九九六年五月に世を去った。高坂が懸念したような日本人の爆発はこれまでのところ起きていないし、今日語られることも少なくなった。しかしそれはかなりのところ、日本の経済的存在感の後退によるものである。「極西」であり、「東洋の離れ座敷」でもあると高坂が特徴づけた日本のユニークな位置は、「海洋国家」としてしっかりと位置づけられることなく、ともすると孤立しがちな状態に日本は止まっている。

結語

高坂が最も尊敬した学者であるレイモン・アロンは、その大著『平和と戦争』において、米英のリアリストに対して、彼らが安易に自由主義的な理念を肯定し、権力政治に対してその重要性を説きながらも弁明的、留保的である点を鋭く批判した。アロンは十九世紀ドイツで権力政治を称揚したトライチュケやアナキストのプルードンの著作を引用し、力がそれ自体道徳的価値をもつ側面があることを想起させ、第一次世界大戦後の戦争の惨禍の経験を経ても、権力のもつ両義性は不変であること、にもかかわらず米英のリアリストが道義を実現する手段としての力の肯定的側面を捨象することを難じたのである[39]。

おそらくこれは、フランスという二十世紀後半に生き残った国民国家において外交と国際政治を思索したアロンならではの観点であろう。アメリカやアメリカとの協力を国是に選んだイギリスは、普遍的な自由主義的国際秩序の理念の下に権力政治を織り込む道を選ぶことができた。ドイツは二度の大戦において権力政治の悲劇を体験し、権力政治の追求を放棄した。他方、フランスにあっては、普遍的理念が誇られることもなく、また権力政治も放棄されなかった。もちろんアロンにおいても現代の権力の破壊性は十分に認知されているが、それがために権力政治を単純に否認するにも至らないのである。そこでアロンが選び出したのは「慎慮の道徳」、すなわち、一方的な権力政治の称揚でも否定でもなく、その二律背反性、アンチノミーの存在を理解した上で、個々具体的な事象に対する慎慮をもってあたる、という道徳律であった。

高坂も現代における国民国家と権力政治のアンチノミーを深く意識していた。高坂にとって、現代において権力政治が内包する原理的な対立を根本的に解消することはできないので、そこに求められるのは政治の「技術」であり、「わざ」であると高坂は考えた。そして高坂は戦後期日本においてこうした「わざ」のもっとも洗練された適用者の一人であった。

にもかかわらず、戦後日本の置かれた現実は「わざ」によって解消し得ない側面をもっていた。フランスが曲がりなりにも西側同盟とヨーロッパ統合という超国家的な理念を共有する枠組みの中で生きることができたのに対し、日本は異質の文明であるアメリカと、大規模な変革を遂げるアジアと深くつき合うことが求められた。こうした中で、日本の文化的伝統に回帰するという三島の選択は高坂の採るところではなく、高坂はあくまで近代的理性に拠りつつ日本のユニークさを普遍へと結びつけることを期待していた。それが高坂の「海洋国家論」の核心であった。しかし、海洋国家論において高坂の期待した日本人の「視圏の拡大」は十分には実現せず、三島の恐れた空虚な経済大国の危険を晩年の高坂はとくに感じざるを得なかった。そのことに対するいらだちが晩年の高坂をもっとも苦しめた。

しかし今日から見て、高坂の遺産、積極的な意味での遺産は巨大であり、かつ貴重である。高坂は戦後日本が生んだもっとも洞察力のある近代主義者、近代の限界も自覚した近代論者であり、明治以来の日本の西洋文明理解の系譜の中でもっとも洗練された知識人であった。丸山が歴史の「古層」を意識して政策論から離れ、また三島が身を以て日本の伝統への回帰を実現しようとしたのに対し、高坂は徹底して国家理性の構築にこだわった。もちろん高坂はこうした試みが日本で成功すると楽観的に見ていたわけではなく、悲観や諦念を内に秘めつつ、あくまで自らが信じる国際政治観に忠実に言葉による説得を続けたのであった。たとえ高坂の理念がその生ある期間に実現されなかったとしても、高坂の遺産と足跡から日本人が学び続けることの価値は失われることがないだろう。

注

1　『高坂正堯外交評論集——日本の進路と歴史の教訓』中央公論社、一九九六年、五頁（『著作集』第一巻、五八九頁）。

2　徳岡孝夫『五衰の人——三島由紀夫私記』文春文庫、一九九九年。

3　「21世紀の国際政治と安全保障の基本問題」『外交フォーラム緊急増刊』一九九六年（『著作集』第三巻、六六四頁）。

4　横田喜三郎『朝鮮問題と日本の将来』勁草書房、一九五〇年。田岡良一『永世中立と日本の安全保障』有斐閣、一九五〇年。高坂正堯『世界地図の中で考える』新潮選書、一九六八年、二六一～二六三頁（『著作集』第五巻、二三七～二三九頁）。

5　たとえば、Edward Gulick, ***Europe's Classical Balance of Power***（Cornell Univ. Press, 1955）; Arnold Wolfers and Laurence W. Martin eds., ***The Anglo-American Tradition in Foreign Affairs***,（Yale Univ. Press, 1956）; Kenneth Waltz, ***Man, the State and War; A Theoretical Analysis***; Readings from Thomas More to Woodrow Wilson（Columbia Univ. Press, 1959）.（渡邊昭夫・岡垣知子訳『人間・国家・戦

争』勁草書房、二〇一三年)。

6 Walter Issacson, ***Kissinger: A Biography*** (Simon & Schuster, 1992), pp. 74–75.

7 Henry A. Kissinger, ***A World Restored*** (Houghton Mifflin, 1957).(伊藤幸雄訳『回復された世界平和』原書房、一九七六年)。

8 「ウィーン会議と『ヨーロッパ』」『法学論叢』第六五巻第一号、二号(一九五九年)、『古典外交の成熟と崩壊』所収、中央公論社、一九七八年。

9 『古典外交の成熟と崩壊』(『著作集』第六巻、一〇七頁)。

10 ゲオルグ・G・イッガース著、中村幹雄他訳『ヨーロッパ歴史学の新潮流』晃洋書房、一九八六年、二一～二六頁。

11 F・マイネッケ著、菊盛英夫・生松敬三訳『近代史における国家理性の理念』みすず書房、一九六〇年［原著一九二四年］、五七二頁。同著、矢田俊隆訳『ドイツの悲劇』中公文庫、一九七四年［原著一九四六年］。同著、中山治一・岸田達也訳『ランケとブルクハルト』創文社、一九六〇年。

12 Isaacson, Kissinger, pp.64–67.

13 バターフィールド著、越智武臣他訳『ウィッグ史観批判——現代歴史学の反省』未來社、一九六七年［原著一九三一年］。また、Herbert Butterfield, ***Man on his Past; The Study of the History of Historical Scholarship*** (Beacon Press, 1960) はドイツ歴史主義を正面から扱っている。

14 「イギリス委員会」については、Roger Epp, "The British Committee on the Theory of International Politics and its Central Figures," Cornelia Navari and Daniel M. Green eds., ***Guide to the English School in International Studies*** (Wiley Blackwell, 2014), pp. 25–36.

15 レイモン・アロン著、霧生和夫訳『歴史哲学入門』荒地出版社、一九七一年。同著、三保元訳『レーモン・アロン回想録——知識人としての歳月』二巻、みすず書房、一九九九年。

16 高坂正顕著、長谷正當編『歴史的世界』燈影舍、二〇〇二年［原著一九三七年］。京都学派の世界

史に関する論考は座談会『世界史的立場と日本』(中央公論社、一九四三年)をはじめ数多いが、主要な論者の論考は西田幾多郎他著、森哲郎編『世界史の理論：京都学派の歴史哲学論攷』(燈影舎、二〇〇〇年)に収録されている。「世界史的立場」のメンバーがランケ的な国家中心的思考であるのに対し、「日本文化の問題」や「学問的方法」の観点から論じた西田幾多郎は、文化の視点を強調する点でブルクハルトに接近していたと言えるかも知れない。

17　彼らの多くは、岩波書店が戦後直後に『世界』を創刊する背景となった同心会に所属ないし関連しており、岩波茂雄の死後、『世界』が若い急進的な世代が中心となった後、同人誌『心』を発刊し、「心」グループとも呼ばれた。竹内洋『革新幻想の戦後史』中央公論新社、二〇一一年、八六〜九三頁。高坂が彼らとの関わりについて本格的に論じたことはないが、西谷啓治、和辻哲郎、竹山道雄といった人物への言及は彼らとのつながりを推測させる。

18　イマヌエル・カント著、木村素衞・田中經太郎・高坂正顕訳『一般歴史考：其他』岩波書店、一九二六年。カント著、高坂正顕訳『永遠平和の為に』岩波書店、一九四九年。H・J・モーゲンソー著、鈴木成高・湯川宏訳『世界政治と国家理性』創文社、一九五四年。

19　批判の対象となったのは、加藤周一「中立と安保条約と中国承認」『世界』一九五九年四月号、坂本義和「中立日本の防衛構想――日米安保体制に代るもの」『世界』一九五九年八月号であり、高坂はそのことを『中央公論』への寄稿において明記している。しかし高坂が両者の名前と『世界』の掲載年月は示したものの論文題名を明示しなかったために混乱が生じた。後に『海洋国家日本の構想』に本論文が収録されて出版される際、おそらく編集者が一九五九年を一九六二年の誤記と判断して改めてしまい、一九六二年四月号、および八月号と記され、高坂も気づかずにそのままになってしまった。この経緯については、粕谷が筆者にその死の少し前に語ったところである。

20　『世界』主要論文選編集委員会編『『世界』主要論文選 1946–1995　戦後50年の現実と日本の選択』岩波書店、一九九五年、一五一〜一七四頁。

21 『著作集』第一巻、一〇〜二六頁。
22 丸山眞男『忠誠と反逆――転形期日本の精神史的位相』ちくま学芸文庫、一九九八年、二三九〜二六四頁の原論文および二六四〜二七七頁の解題。
23 高坂正堯・桃井真共編『多極化時代の戦略』所収、日本国際問題研究所、一九七三年「歴史的概観」(『著作集』第七巻、三〇一〜三二八頁。引用は三二〇〜三二一頁)。
24 初出は『中央公論』一九六四年九月号。粕谷によれば、この論文だけは高坂の持ち込みによるものだったという(粕谷一希『作家が死ぬと時代が変わる――戦後日本と雑誌ジャーナリズム』日本経済新聞社、二〇〇六年、一三〇頁)。
25 「文武両道と死の哲学」三島由紀夫『若きサムライのために』所収、文春文庫、一九九六年[初版一九六九年]、引用は二〇九頁。ここで三島が言及しているのは、「吉田茂以後――保守政権の系譜と課題」『中央公論』一九六七年八月号、「闘争の時代の政治学」『文藝春秋』六七年九月号のことであろう。
26 高坂正堯「〝甘ったれ〟を打破する精神」『時』旺文社、一九六八年十二月号、五八〜五九頁。
27 森田必勝の日誌では、高坂が「日本外交の歴史的検討」という演題で講演し、三島は祝辞と万歳三唱、その後のデモにも同伴した(森田必勝『わが思想と行動――遺稿集』日新報道、二〇〇二年、一二四頁)。
28 日本文化会議編『日本は国家か』読売新聞社、一九六九年、一六〜四二頁、七〇頁。高坂の講演は『諸君!』(一九六九年八月号)に掲載され、『政治的思考の復権』(文藝春秋、一九七二年)に収録された(『著作集』第一巻、三七二〜三九三頁)。
29 三島由紀夫「文化防衛論」『中央公論』六八年七月号、橋川文三「美の論理と政治の論理――三島由紀夫『文化防衛論』に触れて」『中央公論』六八年九月号、三島由紀夫「橋川文三氏への公開状」『中央公論』六八年十月号、中央公論特別編集『三島由紀夫と戦後』(中央公論新社、二〇一〇年)所収、一七〇〜二〇八頁。
30 『著作集』第四巻、一四二〜一四三頁。
31 後に『政治的思考の復権』に収録（『著作集』第一巻、二一一〜四五三頁）。
32 『著作集』第一巻、五五九〜五八九頁。
33 「退屈な時代とその反抗者」『諸君！』一九七一年三月号（『政治的思考の復権』所収、『著作集』第一巻、二二六〜二四〇頁）。
34 中西寛「自立的協調の模索」五百旗頭真編『戦後日本外交史　第三版補訂版』有斐閣、二〇一四年、一四三〜一八六頁。
35 「国際関係における異質論」『法学論叢』一二六巻第四〜六号（一九九〇年）。
36 「日本が衰亡しないために」『文藝春秋』一九九三年一月号（『著作集』第三巻、五一八〜五一九頁）。
37 「21世紀の国際政治と安全保障の基本問題」『外交フォーラム緊急増刊』一九九六年（『著作集』第三巻、六六三〜六六四頁）。
38 「日本が衰亡しないために」『文藝春秋』一九九三年一月号（『著作集』第三巻、五二七頁）。
39 Raymond Aron, Peace & War: A Theory of International Relations,（Transaction Publishers, 2003）, Chapter XIX.

第二部

第二部は高坂研究会の基調報告と討議である。

一　猪木武徳氏の基調報告の出席者は、高坂節三、五百旗頭真、苅部直、武田徹、中西寛、細谷雄一、待鳥聡史、簑原俊洋の各氏。

二　入江昭氏は基調報告を行ったが、本人の希望により『中央公論』二〇一二年四月号に寄稿した小文を再録した。

三　田原総一朗氏の基調報告の出席者は、中西寛、五百旗頭真、苅部直、武田徹、細谷雄一、待鳥聡史、簑原俊洋の各氏。

一　高坂先生の思い出と『一億の日本人』

猪木武徳

基調報告

私は小学生時代から高坂先生を存じ上げているので、それこそ歴史は長いのですが（笑）。ただお会いする機会は多くなく、年齢も専門も異なりましたのでそうした距離はあります。私の個人的な思い出と印象に残ること、あるいは高坂先生がふと漏らされて私の記憶に残った言葉などをお話しできればと思います。

手許に『一億の日本人』という先生のご著書があります。この本は一九六九年七月刊。大学紛争がしだいに沈静化した頃で、私がアメリカの大学院に留学のため出発したのがちょうどこの七月でした。ですから刊行時には読んでいません。二〇年ほど前に高度経済成長期について書く機会があって読んだのですが、まだ動いている同時代を観察し批評するという性格を持っていまして、私はこういう本は書けないなと感心しました。経済の動きを見通すセンスも確かだと思います。経済学者の言葉や書物を引いてくるというより、生活感覚やジャーナリズムの言葉を読み取りながら経済の動きを叙述しておられて、そこに直観と論理をごく自然に挟み込んでいます。良識的で穏やかな記述ですが、人に対しても集団に対しても、かなり厳しいコメントが含まれています。この本に即しつつ話を進めていきたいと思います。

一九四九年に父（正道）が東京の成蹊高校から京都大学に転勤したのに伴い、子供たちはそれぞれ京都・山科の幼稚園と小学校に転じました。中学は、まだ創立して六年しか経っていなかったカトリックの学校・洛星に進ませようと考えていた父が、英語を一年くらい前に勉強しておいた方がいいと思いついたようです。それで京大法学部を出て助手になられたばかりの高坂先生に英語を見ていただくことになった。土曜日に隔週くらいでしたか、一時間だか一時間半、先生から英語のレッスンを受けました。当時私はソフトボールに凝っていて、土曜はソフトボールができる日だったので、どうも身が入らなかったことを憶えています。

私には姉がいるのですが、人にあだ名をつけて得意になるという悪い癖があり、高坂先生に「ストロンチウム」とつけていました。先生は髪が非常に多くてパーマかなんかでしゃれておられたのでしょうか、ロカビリー歌手のように前が盛り上がっていたからです。

先生は私の家族とすぐ親しくなりました。ある日レッスン中に客があって母がすき焼きを出したことがありました。その客が帰られ、レッスンを終えて私たちが二階から降りてみるとまだすき焼きが残っていた。母が勧めたんでしょう。「あ、すき焼きやったん。いただきますわ」(笑)。美味しそうに食べていらした光景をよく覚えています。

レッスンでは「英語はアルファベットのどの文字からはじまる単語がどのくらい多いかわかる」と言われ、abcの順序ならtなどが非常に多いんだよ、と字引きをパッと何度も広げて、どの単語がだいたいどのあたりにあるのかがわかるようになるんだと教えて頂きました。語学をマスターするというのはそういうことまでできないとダメなのかと小学生ながらに驚きました。

一年くらい続いたレッスンは非常に親切で丁寧でした。ただ、何かやっかいな問題、たとえばaとtheの違いなどを聞くと、急にモードが変わる。真剣な、厳しい眼差しをされることがあった。普段気さくで温かな方で近く感じていたので、余計に印象的でした。

私の高校時代にも、家の行事その他でお見えになることがあり、ときおり楽しく短い雑談をすることがありました。

京大の三年のときでしたか、私が宇治で合宿をしていて、ヤンチャにも二階から飛び降りて京大病院の整形外科に一ヶ月半入院したことがありました。先生がお見舞いに来て下さり、「どうしたんや?」と。母が「この子の無茶は治りませんかねえ」とか話していると、「いや、僕も似たようなことをやったんですわ」「えっ、どういうことですか?」「自転車に乗っているとき、ハンドルを左右の手をクロスさせて持ってみたんです。スピード出していたら前からなんか来て避けようとしたらハンドルが逆やから、右か左かわからなくなり、電柱だかにがーんとぶつかって……。それで顎に大怪我したんですわ」。毎日病室の天井を見ては自己嫌悪と後悔にさいなまれていた私はちょっと気持ちが楽になりました（笑）。

母は先生の大ファンでした。母が加齢からかどうかわかりませんが、よく「体の具合が悪い」と不定愁訴する。すると先生が「こういう薬があります」と言い、必ず数日後にその薬を送って下さるのです。母はもちろん、家族も先生のことを「有言実行の方だ」と大変信頼し敬愛しておりました。

長い時間お話をしたことはほとんどありませんでしたが、どのフェーズでも先生はあまりご自分を語ることはされませんでした。同時に他人への悪口もありませんでした。その辺は大変見事で、権威主義からは最も遠く、independentな魂の持ち主でいらしたと思っています。悪口を言わない人はあまり信用できないんじゃないかという思いもあったのですが、先生ばかりはそうではない。少なくとも他者への評価は悪口には聞こえない。どこか相手を掬《すく》いたいというような、独特の言い方をされていた。生々しい棘のある誹謗中傷からは遠く、そこに先生のノーブルな面を感じました。


つぎに先生の読書について折々うかがったこと、そして、シャープだなあと思ったことがらを少しお話しします。

私の京大入学後はお目にかかる機会が増えました。私は経済学部でしたが、そもそもあまり授業に出なかったし、法学部の授業もとくに関心が持てなかった。しかし講演会で先生が演壇に立たれたことはよく記憶しています。ジョージ・ケナンが京大で講演したことがありました。そのときは先生がケナンを紹介し、ケナンの講演の後にコメントされた。また、一九七四年には防衛大学校でデタントについて話をされた。当時私はアメリカから帰国した時期で、横須賀の父の家に居候していて、ちょうどこの講演を聴くことができたのです。冒頭に、デタントという言葉をフランス語の語源にさかのぼって説明されました。

たしか「兵器」についてもお話になった。『一億の日本人』に収載された「勝者と敗者」にこうあります。「力はそれをふりまわさないときに、はじめて権威のささえとなるものである。力をつかったり、力をつかう構えをしめしたりすることは、自信のなさをしめし、したがって権威を傷つけるものでしかない。またそれは、相手方の不安をかきたて、積極的・消極的な抵抗を誘発することになる。それゆえ、圧倒的な力を背景にしながらしかもその力をつかうそぶりもみせないとき、その命令は権威をもち、ひとびとはそれにしたがうのである」。マッカーサーの権力を説明したくだりです。政治学、国際政治のプロの方には当たり前のことかもしれませんが、兵器の力や権力者、マッカーサーの持っていた力がどういうものかを非常にわかりやすく要約していると思います。説明が鮮やかでしたので感激しました。また、核兵器についても、核兵器は使用不能の兵器だという理論を平易に語っておられたと思います。そのうえで核を持った両大国がどうして緊張緩和のフェーズに入っていったかをわかりやすく説明されました。

別の時ですが、「ベアロックという経済学者はどう?」と聞かれたことがあります。Paul Bairoch はスイスの University of Geneva の経済史家で *Economics and World History* といういい本を書いた学者です。先生に尋ねられたとき、私はたまたま大学院でこのテキストを批判的に検討する機会があり、読了した直後だったんです。「ああ、あの本ですね。面白いですよ」「ああ、そうか。やっぱりそうか」。

小著なんですが、専門家を気取らず一般読者も楽しめるような大家の書きぶりなんです。「ああいう本こそ翻訳されてほしいですね」と言ったら「いやいや、ああいうのは翻訳されへんでもええ」。とにかく政治学に限らず、経済学でも古典に限らず、新しいものもたくさん読んでおられました。

高坂先生の読書に引き続いて人物評を申し上げます。羅列的にですがチェーホフ、丸山眞男《まるやままさお》、ブリジッド・バルドー、ヒューム、石原慎太郎、福澤諭吉、吉田茂。そのおのおのについて全く短いコメントと記憶がありますので。

ドストエフスキーという作家はいまもよく読まれています。私は父がこの作家が好きでしたので、家に戦前の全集などがあったので、早くから読んでいました。独特な宗教的オーラのようなものがあり、いまもファンは多いと思います。先生にあるとき何かの機会に「私はドストエフスキーは好きなんですが、ドストエフスキーを好きな人とはあまり友達になりたくない」と冗談交じりに申しましたら「そやな、僕はチェーホフが好き」。私はチェーホフはそんなに読んでいなかったのですが、たまたま『六号室』という精神科医を主人公にした小説を読んでいた。ですから「私もチェーホフの戯曲は好きですが、小説でいいのありますか?」と伺った。「どんなのが好き?」「『六号室』とか記憶に残っています」「あれは、いいね」と。チェーホフが大好きなご様子でした。真偽は知りませんが粕谷一希《かすやかずき》さんが先生にチェーホフ論を書いてもらいたいと依頼していたとか耳にしたことがあります。

丸山さんについては、私の父は同年齢であったためか、個人的な交流があったようです。高坂先生がおっしゃったことで非常に記憶に残るのが「丸山さんは戦前、日本思想でいい仕事をされたが、あの人は文学に行くべきやったな」と。なるほど、そういうとらえ方もあるのか。でも、味わいのある、簡にして要を得た言い方だなと思いました。悪い含みでなく、チェーホフに関心を持たれたように、丸山さんのお仕事に文学のセンスを感じておられたのかもしれません。

ブリジット・バルドーの名前は意外かもしれません（笑）。彼女は先生とほぼ同年齢くらいではないですか？　一九五〇年代にデビューしてセンセーショナルな映画に主演し、マリリン・モンローと並ぶ大スターであることはご承知の通りですが、後年しだいに動物愛護運動に積極的になって、毛皮を着ることを過激に糾弾したと言われています。ちょうどいまの反捕鯨運動みたいなものでしょうか。雑誌のインタビューか、あるいは自伝なのか不確かですが、「なかなかええよ」と先生が二、三度言われていたことを憶えています。「……正直で、話す内容も深い」としきりに言われた。何をお読みになっていたのかわからないのですが、先生はフランス語が堪能でいらしたので、もしかしたら日本語に訳されたものでなかったかもしれません。

また、先生がデビッド・ヒュームについてよくお話になっていたことはご承知の方も多いかと思います。『古典外交の成熟と崩壊』でも論じておられます。

一九九〇年でしたか、サントリー文化財団の講演会が仙台であって私が前座を務めました。私はちょうど三ヶ月滞在したベルギーから帰国した直後だったので、EUについては「同床異夢」の要素が強いということ、ベルギーから見たEU統合が含み持つ経済的、社会的、そして政治的問題点を話しました。先生の講演は失礼して、町に出ました。もったいないことをしたと悔やまれます。その夜は鳴子温泉に泊まりました。就寝前の雑談で「いまどういうことをやってるの?」と聞かれました。「ヒュームの『人性論』(A Treatise of Human Nature)を読み終えて、アダム・スミスとヒュームのScottish enlightenmentの勉強をしています」「ほう、そうか。僕も『人性論』は読んだ。面白いな」。

ヒュームも国際関係や外交を論じていますから意外ではないのですが、われわれ経済学者は概して古典や社会思想一般にはあまり関心を持たない傾向があります。スミスは読んでもヒュームは短いものしか知らない人が意外に多い。『人性論』は大著です。政治思想を研究する人の関心の広さを改めて知ったわけです。チェーホフ、ヒュームというのは並べるとどこか似た味わいがあるように思いました。二人ともintellectually honestだけど棘がある。その二人と先生は意外に重なるんじゃないか。「そうか、先生はヒュームに共感されるのか」とうれしく思いました。

次は石原慎太郎です。これも意外といえば意外です。私はお尋ねしたことはなかったのですが、個人的にもお親しかったんでしょうか。私は彼に強引な野心を感じ、「石原は苦手です」というと「そう一言でいわんと『処刑の部屋』という短編を読んだらあの人がわかる」。先生と石原さんがどういうところで繋がっておられたのか。おそらく思想や政治的姿勢ではないでしょう。お付き合いされているうちによいところが見えてきて、石原さんの人生に対する蛮勇とも言うべき姿勢とか率直さを評価されていたのかなと思います。

それから福澤諭吉。「福澤は非常にいい、江戸の深さと明治の新しさを併せもつ」と言われていました。

高坂先生の人物評はこのように、一面的ではなく常に多面的です。石原さん、福澤ともども、彼にはこういう面もあるが、同時に別の面もあるという言い方です。福澤については高評価でプラス面だけをあげていますが、これは差し引きのものでしょう。たとえば『一億の日本人』で触れておられる岸信介はどうか。岸には言葉にはしないけれど大衆を見下すような傲岸不遜なところがあり、議会制民主主義に合わない人物だったと言いつつも、同時に、安保における彼の確固たる信念、なんとしても安保をやり抜くぞという覚悟、やり通したことにはプラス評価を与える。先生はいつも冷静に、フェアにその人物を観察しています。人間には正負の両面を切り離すことができない場合がたくさんあり、一方だけを取り上げて評価したり、見下すことはできないという感覚をお持ちのようでした。先生のものの見方は人物評に限りません。たとえば『一億の日本人』では公害問題を取り上げて、工業化の表裏の問題を考えることも忘れません。

工業化、産業化の成功で給料が上がり、余暇を持った人々がレジャーに関心を向ける。自動車を購入して自由に出かけ始める。公害問題とはつまりはそうした豊かさによって自動車が町に溢れた結果である。公害問題を議論するとき、その前提であるこうした工業化、産業化の成果と一体であることを忘れてしまいがちになる。公害は悪だ、反公害運動は社会的ジャスティスを実現する行動だとは短絡的に考えない。「公害問題というものも一億の日本人が生み出したものやないか」という面も見落とさないのです。「成功はつねにあたらしい問題をうみだす。われわれが一〇年前とは比較にならぬほど多くの工場をもつようになったから、われわれは亜硫酸ガスやその他の煤煙に悩むようになった。多くのひとびとが自動車をもつようになったから、われわれは交通戦争に直面し、一酸化炭素や騒音に悩まされることになった」と。だから、この因果関係を忘れて都合のいい結果だけとって、享受、エンジョイするというのはちょっと虫がよすぎるのでは、と苦言も忘れない。

『一億の日本人』に関連づければ、理想は大事だけれども、理想だけを語って現実を批判するようなことではなく、達成可能な目標を設定して励むことの方が大事だ、と。これはおわかりのように進歩的文化人批判です。当時の日本人が社会主義に幻想を持って現実の日本を批判する。日本は遅れている、近代化の遅れを強調する日本批判論を高坂先生は切り返すんです。「ある国の、長所だけ見て短所を切り離すことは軽薄であり、危険である」と。

ちょっと付け足すと、臼井吉見《うすいよしみ》という文芸評論家がいました。『展望』などによく執筆していた人です。高坂先生は彼を大変評価していました。臼井は、戦後の進歩的文化人は社会の営みから遊離し、それゆえ、気軽に現状を批判することにおいて、大正期の知識人と相通ずるものを持っていたと指摘しています。高坂先生の認識と距離が近い。私も臼井を読んでみようと思いました。高坂先生の趣旨は、繰り返すようですが、理想を持つことは大事だが、それと現実とを比べて、とくに他国を理想の国と考えて自国を自虐的に批判することの愚かさ、非生産性を指摘し、理想を設定したら実現可能な目標を据えて、それを目指して努力することが非常に大事だということ。先生は常にそういうスタンスを取られたのです。

『一億の日本人』は六九年、先生が三十五歳の時の刊行です。その後、講談社インターナショナルから英訳本が出ています。英訳本の前書きはライシャワーが書いています。この前書きの最後の二つのパラグラフを私流に読むと、「これは初めて外国人が読んでわかる、日本と外国とのコミュニケーションが成り立つ、日本に関する説明・解説である」ということ、「ナレーティブなメソッドに関してもコミュニケーションが成り立つもの」と大変高く評価しています。

この本の付録というか月報に「著者との10分間」が掲載され、一問一答式のインタビューが載っています。日本の外交政策については、大きな間違いはなかったが「順応」してきただけであって「対応」はこれからだ、と非常にシャープなお答えをされている。

この本では最後のところで刺激的で印象深い一文があります。月報のインタビューのお答えに共通するのですが、「日本人は与えられた問題を解くことに一生懸命だった」と。つまり、われわれは自発的に問題を設定する能力を持っているのかどうかという、大変重要な問題を提示されている。経済成長の成功で日本人に欲が出てきたから、じゃあこれからどうしようとするのかが問題だと指摘されています。実にシャープですね。

当時よく語られていたエコノミックアニマルという評判について問われると、「七割はねたみ、そねみだが、三割は真実がある。日本は国際経済が円滑に機能し、貿易が自由であることから利益を受けながら、貿易の自由を維持発展させることには積極的ではない……」。ロシアで体制崩壊が起きたとき、高坂先生が言われたことでよく憶えていることがあります。ロシアで資本主義が導入され、ロシア人が金銭本位、利益追求のマンモニズム（拝金主義）に陥ってしまったようだという批判が出たとき、先生は「国民全体が商人になっては困るけれども、商人がいない国はもっとダメだ」。

われわれが陥りやすいのは、ものを批判するとき、全体がそうなってしまってはダメだと言いがちなことです。一般にマイナスの機能、評価しか持ってなさそうなものでも、全体の中に位置づけると意外にプラスの働きをすることがある。全否定は難しくはないが、全体として見ると非常に不健全なことになりかねない。エコノミックアニマル問題でも簡単に全否定などしないで、きちんと分析された上でバランスのとれた判断をされている。先の石原、福澤理解にも共通するのですが、どういう問題であれ、先生のものの見方が常に多面的重層的で、しかも提案されることは現実的かつバランスが取れています。

そして吉田茂。先生が吉田についてお書きになったことは印象的です。吉田はアメリカを善意ある占領者ではなく、勝者としてのアメリカという客観的事実を見たという指摘は重要だと思います。と同時に吉田に「戦後外交路線の長所と欠点」（『著作集』第一巻　北岡伸一解説）を指摘されたことも大事です。

吉田は「戦争に負けて外交に勝つ」と。GHQ内部の民政局とGⅡの対立、片山・芦田内閣の崩壊、米ソ冷戦の激化などを通じて外交官吉田の外交センスが適切に勇躍したと言っていい。ご承知のように、吉田は経済復興と再軍備拒否を最優先した。荒廃した日本の復興を優先するから再軍備はあるところまでは拒否するという表裏の関係です。復興を優先するから改革はできないともいい、ニューディーラーに不信感を持っていた。経済学者から見るといちいちもっともな政策ですが、そうした吉田の政治姿勢に吉田再評価の意義を求められたと思います。吉田は講和条約に調印し安保条約を締結して帰国します。チェーホフやヒュームが持つペシミズムとオプティミズムの微妙なバランスから言えば、成功は常に新たな問題を生み出すか、失敗の芽を生むかですが、そのことは「多数講和の代償」というかたちでその後の問題として残ります。

最後にこの『一億の日本人』で表された日本人の問題をあげておきたいと思います。戦後復興を経てからも、日本はアジアで最初の工業国として成長します。その成功が六九年という成長のピークの段階で日本には固有の制度的立ち遅れと一般の産業社会が抱える問題が複合的に現れはじめた。欲が出てきた日本人がまずはこれをどうしていくか。

二つめは、日本人の持つ西洋文明への愛憎半ばするコンプレックスのことです。日本には強い西洋崇拝と西洋排斥が常にある。その振幅が激しい。その振幅に振り回されぬくらいに、もう少し大人になってもいいのではないか。

三つめはアジアの問題。アジア重視と言いながら、その実アジアを知る人は少ないし関心も薄い。これはまずいのではないか。

四つめは日本人の本格的な反省とか責任感の問題。本の冒頭で外国人が見た日本人観を書いていらっしゃるのですが、戦争で被災したヨーロッパの国民は絶望的な表情をしていたが、日本人はがむしゃらに働いてどこか明るいという。それが外国人には奇妙な明るさに映じたらしい。先生の言葉でいうと、そうした一種の軽薄な明るさというのは実は責任感の薄さと一体なのではないかと。また、それが大勢順応主義に結びついて反省や責任意識の軽さになっているのではないか。そういうメッセージを伝えていると思います。

討　議

五百旗頭　大変興味深く拝聴しました。人物評で話が前後しますが、ブリジット・バルドーを論じておられるというのは初耳でした。石原慎太郎については『一億の日本人』でも『太陽の季節』を肯定的に書いておられた。猪木先生が最後に言われた「軽薄な明るさ」みたいな感じでしょうか。高坂先生の新しい時代を受け入れる包容力かしらん。「廃墟のなかの奇妙な明るさ」に通じるのでしょうか？

ただ石原さんについては七〇年ころ、「核保有の話だけは止めてほしいんや」と言われていました。外交安全保障のことをアレコレと言い出すのが困る、と。

石原さんは「権力を振りかざさないところに権威が生ずる」という高坂先生の持ち味とは合わないかもしれない。チェーホフはどこか先生と通じるものがあるんですね。

中西　猪木先生がお聞きになられたジョージ・ケナンの講演会、六五年でしたか、来日して講演会の後にケナンと話したときチェーホフの話をしたそうです。向こうはロシアの大家でチェーホフにも詳しくて、それを知らずにチェーホフの話を出してしまった。ケナンもチェーホフが好きで意見が一致してうれしかった云々と、高坂先生がケナンについて触れた著作で読んだことがあります。

細谷　ケナンの話ですが、高坂先生と似ていると私は思っていました。ケナンはビスマルク体制の本を書き、高坂先生は『古典外交の成熟と崩壊』（一九七八年）をお書きになる。ケナンは十八世紀ヨーロッパが好きでそれが十九世紀に崩れていくことに失望し、二十世紀を嫌う。

お二人に共通するのは十九世紀の半ばまで、政治に理性が融合していたと評価されている点です。二十世紀で何が変わるかというと、ファナティシズム、大衆的なもの、感情的なものが政治を動かす大きな要因になったことです。お二人とも理性に基づいた権力に共感的、同情的で、大衆が非理性的に権力を動かすことに強い嫌悪感をお持ちだったのではないか。

ではどうやって二十世紀にもう一度、政治家レベルあるいは民衆、民主主義レベルで理性と融合する政治を築けるか。この点に関してはケナンの方がペシミスティックで高坂先生はわりにオプティミスティックではなかったかという印象があります。チェーホフやヒュームはペシミズムとのご指摘もありましたが、それでも極度な悲観ではない。ドストエフスキーなどに比べれば、何か人間の持つ愚かさへの愛情があるように思えます。

五百旗頭　温かさですね。

細谷　はい。高坂先生には愚かさへの愛情、期待が見られ、また希望を描く論者には共感的、同情的な印象を持ちます。

苅部　丸山眞男に文学センスを感じていたというお話でした。事実として的を射ていて、丸山は文学部ドイツ文学科に行きたかったのですが、周りに止められて法学部政治学科に変えたんです。ただし丸山はチェーホフよりドストエフスキーが好き、音楽もワーグナーが好きなんです。デモーニッシュなものへのあこがれがあって、そこは高坂先生とだいぶ違う。
猪木 高坂先生はデモーニッシュ風がお嫌いなんです。だから「わかりやすく」の文章でした。
苅部 散文らしい散文的ですね。
猪木 また、「脚注の多い本は嫌いや」と言われたことを憶えています。この『一億の日本人』でも参考文献、脚注がほとんどありません。参考書目としてご自分が面白いと感じたものだけを紹介されている。学術的なお仕事では脚注もありますが、少ないです。それから、高坂先生は国際政治を専攻されましたが、私は先生は政治学者ではなく歴史家、ヒストリアンだったと思います。良質な国際関係論の本質は歴史学ではないか。現代の国際関係に関して、質の高い解説を実に平易に実況放送をされた高坂先生には歴史家という本性があった。ただし先生が通常の歴史家と異なるのは、歴史学と並行的に他の引き出しも複数持っておられたことです。ですから歴史家として突出しつつ、同時に他の視点を考慮しつついくつかの価値も検討できたのではないか。
待鳥 高坂先生の九〇年代以降の本は私の学生時代以降ですので、リアルタイムで読んできました。それで率直に思うのですが、六〇年代のたとえば『海洋国家日本の構想』（一九六五年）で示された伸びやかな文体が、七〇年代後半から八〇年代のものでは、なにかこう先生がイライラされているような文体に変わってきている感触を受けるのです。これは猪木先生が指摘になった「欲が出てきた」にもかかわらず日本人が新しい解答を出さないことへの苛立ちだったのでしょうか。
猪木 七〇年代後半まで遡れますでしょうか？ ちょっとわかりませんが、高坂先生といえども文体は変わると思いますが。

中西　待鳥先生の疑問は私もある程度共感します。六八年に『宰相吉田茂』を刊行し、高坂先生は吉田路線の体制化を明確に否定します。そして高度成長のさなか、六九年には七二年の沖縄返還が決まる。七〇年安保を挟んで戦後目標の一つが実現される。

だから高坂先生は七〇年代は政治が復権しなければいけないと『政治的思考の復権』（七二年）という論文集を出される。ところがたとえば七一年にはキッシンジャーが北京に飛び周恩来と会談し、七二年二月にニクソンが訪中し米中共同声明を出す。高坂先生は、外交の面で、ご自分が米中和解を予測できる立場にいたのに予測できなかった、ニクソン政権が和解に向けて動いているというヒントをもらっていながら自分はちゃんと理解していなかった、と反省されます。

同時に七〇年代は田中角栄の経済路線が強くなる時期でもありました。ドルショックにはじまる七〇年代前半の世界経済危機、オイルショック、変動相場制移行は何とか乗り切っても、やっぱり日本が取り組まなければならない政治課題はそのままになっているという感覚がわだかまっていたのかもしれません。

五百旗頭　引き続き八〇年代もそうでしょうね。政治的思考の復権がないと日本は本物になれない、と。六〇年代の佐藤時代は本物ではないと確信があったのではないでしょうか。ついでに申しますと、オイルショック当時もびっくりしてうつむきがちな人たちに向かって「大丈夫、越えられるよ」と励ましていました。

ところが八〇年代に至っても政治的思考の復権がない。冷戦が終結して、九一年に湾岸戦争が勃発したときには、とてもじゃないがこのままでは日本はやっていけなくなるぞと深刻な認識を爆発させた。

細谷　湾岸戦争当時は高坂先生がずいぶん憤っておられたと耳にしたことがあります。九二年には『日本存亡のとき』を出された。これは待鳥先生が指摘された日本へのイライラを感じさせるものではないか。八〇年代後半は例のバブル景気で、日本社会にはなにかアメリカを超えたかのような高揚感と横柄さがあり、その半面国際社会での責任にコミットせず自国の利益拡大だけに趨《はし》っていましたから。

五百旗頭　その焦燥感というか苛立ちは私も感じました。八七年に一緒にアメリカに行ったことがあります。往路の飛行機での雑談で、ＦＳＸ問題で日米が合意していたのに、米国議会が日本に自前の国産ジェット機を持たせないように意見を変えた。これに怒った。「もう一度アメリカと戦争をせにゃいかん」とばかりに激高されていた。

つまり、これも先ほどの政治的思考の復権がなされていないから。日本自身が自立性を持って、国際政治の中で安全保障まで責任を取る国にならねばダメだ、と。いわばイギリスモデルです。でもそういうものまでアメリカは潰す。アメリカは日本に政治的思考を復権させてこの地域は任せると、そういえばいい。それがアメリカの利益にもなるのですから。政治的思考の復権を日米が共に阻止してどうするのか。

待鳥　キャリア全体を見たとき、歴史家としての高坂先生という猪木先生のご理解はその通りだと思います。高坂先生の、歴史的なものの中から抽象的な感覚なり概念なりを引き出して、アプリケーションするところにセンスの良さを感じます。これは、社会科学的な歴史家というべきかもしれませんが。

猪木　私も同じように感じます。歴史のヒダの中から抽象的なものを抜き取るというと変ですが、それを現代の問題のアプリケーションとする、それを的確にできるのがいい歴史家です。過去の経験から全部学ぶ。同じことは起こらないわけだから、どの程度モディファイしながら核心部分を保持しつつ解釈したり、適用したりするかですね。

待鳥　『海洋国家日本の構想』を書かれたのは三十一歳です。驚きます。

細谷　北岡伸一先生も、この著作の文体には非常にみずみずしい印象を持たれたようです。

猪木　私は逆に、ずいぶん老成した文章だと感じました。両面をお持ちだったのかもしれません。

（いのき・たけのり　大阪大学名誉教授、国際日本文化研究センター名誉教授）

二　半世紀前のハーヴァード、知識人の小さな共同体

入江　昭

五〇年前の日記から

ちょうど五〇年前、一九六二年の元旦を、私と妻は米国マサチューセッツ州のケンブリッジで迎えた。その日の日記（英語でつけていた）には僅か二行の記載がある。一行目には、「高坂夫妻と我が家で雑煮を食べた」とあり、二行目は、「ジューコフの本を三七八ページから三八〇ページまで読んだ」と記している。ただそれだけのことだが、当時の私の生活ぶりが新鮮によみがえってくるような気がする。

私は一九四五年八月、終戦の直後から日記をつける習慣があり、その後もほぼ毎日続けてきた。ただ一九六〇年に結婚してからしばらくはつけていなかったようで、そのあいだはブランクになっている。再び毎日書くようになるのは一九六三年になってからである。ただどういうわけか例

外的に一九六二年の一月から二月にかけては多少の記述があり、その最初が上記した高坂正堯（当時京都大学助教授）夫妻との交際にかんするものだった。そして二行目に書いてあるのは、当時ロシア語を勉強していた私が、辞書と首っ引きでソ連の学者の書いた歴史書をできるだけ毎日読むことにしていたのを記録したものである（一月三十日には四一四ページまで読んだとあるから、平均して一日に一ページくらいしか読んでいなかったことになる。その程度の語学力でも、国際関係史を専攻する以上、ロシア語の論文や文献を多少でも読まなければならない、という気持ちがあった）。

一九六一年の六月にハーヴァード大学で歴史学の博士号を取得した私は、その後三年契約で同大学の講師（インストラクター）として「米国と東アジア」などの授業を担当することになっていた。この課目は一九六二年一月末に始まる春（第二）学期で教えることになっており、生まれてはじめてアメリカで行う、それも自分一人で担当する講義を控えて緊張していた。英語の発音も表現力も十分とはいえず、社会学のエズラ・ヴォーゲル博士（現在も八十一歳の高齢で研究生活を続けており、鄧小平の伝記を最近出版した）に何回かコーチしてもらった。一月二十五日の日記には、「ヴォーゲルさんが来て、私の英語についてたくさん助言をしてくれた」とあり、六日後には、「授業の二回目の講義の組み立てをヴォーゲルさんに批判され、考え直した」などと書いてある。続いて「高坂夫妻が夜やってきて、ブリッジをした」とも書かれているから、当時すべて仕事や勉強に集中していたわけでもないことがわかる。高坂さんとは頻繁に会って夫婦四人で食事をしたり、ブリッジに興じたりしたことが記録に残っている。

高坂正堯氏との出会い

高坂氏は私と同じ一九三四（昭和九）年生まれ。したがって一九六二年には二人ともまだ二十八歳だったが、彼はすでに京大法学部で国際政治を教えていた。そしてロックフェラー財団から奨学金を得て、一九六〇年から二年間ハーヴァードに滞在した。とくにジョン・キング・フェアバンク教授の下で中国の歴史や政治を学んでいたように記憶している。私がはじめて高坂さんに会ったのもフェアバンクさんの紹介によるものだった。彼は政治学、私は歴史学で分野は異なっていたが、学問的関心事を共有しており、同い年で、しかもお互いの妻も二つ年下でやはり同年だということもあって、日常親しくするようになった。とくに一九六一年から六二年にかけては、彼らが私たちの住んでいるアパートの近くに移ってきたため、頻繁に顔を合わせた。碁に強く、トランプのゲームもたくさん知っていた高坂さんにブリッジを教わり、四人で時間を見つけてはこのゲームに熱中したのも、良い思い出である。

私は一九六〇年の五月、安保騒動で揺れる日本に一時帰国して結婚したが、そのときはまだハーヴァード大学院の学生で博士論文を書いていた。資料集めに外務省外交資料室や東洋文庫などに通う毎日だったので、反安保運動は傍観するだけだったが、一度日比谷公会堂で行われた日本政治の民主化を推進しようという、丸山眞男氏らを講師とする講演会に出かけた記憶がある。

フェアバンク先生もその頃たまたま東京を訪れており、当時問題となっていた、アメリカのフォード財団から日本における中国研究への助成金をめぐって、「これは学術研究のためであって、（日本で一部の学者が批判していたような）米国帝国主義の陰謀でも何でもない」のだと各大学を説得してまわっていた。その通訳を私が務めたのだが、先生はこんなことをするより、まず台湾に行って中国語を学び、公開された資料を読んできなさいといわれた（中国本土に出かけることは、アメリカ人にとっても日本人にとっても不可能だったが、国民党関係その他かなりの書類が蔣介石政権によって台湾に持ち出されていた）。それでその夏、私は妻と一緒に台北に出かけ、郊外の南港にある近代史研究所で未発表の文献を二人で毎日必死に鉛筆で書き写した。

そのようにして一九六〇年の夏を過ごしてからアメリカに戻り、ハーヴァードの比較文学科の大学院に入った妻とケンブリッジのアパートでの生活を始める。高坂夫妻との出会いもその頃だったが、最初の一年間は私も博士論文の仕上げに明け暮れていたため、頻繁に会うようになるのは一九六一年の秋になってからだった。彼も私も時折ワシントンに出かけて、議会図書館や国立公文書館で文献を読み漁ったが、その頃やりとりした手紙が多少残っている。今でこそ電話やメールで簡単に近況を伝え合えばすむことであろうが、当時はまだ、ボストンとワシントンのような近距離ですら、手書きで長文の手紙を頻繁に交換する時代だった。

例えば一九六一年八月末、ワシントンにいた私あてに高坂さんは、「お手紙ありがとう。暑いなかを仕事が進行している様子で感心しています」に始まる手紙をくれた。手紙には続けて、ケンブリッジにいた九人ほどの日本人と「午前四時近くまで色々と議論しました」ともある。「中共の承認問題、自衛隊、貿易など、皆様、それぞれ大臣になったかのようにブチまくった次第です」。当時日本から来ていた二十代、三十代の学者や官僚が、あれやこれやと話し合った雰囲気を髣髴とさせる。その後裕福になった日本、その日本からやってくる訪問者とは対照的に、当時彼らの多くが質素な生活をしていたことは、この手紙からもうかがえる。高坂さん夫妻がアメリカのアパートで使っていた古いテレビがだめになり、新しいのを買うか、そのお金でナンタケットの海岸まで遊びに行くか、その選択に悩んでいると書いてある。「僕たちは日本にもテレビを持っていないので、こちらで買って持って帰っても、それほどむだ使いでは無いのですが」ともある。

翌年になると今度は高坂さん夫妻がワシントンに出かけたが、資料収集のみならず、美術館などでも時間を費やした様子を手紙で知らせてくれた。一月末には、「一回ナショナル・ギャラリーに入ると、つい時間を忘れ昼休みが長くなって困ります。昨日も一時から三時間ランチに出ていたため、（資料館に）帰って来たら、係りの人がとうとう帰って来ましたねと言って笑っていました」という手紙をもらった。末尾は「ケンブリッジでブリッジすることを楽しみにしています」である。

このようなつきあいから始まって、その後一九九六年に高坂氏が亡くなるまで、彼と親交を続けることができたのは、私にとって貴重な財産である。学問的、思想的に必ずしも同じ道を歩んだわけではなかったが、三〇年余り、お互いを意識しながら学業に励んだのは、得がたい思い出となっている。

丸山眞男先生と日本の知識人たち

高坂さん以外にも多くの日本人がその頃ハーヴァードに来ていたことは、上記した引用文からもわかるし、私の日記でも触れている。

例えば一九六二年一月三日の日記には、「三時間丸山教授と話し合い、先生が著作された本を一部いただいた」とある。翌四日の夜には、ナショナリズムについての先生のセミナーに出席している。丸山眞男先生は当時まだ四十八歳の若さだったが、日本はもとより海外でも名の知られた政治学者であり、現代の諸問題についてもしばしば発言していた。冷戦批判、日本再軍備反対など革新的な立場をつらぬいていたが、一九六〇年の安保騒動の直後、ハーヴァード大学から招かれ、一九六一年から六二年までの一年間を初めて米国で過ごすことになる。丸山氏としても、軍事・外交問題では米国に批判的であっても、戦前から学問的にはアメリカの学者(ヨーロッパから亡命した人たちも含め)による著作から多くを学んでおり、当時日米の学者のあいだで影響のあった「近代化」論にも関心を抱いていた。したがってハーヴァードでの一年間は大変貴重な体験だったと思われたようで、その後何度か訪米する最初のきっかけとなった。

そのような「大先生」ではあったが、二十歳下の私や高坂さんは、最初から分け隔てなくつきあっていただいた。同じ町に住んでいたので頻繁に顔を合わせる機会もあり、一ヵ月に一度ニューヨークのコロンビア大学で行われていた「日本セミナー」に出るために一緒に汽車に乗って往復したこともある。

高坂、丸山両氏のほかにも、私たちはかなりの数の日本人と交際していた。一月六日の日記によれば、高坂家の夕食に招待され、「宮本、金子」氏なども一緒だった。大蔵省からハーヴァードに留学していた宮本一三《みやもといちぞう》さんはその後、淡路島選出の代議士となる。金子宏《かねこひろし》さんは東大法学部助教授で税法の権威だった。その他にも、一九六二年一月の日記には出てこないが、記憶するだけでも慶應義塾大学の池井優（政治学）、北海道大学の永井陽之助（政治学）、立教大学の野田《のだ》一夫《かずお》（経営学）、防衛庁防衛研修所（のちの防衛研究所）の桃井《ももい》真《まこと》らの各氏が一、二年の長期滞在をしており、短期的にも一橋大学の細谷千博助教授らの学者、さらには私の母校である成蹊高校の同級生も何人か仕事や学業の関係で訪ねてきたので、彼らと頻繁に会って話をする機会が多かった。同年輩の友人のみならず、日本にいればとても簡単には会えないような著名な学者と大勢で集まって夜遅くまで歓談することができたのは、大きな喜びであり、刺戟《しげき》ともなった。

当時ハーヴァードの政治学部博士課程にいた有馬龍夫《ありまたつお》氏はこの年の秋、政治学で博士号を取得したのち帰国して外務省に入省、その後駐独大使、政府代表などを務めるが、高校の二年間を含めアメリカ生活は長く、丸山先生とも親しかったので、ご夫妻の身の回りの世話もしていた（丸山夫人はボストンで自動車の免許証を取ろうと何度も挑戦し、数回目のテストでやっと成功、みんなでお祝いしたこともあった）。有馬君は学部・大学院あわせて九年間もケンブリッジにいたので知己も多く、できるだけ丸山先生が彼らと会えるような機会をつくっていた。

理想主義と現実主義

日米関係についての丸山先生の見方は明確で、平和・中立主義ともいえるものだった。安保など軍事同盟には反対する一方、政治の近代化や民主政治にかんしては、日本は米国から学ぶものが多いと考えていた。一方高坂氏は安保是認の立場であり、同時に独立国家として日本は米国の思惑に左右されることなく、ソ連や中国などとの貿易の拡張を図るべきだとしていた。その後帰国してから『中央公論』などで唱えた「現実主義」的平和論もすでにアメリカ時代から抱いていたと思われる。

現実主義、リアリズムという概念は理想主義、アイディアリズムと対比されて、米国でも第二次世界大戦前後から影響力を増すようになっていた。一九五〇年代には政治学者のモーゲンソーや外交官出身のケナンなどによって、外交政策のみならず学問的にも支配的な概念となる。その根底には、主権国家が自らの国益を守るのは当然の任務であり、その過程で海運業の発達や武力の所持は当然考慮されなければならない、とする考え方があった。非暴力や国際協調といった理想だけでは平和は維持できるものではなく、むしろ戦争の可能性を高めてしまうことは、第二次大戦にいたる過程が示している、という見方も当時、米国外交史の専門家のあいだでは常識になっていた。そのような見方に立てば、非武装主義は非現実的であり、ましてや冷戦期に力の後ろ盾なしに平和の理想を唱えるのは無責任だ、ということになる。

このように、理想主義対現実主義という対立は、現実の世界についての見方を左右するのみならず、過去の歴史をどう見るかにも関連する。当時ハーヴァードにいたキッシンジャー博士などは、国際関係史を徹底的に現実主義の枠組みの中で捉えており、高坂氏も影響を受けていたはずである。高坂さんが十九世紀英国の外交方針を分析した博士論文は、キッシンジャー氏が一八一四年のいわゆる「ウィーン体制」、すなわちナポレオン戦争終結後のヨーロッパにできあがった地域秩序について書いた著作と相通ずるものがあった。「体制」にしても「秩序」にしても、根本的にはバランス・オヴ・パワー、すなわち勢力の均衡にもとづく、というのが現実主義の見方である。私自身、当時は高坂さんと同じ問題意識を持つ場合が多く、私の博士論文も、世界大戦やロシア革命直後の国際秩序を「ワシントン体制」、すなわち一九二〇年代の東アジア・太平洋をめぐる列強の外交を通して分析したものであった。

そのような風潮が主導的だった一九六〇年代初頭において、理想主義に徹するものはアメリカでは数少なかった。しかし日本では戦争への反省から、平和憲法を維持し、非武装中立の方針を貫くべきだ、という見方が存続しており、丸山教授はアメリカでもその見方を変えなかった。したがって日米関係・米ソ関係の軍事面などについて高坂さんと意見が対立したのは当然で、両者のあいだに思想的な合致点を見出すのは容易ではなかった。夜遅くまで議論を続けながら、結局意見の対立は縮まらなかったことが何度かあったのを私も覚えている。

しかし私が感銘を受けたのは、そのような意見の対立にもかかわらず、丸山先生が年下の高坂さんと真面目に話し合いを続けたこと、そして高坂さんも丸山氏の考えを理解しようと努力を続けたことである。もともと丸山教授の専門は日本政治思想史であり、西洋思想史にも詳しかったので、ヨーロッパの美術や文学、とくにチェーホフの劇作を愛好した高坂さんとのあいだには、共通の話題も多かったのである。

ハーヴァードにやってきた多くの日本人と毎日のように実りある会話をすることができたのは、駆け出しの歴史家だった私にとって、きわめて刺戟に富んだものであった。当時のケンブリッジにはそのような集まり、極端にいえば知識人の小さな共同体を日本人のあいだでつくることを可能にする雰囲気があった。それはただ、多くの日本人学者が同じところに住んでいたというだけではなく、アメリカ、とくに大学のキャンパスがそういった出会い、会話を可能にさせていたからでもある。

近代化論、政策決定論と日米学者たちの交流

安保騒動をめぐって日米関係がギクシャクしていたときに、「進歩的文化人」の指導者とみなされた丸山眞男氏をハーヴァード大学が招聘したことにうかがわれるように、当時アメリカの学界、教育界、そしてある意味では社会全般に、寛容で開放的な雰囲気があった。その根底にアメリカ市民や学者のあいだに自信や自負心があったのも確かで、言論の自由、民主政治、また広義の「アメリカン・ウェイ・オヴ・ライフ」(生活様式)にも誇りが持たれ、その価値観は他国にも伝えるに値するものだと考えられていた。

学問の世界では、社会科学の諸分野、例えば政治学、経済学、社会学などにおいては一九五〇年代以降、米国で新しい研究や理論が次々と発表され、世界の学界に影響を及ぼしていた。日本のみならずヨーロッパその他の地域から招かれてやってきた学者や研究者が、アメリカ各地の大学で知的な刺戟を与えられたのは当然である。とくに日本、ドイツなど、戦前や戦争時期を通じ、欧米の学界から遠ざかっていた国の学者にとって、米国に行くことは失われた機会を取り戻す意味も持っていた。できるだけ新しい学説や研究成果を学ぼうという素直な態度で日本その他の国からやってきた学者と、自分たちの学界の高い水準に誇りを抱いていたアメリカの学者とのあい

だには相関関係が生じていたといえる。

当時米国の社会学者や歴史研究家のあいだで影響力を持っていた「近代化論」も、日本から来た学者にとって魅力のある見方だった。丸山先生をはじめ、当時ハーヴァードに来ていた多くの日本人学者は、アメリカの学者と論議をする場合、近代化という枠組みを共有していたといえる。ハーヴァードの政治学者パーソンズ、社会学のリースマン、MIT（マサチューセッツ工科大学）の経済学者ロストウなどの近代化理論はわかりやすく、マルクス経済学の影響を受けてきた日本の学者にも新鮮な印象を与えたと思われる。近代化という視野で日本の政治や軍国主義を解読し、あるいは日米社会の相違点を比較することは実りのある作業だった。

アメリカの日本研究も当時はとくに活気があり、日本からきた学者との共同研究も盛んだった。近代化という概念を軸として明治以降の日本の政治・経済・社会を分析する試みは、すでに日米の学者が一九六〇年に箱根で開かれた合同会議で行っており、その後も続けられて数冊の書物となって発行されるが、丸山先生は当初から参加していた。高坂氏は直接にはかかわりあっていなかったと思うが、外交史の分野では、コロンビア大学のモーリー教授が中心となって毎月一度セミナーを開いており、ケンブリッジから両氏とも定期的に出席していた。

一方、米国の政治学者のあいだでは、その頃政策決定論が普及していた。外交政策の決定段階で、どの指導者、あるいは政府や軍部のどの機関が、いつ、どのような根拠で特定の政策を決めるにいたったのかを細部にわたって追究するものであった。ただ「日本」とか「軍閥」とかいう代わりに、具体的な人脈、派閥、あるいは国内政治の動向がどのような過程で最終的な政策をとるにいたったのかを調べる。そのためにはできる限りの文献を調べる必要があるが、それ以外にも、当時はやり始めていた組織論、世論の分析、そして上記した国益（ナショナル・インタレスト）の概念などが有力な鍵となった。日本の学界でも同じ傾向があり、その点でも、日米の学者で協力しながら過去とくに日米関係や太平洋戦争などについて共同研究することも可能だった。

今の時点で当時を振り返ってみて、とくに印象づけられるのは、終戦後一五、六年程度しか経っていなかったにもかかわらず、両国の学者のあいだにわだかまりのない、協調的な雰囲気ができあがっていたことで、過去を調べ直す作業にしても、現実の国際政治を分析するにしても、学問的に知的な同僚として互いに接していたことである。その背景には、冷戦時代において両国間の関係を円満、強固なものとしたいという気持ちがあったことは確かだが、それだけではなかった。かつての敵国との知的交流が可能になってはじめて、和解も現実のものとなるのだという気持ちがあり、しかも実際に両国の学者が顔を合わせてみると、同じレベルで話が通ずることがはっきりしたため、「知の共同体」を作ることができたのだ。それを可能にした点でも、一九六〇年代初頭にハーヴァードその他の大学や研究機関に招かれ、滞在した日本人学者は歴史的な役割をはたしたのだともいえよう。

世界は変わり、学問の潮流も変わった

その後五〇年、世界は変わり、日米関係も変転、学問の動向も当時は予期できなかったほど流動した。かつてのように日米二国の学者が頻繁に会合してお互いから学んだり共同研究に励んだ

りすることも比較的稀になった。現代の国際共同研究といえば、ヨーロッパや中国、さらには韓国やオーストラリアなどの学者も参加するのが常識であり、世代的にも、一九六〇年代のように、二十代から六十代までの学者が同じ「知的スペース」にいるというのもめずらしいのではないか。当時ハーヴァードで頻繁に出会った学者のすべてが男性だったのに対し、現在では数多くの女性が当然のことながら含まれている。日本も米国もそれだけ多様性のある社会になり、学界もその傾向を反映してきたということであろう。

私と高坂さんは彼が日本に戻ってからも頻繁に手紙のやり取りをし、仕事や私用で私が日本に帰る場合には必ず会うようにしていた。私が『中央公論』に執筆するようになったのも、高坂さんの紹介によるものだった。ただ彼は一九六〇年代後半、とくに佐藤栄作政権の時代には時事問題に発言する知識人（パブリック・インテレクチュアル）の一人としての活躍が著しく、しばしば政策上の提言をしていた（今でもよく覚えているのは、一九六九年の夏、私たちの家族が高坂さん一家を京都に訪ね、泊めてもらったとき、毎朝九時になると必ず東京の外務省、大蔵省などから電話がかかってきたことである。毎日決まって同じ時間に各省の役人が彼の意見を聞くことにしていたらしかった）。

その点で私は国家権力から徹底して距離を置いていた丸山先生の立場に近くなるが、学問的にも、例えば『中央公論』誌上に発表した「平和的発展主義と日本」（一九六九年十月号）や「国際政治における文化と権力」（一九七九年二月号）などにも見られるように、私の関心がしだいに外交思想、文化交流などに傾いていったこともあって、高坂さんと同じ場で意見を交換する機会も少なくなっていく。一方丸山先生とは日本や米国の学会などで一緒になる度合いも増し、私も啓発、触発されることが多かった。一九八三年の夏にはバイロイト音楽祭まで一緒に出かけ、先生の音楽についての豊富な知識に圧倒されたこともある。残念ながら高坂さんとはそのような接触を続けることが稀になっていった。それにもかかわらず、彼との出会いの原点は私の学者としての出発点とも重なるものであり、親近感は今でも消えることがない。

高坂さん、丸山先生、その他の学者との一九六〇年代の交流を振り返るうえで、その後五〇年のあいだの学問ないし学説の移り変わりにも注目する必要がある。上記したように、一九六〇年代初頭においては、社会科学者や歴史家のあいだでは近代化の概念が一般化しており、国際政治においては政策決定論が中心的課題の一つで、その基盤にあるのが現実主義的な国家論だった。そのようないくつかの「定説」は、一九七〇年代から八〇年代にかけて、そしてとくに九〇年代以降、様変わりしていく。

歴史の研究でいえば、近代とか近代化とかいう概念は欧米の歴史にはあてはまるかもしれないが、それを世界のほかの地域の歴史にも適用するのは無理なことだとする、いわゆる「ヨーロッパ中心主義」への批判がある。俗に「オリエンタリズム」批判といわれるもので、西洋の概念で世界各地を捉える姿勢への批判である。歴史でいえば、中世とか近代とかいう概念そのものが問題であり、また非西洋がいわゆる近代化過程を始めたとされる十九世紀から二十世紀にかけての時期は、欧米帝国主義の時代だったから、近代化もしょせん西欧による世界支配の一面にすぎない、というのである。現代の歴史家がすべてそのような見方をしているわけではないが、五〇年前と比べて、近代とか近代化とかいう概念が相対化されていることは確かである。

　したがって日本の近代化という現象を理解するにあたっても、欧米「先進国」との比較という枠組みの中だけではなく、十九世紀後半から二十世紀前半にかけての世界史の流れの中で捉える必要がある。その場合、日本が帝国主義国家となり、台湾や朝鮮を植民地としたことも当然視野に入れなければならない。要するに、世界全体の動きと欧米の歩む道とは同じものではなかったのであり、日本の歴史もその両方と関連づけるべきである。

　あるいはまた、当時日米の学者が共同研究などで掘り下げた両国の関係史にかんしても、その後の学界の見方では、二国のみならずもっと多くの国を考慮に入れるべきだ、といわれるようになってきた。国際関係史の名が示すように、国と国との関係は多層であり、特定の二ヵ国にしぼることはできない。ましてやアジア・太平洋地域の国際関係を中国やロシアを抜きにして語ることには無理がある。そのような考えはすでに一九六〇年代にもあったし、それがゆえに私も多少ではあるが中国語やロシア語の文献を読み、日米だけではなく多国間の錯綜した関係を研究しようとした。しかし当時私を含め、日米の歴史学者の関心は、太平洋戦争の起源や終結、さらにはアジアにおける冷戦の起源などであり、そのような史実を中国あるいはソ連を含めた総合的な枠組みで捉えようとする努力は不十分だった。日米、あるいは日中など二国間の関係ではなく、地域全体を視野に入れた国際関係研究が緒につくのは比較的最近のことである。

　歴史学の動向の中でもとくに重要だと思われるのは、国家という枠組みを離れた存在や現象の研究が盛んになっていることである。国という単位の中で起きる政治や国と国のあいだの外交だけではなく、人種、民族、宗教、文明など、国とは別個の存在にも、それぞれの歴史がある。実際には近代国家よりはるかに長い歴史を持っている。近代や現代のように国家の存在が中心的であるように見える時代においてすら、国の思惑に左右されない、あるいは国レベルの関係とは別に、人種や民族のあいだの対立、あるいは出会いや混合、「雑種化」がある。したがって国益も人種その他の非国家的存在の利害と並列して捉えるべきであり、究極的には人類益、すべての人間の存在性、さらには自然界の現状を考えてはじめて、国家と安全保障などをも理解しうるであろう。

環境、人権、自然災害、伝染病、麻薬の密輸、あるいはテロリズムなど、国境を越えた現象への関心が高まっているのも、同じ意識を反映している。一九六〇年代から今日までの世界の動きで、とくに重要視されているのはグローバル化の現象であるが、五〇年前にはグローバリゼーションということばも概念も存在しなかった。しかしその後の通信・情報技術の進展、国境を越えたヒト・モノ・カネのつながりによって、世界各地がグローバル化してきた。十九世紀後半、帝国主義時代の世界経済とは違って、最近のグローバル化はまさしくグローバルなものである。この現象は社会科学の専門家のあいだでは一九七〇年代から研究の対象となっていたが、歴史家が関心を払うようになったのは二十世紀も末になってからのことである。

一九六〇年代初頭にハーヴァードで活潑な議論を重ねた日本の学者が、そのような学界の流れにどう対応していったのかは、きわめて興味ある問題である。期せずして一九九六年に、丸山先生も高坂さんも亡くなってしまった。彼らが国の単位を離れた歴史の研究やグローバル化の性格について考えるか、聞く機会を失ってしまったのは、ほんとうに心残りに思う。

（いりえ・あきら　ハーヴァード大学名誉教授）

三　「サンデープロジェクト」時代の高坂さん

田原総一朗

基調報告

私とテレビとの関わりから申し上げます。私は早稲田大学を出て、岩波映画に入りました。この会社は新しい科学映画を制作しようと一九四九（昭和二十四）年に設立され、九八（平成十）年に倒産してしまうのですが。ここは企画を通すのが大変な会社で、会議を何度も重ねては、結局特徴のないものを作ってしまう非効率な面がありました。

あるとき日本教育テレビ（現、テレビ朝日）の若い女性ディレクターから番組の構成を頼まれたんです。幼稚園児相手の番組の構成です。適当なことを話したら「それで行きましょう。台本を今晩書いてほしい」。明後日が本番というんです。会議もない、台本を書き換える時間もない。大急ぎで書きました。ちょうどテレビの草創期です。テレビって、こんないい加減な、場当たり的なことでいいのかなと思いました。でも同時に、テレビなら何でもできるなとも思いました。

高坂さんとは一九三四（昭和九）年生まれで同年齢です。戦中戦後の体験が共通していたこともあり、気が合いました。初めてお会いしたのは七〇年代初めだったと思います。やや大げさにいうと、日本にもこういう方がいるのかと発見した思いでした。

私は若い時は左翼シンパでした。戦前に最後まで戦争に反対した日本共産党には敬愛さえ持っていました。学生時代には日本民主青年同盟（民青）から誘いも受けました。ただ、論理的ではないのですが、なんとなく入りたくなかった。共産党は自由や民主主義から遠い、どこか軍隊みたいだと思う気持ちがありました。それでも崇拝する気持ちは持ち続けました。宮本顕治はすごい人だという気持ちです。

その気持ちが変わったのは六五年のモスクワ行きからです。この年、私は六三年十一月に、六四年開局する東京12チャンネル（現、テレビ東京）に入社しました。ちょうどモスクワで開かれる「世界ドキュメンタリー会議」に出席することになりました。世界中からドキュメンタリーをやっている人間がモスクワに招待された。このとき、「モスクワ大学の大学生とディスカッションしたい」と希望しました。当時のソ連はフルシチョフが失脚した直後です。当時ソ連は世界で最も言論、表現が自由で、階級差のない豊かな国だとされており、共産党に親和性を持っていた私はソ連神話に疑いを持ちませんでした。ですからモスクワの学生に、なぜフルシチョフが失脚したのかを聞きたかったのです。ところが、いざその質問をすると学生たちは真っ青になって、唇が震えんばかりになった。あわてたコーディネーターが「ここでは政治に話はやめなさい」と。

「ダメなの？」「ともかく政治の話はやめてくれ」というので、ソ連には言論の自由がないことを初めて知りました。国内で最も威張っているのが共産党で、国民には大きな階級差があることもわかりました。

しかし帰国しても、この事実は怖くて言えませんでした。ソ連での見聞をなにか言えばたぶん私は当時のマスコミからパージされていたと思います。当時のマスコミは基本、皆左翼でしたから。社会主義は虚飾とわかった。ならば保守＝自民党ならいいのかというと、こちらはタカ派が憲法改正だ、再軍備だとやっていた。そこで革新でも保守でもない、中途半端な状態に私はいたんです。

共産主義社会主義はダメ、保守もイヤ。そんな私は全くのアナーキーになりました。当時私が作ったテレビ東京の番組はほとんどアナーキーです。局が嫌がること、権力が困るようなことをやってやろうと思っていました。やってみて面白かったのは、視聴率がいいことです。局が後発でしたので、当たり前の番組なら視聴者がチャンネルをあわせてくれない。ですから奇抜な企画を立てる。局としては、視聴率がよくてスポンサーがつけばＯＫなのです。そういうところがよかった。

そういうときに高坂さんに会ったんです。先に申しましたように「これだ。この人だ」と思いました。高坂さんはいまの言葉で言えば、保守リベラルでした。「高坂さん、自民党は憲法改正を言っているけど、あなたは保守の立場で憲法をどう思う？」「田原さん、私はあの憲法を見たときはうれしくてゾクゾクしたよ」。高坂さんは保守であり護憲派でした。こういう人がいるんだ、すばらしいと思いました。もう一つ言えば、彼の文明のとらえ方です。日本人は明治維新後ヨーロッパ文明を借りてきた。借り物だという意識、つまりそれはコンプレックスです。これがあるから、反文明とか反近代とかいう意識を持ちやすいのではないかとか、普通の政治学者よりも文明観も重層的なのです。そういうところがすごいと思いました。

『宰相吉田茂』（一九六八年）を読んで、その思いは確信に変わりました。吉田はワンマン、白足袋、尊大とマスコミの評価がこてんぱんだった時代でしたので、「こんな大胆なことを言えるのはあの高坂さんしかいない」とも思いました。

ちょっと話が飛びますが、吉田のことを後年宮澤喜一さんに伺ったことがあります。「事後法で裁いた極東軍事裁判を吉田が認めたのはむちゃくちゃじゃないか。なぜ日本が、自民党が独自に総括しなかったのか」と訊いたんです。彼は言うんです。「そんなことはできるわけない」。宮澤さんが政治家になった頃の自民党幹部とはほとんど公職追放組です。「追放組というのは概して言うなら、A級戦犯の子分とも言える。ならば子分が親分を総括できるはずないじゃないですか」。それから、こうも言われました。「仮に総括するというなら天皇までその対象に含めなければならない。わが国でできることはない」と。

私はここに丸山眞男さんと高坂さんの相違を見ます。確認していないので単なる憶測ですが、丸山さんは天皇の総括までしたかったのだと思います。結果的にはしていませんが。他方、高坂さんは、天皇を総括することはこの国にはできないと、わかっていらしたのではないかと思う。天皇のことも少し調べたことがあるんです。いろいろな専門家を訪ねて訊いてみました。その結論から言うと、日本という国は天皇を総括できない国だと思います。同時に思ったのは、高坂さんは早くからそれをわかっていたのではないか。丸山さんはわかっていなかったのではないか。高坂さんがいかにも保守で、丸山さんが良心的な学者という世間の評価は単純すぎるかもしれない。日本を理解しているのははたして誰なのか。そして高坂さんの『宰相吉田茂』をもう一度読み返して、高坂さんの現実主義への評価は卓越していると思いました。

高坂さんは「この国では経済論はできても国家論はできない」とも言っていました。そうなんだなとつくづく思います。この国のジャーナリズムがまともに国家論をできるようになったのは一九九〇年以後ではなかったか。つまり冷戦以後のことです。資本主義対共産主義というイデオロギー対立の呪縛が解けてからのことです。「朝まで生テレビ！」は八七年から、「サンデープロジェクト」は八九年からはじまります。冷戦終了前夜といっていい。冷戦が終われば、私はメディアジャーナリズムも変わると思いました。そして、もし変わるなら高坂さんのような学者に近くにいてほしい、いろいろ教えてほしいと思いました。自信を持っていまの日本、今後の日本を語れる最適の方は高坂さんだと思っていましたから。ですから「何とかテレビに出てほしい」と交渉しました。「え、テレビ？　何で私に？」「テレビにも高坂さんみたいな方が必要なんです」。しばらく考えて、応諾してくれました。高坂さんのテレビ出演は、国家論が語れるタイミングに合ったと思っていたんですが、実際はまだ少し早かった。それがちょっと悔やまれる。

初め「サンデープロジェクト」はワイドショーだったんです。高坂さん以外では、司会の島田紳助さんはじめ、都はるみさん、プロ野球OBの東尾《ひがしお》修《おさむ》さんなどが出ていました。高坂さんの話をお笑いの紳助さんが理解できて、皆が面白がれる番組にしたかったんです。出演者は私の個人的な好みで強引に選びました。ところが番組中に湾岸戦争が始まったのです。ニュースが次々入ってくるようになる。これがきっかけとなって、他のコーナーを全部止めて政治討論番組になりました。戦争ですから時々刻々と状況が変わる。テレビでは時々こういうことが起こる。ワイドショーであろうとも企画があって構成が決まるのではなく、番組が進化して構成を変えていく。それがテレビというメディアではないかと思います。

ともあれ、その湾岸戦争をオンエア中に高坂さんが「やっぱり憲法改正や」とおっしゃった。保守リベラルで護憲を言っていた高坂さんが「改憲」を言った。私はびっくりしました。

発言の背景を考えてみました。七〇年代の初めに高坂さんと話したときは先に申し上げたように「ゾクゾクした」と憲法を評価していた。たぶん主権在民への評価でしょう。さらに憲法第九条。日本国憲法の成立時、私たちは中学一年生です。「よーし、これで戦争から解放された」と考えた。日本国憲法を日本弱体化計画とはとらえなかったんです。しかし高坂さんはだんだん、八〇年くらいからでしょうか、憲法九条は日本にとって障害ではないかと考えるようになられたらしい。それから、「国家論を自由に語れないのはおかしいじゃないか。安全保障が普通に話せないのも変ではないか」と。現に、いまも安全保障は完備したとは言い難い。長年考察し、積もり積もった憲法に対する疑問が、湾岸戦争という状況を迎えることで、高坂さんの口からこぼれ出たものと考えています。

ともあれ、オンエア中の発言です。反響がありました。番組が終わると『文藝春秋』や『潮』の編集長から電話が来ました。「われわれも『改憲』を言います」。『月刊現代』の編集長は「我々は『改憲』とは言いにくいけれど高坂さんが『改憲』を言うのはインパクトがある」。

テレビではオンエア中にこう、ふっと言うところが面白いともいえます。別のときですが「天皇はんは京都に帰らはったらええんや」と言われたこともありました。普通、こういうことをわれわれがオンエア中に東京言葉で言えば局に右翼の街宣車が乗り込んできます。ところが、高坂さんが京都言葉でさらりと言うと何も起きないんです。

また余談ですが、高坂さんと番組を通して毎週会うようになりますと、別の魅力にも気付くようになりました。たとえば佐藤栄作と田中角栄はどう違うかという話をしたことがあります。もちろんオエア中ではありません。気軽な雑談です。ずいぶんお若いころのことですが、高坂さんは佐藤さんに国際政治のご進講に行ったことがあるそうです。ご自宅を訪れ、話して、質疑して、討論をされた。その帰りに佐藤さんは相応の謝礼と、奥さんの寛子《ひろこ》さんが焼いた鳩サブレーを土産に持たせてくれたそうです。その鳩サブレーは形が崩れていて、かえって愛嬌があったそうなんです（笑）。高坂さんはそこで安心して、「知識という芸を売ったんだ」と思ったそうです。角さんのところでは、謝礼の額が一桁違っていたそうです。これは「『芸を売った』どころではなく『私の魂まで買おうとしたのか』という気持ちがしたよ」と。「だから田中は問題だ。私は魂を買われたくはないいんだ」。こういう観察は面白いですよね。

中曽根康弘さんが総理の椅子を離れてから「サンデープロジェクト」に出てくれたことがあり

ます。むろんそれ以前から何度もインタビューをしています。あの方のユニークなのは、私の発言を何でも大学ノートにメモしていることです。そういえば小渕恵三さんもそうでした。小渕さんは大学ノートではなくメモ用紙に書いていました。

中曽根さんにテレビに出てほしいと申し上げたら、「出てもいいが、スタジオには行きたくない。別室で撮ってくれ」と注文が付いた。雑然としたメンバーがいるざわつくスタジオで話をするのが嫌だったらしい。「でもなあ、そこが面白いのに……」と高坂さんが説得してくれたのですが、結果的にはダメでした。高坂さんはそういうときに気軽に腰を上げて下さるところがありました。

さて、「サンデープロジェクト」の話をします。

私は先に申し上げたように映像畑出身です。いまは活字とテレビ両方でやっていますが、活字に接するようになって、両者の特徴がなんとなくわかるようになったと思います。活字は言葉です。論理です。ところがテレビは映像です。出演したら絶句はダメです。絶句を映す。そのときの表情や仕草を映す。私はテレビというメディアで、総理大臣を三人失脚させたと思います。「重大な決意」と解散をほのめかした海部俊樹さん、「政治改革はやります。私は嘘はつきません。この国会でやります」と言い切った宮澤喜一さん、行財政改革に挑んだ橋本龍太郎さんです。

政治学を専門にされる皆さんを前に口幅ったいのですが、私は橋本さんの行財政改革は大失敗だったと思っています。橋本さんに直接訊いたのです、「何をやるのか?」。「三つやる」という。

一つめが地方分権で仕事を地方に持っていく。二つめは、必然的に仕事がなくなった国家公務員の人数削減。三つめにこれに伴う人件費削減。国会議員も減らすという。不思議なことに官僚も煽ったんです。むろん理由がある。そして実際にできたのは省庁の再編だけ、文部科学省ができ厚生労働省ができた。では国家公務員の削減はできたか？　できない。省庁再編では仕事量、必要人数、総人件費は減らない。それどころか、省庁が大きくなったから大臣の所管が大きくなりすぎて充分見られなくなった。しかもほぼ一年くらいで大臣が代わる。担当省庁の概要がわかった頃には大臣が交代する。官僚は大臣が知らぬうちに既成事実の積み上げができたのです。つまり官僚は省庁再編しかできないことを知りながら、煽っていたんです。官僚たちの一種の謀略といってもいい。

行財政改革では消費税を五パーセントに上げた。そのため消費がドンと落ちた。当然野党は一斉に大型恒久減税をいう。ところが自民党は財源がないことを知っている。幹事長は加藤紘一さんだった。「加藤さん、減税できますか？」「できっこないですよ」。それでやらなかった。そうしたら次第に与党の旗色が悪くなってきて、橋本さんが九八年七月に熊本での記者会見で「税制改革をやる」とぶちあげた。その二日後に「サンデープロジェクト」に出ていただいたので、このことを聞いてみました。「税制改革と言われますが、増税はできないじゃないですか。ならば減税でしょ？」「減税？　私は減税とは言っていない。税制改革です」「増税か、減税かをお聞きしているんです。お答えになっていないじゃないですか」「……私は税制改革と言っている」と五回繰り返しました。「あなたは全然答えていない。答えられないのですか？　なら、総理大臣なんか辞めちまえ」と生で言いました。橋本さんは絶句しました。このやりとりが、もし活字ならこの時点で終わりです。ところがテレビカメラは違います。この後五分間、橋本さんの表情をとらえ続けていたのです。橋本さんは絶句したまま視点が定まらず、汗びっしょりで、怒りで体が震えていました。翌日、「総理、迷走」と新聞各紙が一斉に報じました。

これなのです、映像の強さは。映像は絶句を映しだし、微細な体の震えを見逃さないのです。映像は活字と異なり理論武装ができません。東西ドイツの統一のときは映像が力を発揮した。東ドイツでは西ドイツの新聞が読めますが、東の政府が「西ドイツのこれはすべて虚偽である。証拠はかくかくしかじか……」と活字への理論武装をしていました。ところがテレビの映像ではすべてが見えてしまう。キャスターのネクタイの柄から生地、窓から映る数多くの車、町の人々の表情、ビルに射す夕陽の色が映る。映像は具現です。百聞は一見に如かずです。映像を見せるインパクトは、理論武装の余地がないどころか理論武装を破綻させる。

逆に、活字には活字特有の強さもあります。映像は論理を深められません。論理を深めていくのは、思索を活字で埋めていく過程でなされることだからです。言うならば映像の具体化に対しての抽象化です。映像では抽象化はできません。

橋本さんの場合のように、テレビの中では言葉は表現のワン・オブ・ゼムでしかない。声の大きさや抑揚、ゼスチャーや仕草、癖、顔色……全部を総合して橋本さんの画像になる。活字でも橋本さんの表情を表現することはできますが、それだけでは不十分です。活字は言葉がすべてですから。ちなみに、ゲストの政治家の選択は高坂さんに相談していましたが、決めたのは私でした。プロデューサーは全く関係ないんです。

高坂さんには政治家の与野党に関心はない。関心は、日本をどういう国にするのかということです。そういうことを言える政治家かどうかというのが基準だったようです。

あと少し余談を続けます。筑紫哲也《ちくしてつや》という人がいました。ご承知のように、彼は朝日の記者出身ですが、私が「サンデープロジェクト」をやっていた当時、TBSで夜十一時から番組のキャスターをしていました。私は彼と仲がよかったんです。二人の共通認識は、テレビはどれほどいい番組でも視聴率を取れなければ打ち切りということ。たぶん雑誌も同じでしょうけど。だから最低視聴率——彼は「生存視聴率」と言っていました——は、「サンデープロジェクト」も、彼の「筑紫哲也NEWS23」も七パーセント。七パーセント取らないとどんな偉そうなことを言ってもダメ。ただし一〇パーセント以上は取らない。一〇パーセント以上取ろうとすると、別の番組になってしまうんです。早い話、一〇パーセント以上の番組というのは、概して世論に迎合したものです。世論迎合とは要するに偉いもの、権威あるものを叩くこと。いまなら、原発反対を掲げ、東京電力の悪口を言い、強そうな、偉そうな人や組織を叩く。視聴者のカタルシス、それが世論迎合です。

私は三本の柱があれば番組はできると思っています。視聴率、話題性、スポンサーの維持です。視聴率七パーセントはいま申し上げたとおりです。話題性とは、日曜に放送した「サンデープロジェクト」が月曜に視聴者の話題になることです。話題性がなければ番組は続かない。スポンサーについては、私が見つけてきます。局の編成担当はスポンサーが付けば何も口出ししません。だからスポンサーが降りないためにも、七パーセントと話題性が必要不可欠なんです。

簡単ですがこの辺りで切り上げて、あとはご質問をお受けします。

討　議

武田　面白く拝聴しました。簡単にテレビ政治という観点から質問したいと思います。

その前に整理しますと、テレビ政治は三つの時代区分で区切って分けるような見方があります。これは星浩や逢坂巌の考え方ですが、たとえば第一次は「総理と語る」という時代、テレビ放送が始まってその普及期を過ぎたころの番組です。第二次はそれ以降で、一九七二年の佐藤栄作首相退陣のときの退任会見で、新聞記者を全員退席させてテレビカメラに向かって国民に直接話すということがありました。テレビの影響力がそこまできたということです。第三次は、さらにテレビの影響力が強くなった時代で、リクルート事件やマドンナブームがあったりして、テレビが政治家にとって「説明の場」になった時代です。田原さんの番組「サンデープロジェクト」も先行した「朝まで生テレビ！」もこの時期に誕生したことになる。

第一次、あるいは第二次においてはある意味で縦割り組織が非常に強い時期で、国民の政党支持や投票行動は組織が媒介していたことがある。いま例に挙げた佐藤退陣会見がむしろ例外で、直接テレビから国民に訴えかける必要性がなかった。それに対して第三次になると、無党派層の存在が大きくなってきますし、組織の力が先細ってきますので、相対的にテレビの影響力が増してくる。テレビを通じて素人や茶の間に直接訴える、そういう役割が強くなってくる。いまはおそらく第四次のテレビ政治期で、小泉純一郎のワンフレーズ・ポリティクスみたいなことがテレビから放映され、世論に影響を与える時期になっている。ですから、「増税か、減税か」と問わないとすまされない。そういうテレビ政治がワンフレーズを誘導することもあるが、逆に政治家に利用されやすい面もある。

中西　「増税か、減税か」の話ではないですが、政治家が「サンデープロジェクト」という生放送に出て、田原さんや紳助さんと丁々発止のやりとりをするのは、ある意味でものすごく危険ですよね。

田原　「第二次」とお話にあった佐藤退陣の話だと、いまの私なら引きで撮りますよ(笑)。記者がいなくて椅子や机が散乱し、紙くずが落ちている。その向こうに佐藤さんが一人ボソボソと話している。私は引いて部屋全体を入れた映像を撮ります。ところがあのときNHKはアップで撮った。アップで団十郎顔を撮れば堂々と映る。NHKはワン・オブ・ゼムを忘れていた。

そういう撮り方一つで視聴者にどのようにも見えるところがテレビの怖さでもあります。被写体を下から撮ると威張っているかのように、上から撮ると悲しそうに見える。ロッキード事件の公判のとき田中角栄の写真は新聞雑誌が下から仰ぐように撮っていました。角栄が傲岸に見えるんです。憎たらしいんです。こういう〝映像の文法〟というものがあるんです。

それから「第三次」の小泉純一郎のワンフレーズ・ポリティクスについてですが、小泉さんが三度目の総裁選出馬のとき相談されたことがあります。過去二度失敗しているから、自信はあっても迷いもあったはずです。
「経世会とまともに喧嘩をするなら応援しますよ」と言いました。そうしたら、「やる」と。そこまではいい。そのあと総裁選に出ると「自民党をぶっ壊す」と言い出した。いつの間にか経世会から自民党に喧嘩相手を変えちゃった。総理になってからのことですが、あるとき言いました。「ワンフレーズ・ポリティクスと言われていますよ。記者会見ではもう少し、二言か三言くらい言えばいいじゃないですか」「それじゃダメだよ。二言三言なら、新聞はおれに一番都合の悪いのを書く。一言ならそれ以外書けないじゃないか」。ですから小泉さんのあれは狙ったワンフレーズです。端的な言葉で、焦点を定めて言い放つんです。
それから中西先生のご質問ですが、橋本龍太郎さんのときに私は「アップで撮れ」と指示しました。カメラを引くと橋本さんの乱れが見えない。アップだから見えるんです。アップにするのは、弱いところを攻めるのではなく、応えてくれることを期待しているからなんです。ですが、そういうことも含めて、危険というか過信はたしかにあります。

中西　橋本さんのリバウンドを期待されていたということですね。そういう感覚も高坂先生と共有されていたのですか。

田原　そうです。ですから政権を追い込もうとか、潰そうとかの反体制ではありません。

中西　一九九六年に高坂先生が亡くなられます。もしご健在なら高坂先生といまのテレビ政治についてお話になりたいことはありませんか。

田原　健在であれば安全保障、安保法制について、そして改めて国家論を伺いたかったと思っています。政府はしだいに改憲の方向を視野に入れようとしている。私は拙速な改憲は危ないと思います。アメリカから押しつけられた憲法ながら、日本なりによく使いこなしているな、というのが高坂さんと私の一致した点の一つでした。七〇年代のことです。ところが、八〇年代を通して、だんだん日本が抱えている矛盾、限界が見えてきました。やはりそうじゃなくて、日本の安全保障を考えておくべきだ、とお考えが進まれたのかもしれない。「八〇年代を通じて、保守リベラルの高坂さんがやや悲観的になった」と高坂さんを知る人の伝聞を聞いたことがあります。

そうして、高坂さんが直接、はっきりと明言されたのが先に申し上げた湾岸戦争の時でした。

待鳥 七〇年代からお付き合いが始まり、高坂先生は八〇年代の末頃には護憲から改憲に変わられた、ということですね。その一五～一六年の間に何があったのでしょうか。

田原 そこは私はわかりません。何かあったんでしょうね。

五百旗頭 湾岸戦争のときのオンエア中に「やっぱり憲法改正や」と言われた、と。お付き合いの長いわれわれにとっても、かなり唐突な印象を持つ発言ですね。後にして思えば八〇年代、いろいろ考えられることはあったかと思いますが。

田原 私もそう思いました。私は安全保障はまだしも、憲法改正には反対でしたので。

五百旗頭 通産官僚だった天谷直弘《あまやなおひろ》さんが『日本町人国家論』を書いたのが八二年十二月（『日本株式会社 残された選択』として刊行、八九年に『日本町人国家論』と改題）でした。高坂さんは天谷さんのお考えに関心があり、天谷さんと同じように、金儲けだけの町人国家じゃまずい、日本は自ら主体性を持って動かなければいけない、これから流動化する二〇年はやれんぞという感覚だったのかもしれません。

中西　その後、政治改革問題で宮澤内閣がつまずき、自民党が負けた。高坂先生は番組で「自民党は下野すべきだ」と言われた。

田原　きつい言葉ですよね。でも高坂さんが言うときつく聞こえない。

中西　あれが細川内閣をつくった一言ではなかったかと思います。跡を受けた細川政権の政治改革とは中選挙区制から小選挙区制への変更でした。高坂先生は当時基本的に小選挙区制に賛成されましたが、別の番組では、「日本は中選挙区の方が合っているような気もする」と言われていました。

田原　そうですね。私もあのころは小選挙区制に賛成でした。いまは反対ですが。私は後藤田正晴さんに小選挙区制を口説かれた。羽田孜さんも後藤田さんに教えられて賛成した。

中選挙区制だと政権政党はどうしても複数候補を立てる。政策は同じだから金権選挙になる、だから中選挙区をやめないと金権選挙はなくならない。「なるほど」と思ったんですが、でも実際金がかかることは変わらない。しかも熾烈になる。そして小選挙区は公認されないと出馬できない。それも選出選挙区で一人だけ。だから優等生で八方美人でないと公認されない。型破りも破天荒も出てこない、金太郎飴のようなおかしな政界をつくってしまった。

高坂さんには、きっとそういう現実的な予測があったのではないかと思っています。

五百旗頭　少し視点を変えます。先に触れられた「映像のインパクト」のことですが、ニューヨーク・タイムズのコラムニストだったジェームズ・B・レストンが田原さんと同じようなことを指摘していました。たとえば、南部の黒人差別はいけない、公民権法が要ると何度もコラムに書いた。ベトナム戦争は間違いだ、危険だから慎んだ方がいい、とも何度も書いてきた。しかし社会は動かなかった。ところがある日、南部で差別の現実をカメラが追った。その途端、全米から「これはアメリカではない」という声が起こって、結局、公民権法案に動いたそうです。

ベトナム戦争も同様で、反戦を燃え上がらせたのはテレビの映像だという。「じゃ、コラムをやめてテレビの時代で行くつもりですか」と問うと、「いやいや。テレビのディレクターは私のコラムを読んでから現地にカメラを持っていくんだ」。だから、それぞれ存在意義があると主張していました。

田原　それはそうです。私は番組で首相を失脚させたと言いましたが、あれは翌日に三大紙はじめ新聞各紙が「総理、迷走」と書いてくれたからです。もちろん雑誌も書いてくれた。テレビだけではダメで、活字と相乗するから効果があるんです。

五百旗頭　レストンにはそういう大変な自信があるんです。活字が情報分析で論点をしっかりと固定化させる役割を負い、映像でヴィジュアルなインパクトを与える。高坂さんは新聞にコメントを出し、月刊誌などにしっかりした論文を書いてレストン＋ウォルター・リップマン（米国人ジャーナリスト。自由主義の立場から政治・社会問題を論じた）みたいな役割も果たしていた。田原さんは映像、活字と両方をされている。田原さんは前から活字に関心があったんですか。

田原　そうですね。テレビの限界は自分なりにわかっていましたから。

アメリカの話が出たのでちょっと補足しますと、高坂さんはアメリカ贔屓だと思いました。自由主義がお好き。いろいろ問題があることはどこの国も同じですが、高坂さんにとっては「結局アメリカだ」ということです。以前の大統領選で、共和党ロムニーがオバマの金融規制を攻撃した。ハイエクの自由主義経済が骨格として生きている。ところがオバマは、強欲な金融は国のためにならんと反撃する。そういうアメリカが好きなんです。学者はヨーロッパにかぶれることが多い。いろんな国があるから、モデルに仕立てやすい。しかし高坂さんは自信を持ってアメリカだと言われていた。私は高坂さんに共感しました。

簑原　田原さんから見て日米のテレビの性質の違いはどこにありますか。

田原　簡単に言うと最大の違いはテレビ経営者の違いです。日本にはマスコミ集中排除法がなくテレビの社長はほとんどが新聞社出身です。免許制で競争がない。日本の電波監理は総務省の専権事項です。デジタル放送でも同じです。ですから経営者でなくても社長はできる。アメリカではニューズ・コーポレーションみたいなメディア・ミックス会社はありますが、概してテレビの社長は皆さん競争に勝ち上がった経営者です。

細谷　新聞や書物を書いて叩かれるのと、テレビ発言のクレームでは規模が違うと思います。高坂先生への視聴者の批判も当然あったと思います。それに対して高坂先生は気にされてはいなかったんでしょうか。

田原　高坂さんの発言は、おそらく絶対の自信に裏打ちされています。だから発言を訂正されることはありませんでした。もちろん私は高坂さんを信じていました。

番組当初のころは政治家に突っ込みながら高坂さんの顔色を見ていました。その質問はやめた方がいいという顔をされる。そういう顔をされると突っ込めなくなる（笑）。しかし、逆もある。そして高坂さん自身も、ふっときついことを問う。高坂さんは大きな文明論を背負い込んで、常に日本をどうするべきかを考えていたから、柔らかい口調で辛辣なことを言っても、政治家にも視聴者にも良いインパクトがあったんでしょう。

（たはら・そういちろう　ジャーナリスト）

高坂正堯著作年譜

1965 『海洋国家日本の構想』（中央公論社）、『世界史を創る人びと――現代指導者論』（日本経済新聞社）
1966 『国際政治――恐怖と希望』（中央公論社）
1968 『宰相吉田茂』（中央公論社）、『世界地図の中で考える』（新潮社）
1969 『一億の日本人』（文藝春秋）
1972 『政治的思考の復権』（文藝春秋）
1975 『地球的視野で生きる――日本浮上論』（実業之日本社）
1978 『古典外交の成熟と崩壊』（中央公論社）
1979 『豊かさの試練』（新潮社）
1981 『文明が衰亡するとき』（新潮社）
1983 『近代文明への反逆――社会・宗教・政治学の教科書『ガリヴァー旅行記』を読む』（PHP研究所）
1985 『外交感覚――同時代史的考察』（中央公論社）、『陽はまた昇るか――挑戦するアメリカ』（TBSブリタニカ）
1987 『国際摩擦――大国日本の世渡り学』（東洋経済新報社）
1989 『現代の国際政治』（講談社）
1990 『時代の終わりのとき――続・外交感覚』（中央公論社）
1992 『日本存亡のとき』（講談社）
1995 『長い始まりの時代――外交感覚・3』（中央公論社）、『平和と危機の構造――ポスト冷戦の国際政治』（日本放送出版協会）
1996 『高坂正堯外交評論集――日本の進路と歴史の教訓』（中央公論社）、『不思議の日米関係史』（PHP研究所）、『世界史の中から考える』（新潮社）
1997 『現代史の中で考える』（新潮社）

以上単著

著作集

『高坂正堯著作集』（全8巻、都市出版、1998―2000年）
1巻「海洋国家日本の構想」（解説・北岡伸一）
2巻「豊かさの試練」（解説・山崎正和）
3巻「日本存亡のとき」（解説・佐藤誠三郎）
4巻「宰相吉田茂」（解説・野田宣雄）
5巻「文明が衰亡するとき」（解説・塩野七生）
6巻「古典外交の成熟と崩壊」（解説・中西輝政）
7巻「国際政治――恐怖と希望」（解説・中西寛）
8巻「一億の日本人」（解説・五百旗頭真）

高坂《こうさか》正堯《まさたか》と戦後《せんご》日本《にほん》

2016年5月25日　初版発行
2017年9月5日　4版発行

編　者　五百旗頭《いおきべ》真《まこと》／中西《なかにし》寛《ひろし》
著　者　五百旗頭《いおきべ》真《まこと》／細谷《ほそや》雄一《ゆういち》／苅部《かるべ》直《ただし》
待鳥《まちどり》聡史《さとし》／森田《もりた》吉彦《よしひこ》／簑原《みのはら》俊洋《としひろ》
武田《たけだ》徹《とおる》／中西《なかにし》寛《ひろし》／猪木《いのき》武徳《たけのり》
入江《いりえ》昭《あきら》／田原《たはら》総一朗《そういちろう》

発行者　大橋善光

発行所　中央公論新社
〒100-8152　東京都千代田区大手町 1-7-1
電話　販売 03-5299-1730　編集 03-5299-1840
URL http://www.chuko.co.jp/

印　刷　三晃印刷
製　本　小泉製本

Published by CHUOKORON-SHINSHA, INC.
Printed in Japan　ISBN978-4-12-004740-4 C0031

中公クラシックス

海洋国家日本の構想　高坂正堯

宰相吉田茂　高坂正堯

古典外交の成熟と崩壊ⅠⅡ　高坂正堯